◎ 山地文明的典藏
◎ 贵州非物质文化遗产·口述实录

贵州省文化和旅游厅／贵州省非物质文化遗产保护中心　策划

黎盛翔　主编

传衍文脉 ③
CHUANYAN WENMAI

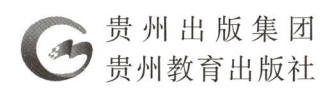

贵州出版集团
贵州教育出版社

图书在版编目（CIP）数据

传衍文脉.3 / 黎盛翔主编. —贵阳：贵州教育出版社，2019.6

ISBN 978-7-5456-1216-5

Ⅰ.①传… Ⅱ.①黎… Ⅲ.①少数民族—民间艺人—生平事迹—贵州 Ⅳ.①K825.7

中国版本图书馆CIP数据核字（2018）第249133号

传衍文脉 3

黎盛翔　主编

出 品 人：	玉　宇
责任编辑：	舒艳雪
出版发行：	贵州出版集团
	贵州教育出版社
地　　址：	贵州省贵阳市观山湖区会展东路SOHO公寓A座
	（电话：0851-82263049　邮编：550081）
印　　刷：	河北盛世彩捷印刷有限公司
开　　本：	710mm×1000mm　1/16
印　　张：	18.5
字　　数：	318千字
版　　次：	2019年6月第1版
印　　次：	2019年6月第1次印刷
书　　号：	ISBN 978-7-5456-1216-5
定　　价：	69.00元

版权所有　盗版必究

图书如有印装错误，请联系印刷厂调换

厂址：河北省衡水市故城县高新技术产业开发区金宝大道东侧　电话：18910821186

贵州省非物质文化遗产传承人口述史小组

文字：王小梅　张　辉　许江红　李　岚　兰　岚
资料：张新雨　郭　晴　王　娴　吴　慧　卢　锦
　　　袁　斌　葛春培
摄影：白文浩　杨　波　高　旋

出版说明

本书是贵州省非物质文化遗产传承人口述史项目第二期田野调查成果，是贵州省非物质文化遗产传承人口述史小组历时一年，深入贵州二十几个县市的村落收集的文本资料和图像资料的汇编。小组成员大多为省内有田野调查经验的人类学学者，因此在调查视角、调查方法以及文本撰写上，遵循人类学文化相对论的观点，力求使调查访谈不程式化，保留了传承人原生态的叙述，在文化现象、语言现象上注重特定的历史、地理环境，注重非物质文化遗产的独特性、活态性、民族性、地域性等，注重"口述"和"实录"，尽可能地保留文本内容和结构的现场性和本真性，不过多地用既有的研究方法和叙述方式对传承人及其传承项目做文化上的演绎和解读。在编辑过程中，我们也尽量从以下几个方面考虑，对文本不做过多的修改和润饰，以便为后续研究者留下更多交流和探讨的原生性资料。

（一）贵州省非物质文化遗产传承人口述史项目第二期田野调查时间在2013年，时隔较久，因此在传承人信息、传承项目资料及地名上，皆遵照当时当地的称谓和用法，未做改动。

（二）此次调查的传承人出生时间在1930年—1968年之间，大多数出生于20世纪三四十年代，且居于贵州的少数民族村寨，文化水平有限，语言有别，因此在话语的表达上带有浓厚的地方特色和民族特色，倘或按照汉语标准来规范和修改，势必遗漏和删减掉很多有研究价值的信息。为此，我们在不影响文意的前提下，尽可能尊重他们的语言习惯，保留了他们的原话、土话等。

非物质文化遗产作为一种活态的文化形式，它的存在和发展必须依赖于传承人这一传承主体，忠实记录传承人口述的信息，纪实存史，是保存原生原地文化的一种尝试，在为后来研究者提供一个研究方法和范本的同时，也使得研究视域更宽广。

口述史采集构想与反思（代序）

❖ | 王小梅 / 执笔

2010年，在贵州省非物质文化遗产保护中心（以下简称省非遗中心）和《贵州日报》"小梅访谈"栏目的首倡下，贵州省非物质文化遗产（以下简称非遗）传承人口述史项目第一期启动。在来自贵州一些高校、媒体的志愿者的参与下，我们完成了三十多个国家级、省级传承人的口述史田野收集和文本整理工作，形成了近三十万字的整理文本，并于2012年由重庆出版社出版。

2013年，贵州省非物质文化遗产传承人口述史项目第二期启动，我们期待打破第一期传统口述史标准化文本的采集和编辑样式，更多体现兴趣者的个性化特质，采集多元且细节丰富的故事性文本，做一本共性与个性结合，真实的，朴素的，注重生活空间、文化空间的观察和描述的传承人口述史。在田野工作中，对传承人的生活状况和思想状况，我们也期盼做一些调查，并对当地非遗项目的保护和传承做一些了解。同时，收集一些与传承人有关联的实物附件，比如刻道歌的歌棒等。对视频、图片的采集，摄影师要有方向性，在把握重点的基础上，可采集传承人的一些故事片段。通过采集传承人的影像资料和口述文本，完善省非遗中心的数字化建设。为此，我们在项目启动前期工作会议上达成共识，现将会议的精髓概括如下：

（一）要做真实语境的版本，以人类学的视角对一年四季发生的文化现象做详细的记录，根据传承人的时间来调整采集时间，文案的判断以真实性为重。

（二）仪式是文化传承的重点，可观察社区的仪式和宗教活动是否和我们的非遗项目以及传承人有关，是否是作为村里习俗的重要参与形式。文化的变迁尤其值得关注，比如参加外来的活动的场景都应详细记录，这也是"真实"的一种表现。文化变迁已经是人类学和口述史观察的一个重要的主体，如果仅仅关注原生态的非遗传承体系，文本就会比较单一。

（三）口述史主要包括口述对象的人生经历、学艺经历和传承经历，但同时我们也要注重生活史的表达。

（四）图片的采集力求多元和丰富，不摆拍，不仅要拍摄大场景，还要注重细节。村寨环境、口述者现场表情、口述空间、口述工作场景、口述者的生活空间和文化空间，与项目相关的生活物品、手工艺品、服装、相片等都可作为图片采集的内容。要特别注意图片与传承内容的相关性，要生动诠释传承人和传承项目的特点。

（五）口述文本内容体量不限，根据传承人的情况进行采集，能做多深就做多深。（假如口述对象讲述有困难，则通过项目申报文本、第三者讲述等形式来采集和丰富内容。）文本框架分三个部分：田野札记（采集者的文化笔记）、口述语境（交代采集过程和语境及感受）、口述文本（传承人的原话、土话，不清楚的地方标注注释，不清楚的术语查阅资料并标注）。每一个项目尽量做一个传承人技艺传承谱系。

我们在田野调查中的发现也不断促进我们反思。传承人还在进行活态的传承活动，但大部分都已经带着文化仪式，静默在生活的深处；同时，以生计为基础的口述史文本极大地刺激了文化的传承和发展。历史上是这样的，现在也是如此。

在一年多的田野工作和文本整理过程中，参与田野工作文字资料采集的工作人员发生变动，给资料整理和文本整理带来一些挑战。本书中收集的文本，多数都做了口述史文本的整理，只保留了欧海金、龙通珍、吴治光、吴胜章的采访原稿作为访谈体例留存。这样做一是探知访谈对话文本的真实性；二是保留一份完整的文本格式，以便给后来整理口述史文本的初学者留下一个参照。由于翻译人的讲述占据大部分资料，已经构成两方讲述的文本，加之采集资料者、整理资料者和文本整理者三者不一，真实保存对话体文本、真实记录多方对话，能更客观地记述当时发生的情景。

访谈中遇到的一些情况是我们无法控制的，比如很多访谈对象基本不会说汉语，所有的信息只能通过第三者用汉语代译。当遇到这样的情况，我们才意识到人类学学者学习研究对象的语言是多么重要的事。代译者的选择非常重要，我们在田野工作中遇到的代译者，多为政府文化领域的工作人员，作为文化的解释者，在代译过程中往往忽略访谈者的口语、细节等等。因此，在下一次的工作中，我们会考虑，对于一些无法进行有效沟通的访谈对象，是否适合进行口述史的采集。是为序。

附：贵州省非物质文化遗产代表性传承人口述史二期项目信息采集表

贵州省非物质文化遗产代表性传承人口述史二期项目信息采集表

口述者	性别	出生年月	民族	住址	项目	级别	文本整理	采集时间	采集人
伍泰安	男	1941年	布依族	贵州省镇宁县	铜鼓十二调	省级	王小梅	2013年	王小梅 王炳忠 白文浩 高旋
饶世光	男	1944年4月	仡佬族	贵州省石阡县	木偶戏	国家级	王小梅	2013年	王小梅 龙佑铭
付正华	男	1930年3月	侗族	贵州省石阡县	木偶戏	国家级	王小梅	2013年	王小梅 龙佑铭
詹学彦	男	1950年5月	汉族	贵州省安顺市	安顺地戏	国家级	王小梅	2013年	袁斌 杨波
顾之炎	男	1940年12月	汉族	贵州省安顺市	安顺地戏	国家级	王小梅	2013年	张新雨 高旋 朱艺嘉
张月福	男	1950年10月	土家族	贵州省德江县	傩戏（德江傩堂戏）	国家级	兰岚	2013年	兰岚 王小梅 白文浩
安永柏	男	1964年10月	土家族	贵州省德江县	傩戏（德江傩堂戏）	国家级	兰岚	2013年	兰岚 王小梅 白文浩
黄成珍	女	—	布依族	贵州省册亨县	布依戏	省级	张辉 许江红	2013年	张辉 许江红

续表

口述者	性别	出生年月	民族	住址	项目	级别	文本整理	采集时间	采集人
李金英	女	1965年8月	苗族	贵州省丹寨县	苗族芦笙舞（锦鸡舞）	国家级	袁斌	2013年	袁斌 杨波
梁秀江	男	1950年8月	布依族	贵州省兴义市	布依八音坐唱	国家级	张辉 许江红	2013年	张辉 许江红
吴天玉	男	1953年7月	布依族	贵州省兴义市	布依八音坐唱	国家级	张辉 许江红	2013年	张辉 许江红
刘 芳	女	1962年2月	侗族	贵州省思南县	花灯戏（思南花灯戏）	国家级	张辉 许江红	2013年	张辉 许江红
刘世阳	男	1952年8月	汉族	贵州省贞丰县	皮纸制作技艺	国家级	袁斌	2013年	王小梅 袁斌 杨波
刘永洪	男	1936年10月	苗族	贵州省台江县	苗族古歌	国家级	袁斌	2013年	袁斌 杨波
刘泽松	男	1946年9月	汉族	贵州省玉屏侗族自治县	玉屏箫笛制作技艺	国家级	兰岚	2013年	王小梅 兰岚
姚茂禄	男	1946年12月	侗族	贵州省玉屏侗族自治县	玉屏箫笛制作技艺	国家级	兰岚	2013年	王小梅 兰岚
莫庆学	男	1951年11月	苗族	贵州省雷山县	苗族芦笙制作技艺	国家级	李岚	2013年	李岚 白文浩
潘老平	男	1937年7月	水族	贵州省黔南布依族苗族自治州	水书习俗	国家级	李岚	2013年	李岚 白文浩

续表

口述者	性别	出生年月	民族	住址	项目	级别	文本整理	采集时间	采集人
潘萨银花	女	1943年5月	侗族	贵州省从江县	侗族大歌	国家级	李岚	2013年	李岚 白文浩
王景才	男	1968年2月	苗族	贵州省纳雍县	苗族芦笙舞（滚山珠）	国家级	李岚	2013年	李岚 白文浩
罗守全	男	1942年9月	布依族	贵州省雷山县	皮纸制作技艺	国家级	王小梅	2013年、2014年	王小梅 杨波
秦治凤	女	1961年2月	苗族	贵州省思南县	花灯戏（思南花灯戏）	国家级	张辉 许江红	2013年	张辉 许江红
杨光宾	男	1965年	苗族	贵州省雷山县	苗族银饰锻制技艺	国家级	李岚	2013年	李岚 白文浩
余贵周	男	1965年2月	苗族	贵州省丹寨县	苗族芦笙舞（锦鸡舞）	国家级	袁斌	2013年	杨波 袁斌
吴治光	男	1946年9月	苗族	贵州省施秉县	刻道	国家级	王小梅	2013年	王小梅 张新雨 高旋
欧海金	男	1943年7月	水族	贵州省黔南布依族苗族自治州	水书习俗	国家级	王小梅	2013年	张新雨 高旋 白文浩
龙通珍	女	1936年4月	苗族	贵州省台江县	苗族古歌	国家级	王小梅	2013年	王小梅 张新雨 高旋
吴胜章	男	1948年8月	侗族	贵州省黎平县	侗戏	国家级	王小梅 葛春培	2018年	王小梅 葛春培

目录

001	**即兴的真实口述——田野札记**	
	王小梅 李岚 张辉 许江红／执笔	
002	一、口述语境范例一：多元有效的保护	
004	二、口述语境范例二：生计的挑战	
009	三、口述语境范例三：语言的障碍	
012	四、口述语境范例四：饭养身，歌养心	
015	五、口述语境范例五：芦笙悠扬绵延不息	
018	六、口述语境范例六：进入真实生活世界	
023	春天的仪式	伍泰安／口述
034	生计制约传习	饶世光／口述
040	我们顶着祖愿	付正华／口述
050	戴上面具就是神	詹学彦／口述
066	始祖带地戏到贵州	顾之炎／口述
071	人神的使者	张月福／口述
083	人讲礼，神也讲礼	安永柏／口述
092	拨动心弦的布依戏	黄成珍／口述
099	跳得好就有人喜欢	李金英／口述
104	满足新的文化需求	梁秀江／口述

111	跳花灯就是我的生活	刘芳／口述
119	古法造纸面对的现代语境	刘世阳／口述
125	唱古歌的人越来越少	刘永洪／口述
129	做好每一支箫笛	刘泽松／口述
142	继承上的创造	姚茂禄／口述
148	做芦笙既是木匠活又是铁匠活	莫厌学／口述
155	学了老书，知道人要做善事	潘老平／口述
158	唱一辈子侗歌	潘萨银花／口述
165	用心去跳，用心来唱	秦治凤／口述
173	请人来学芦笙舞	王景才／口述
180	祖先传下的，不能失传	吴天玉／口述
186	保护自己的传统	杨光宾／口述
195	一定能传下去	余贵周／口述
200	想往下面传	罗守全／口述
209	老辈子唱三天两夜	吴治光／口述
217	水书又称陆道书	欧海金／口述
245	编那些伤心的歌来唱	龙通珍／口述
259	其他人也爱，只管教他了	吴胜章／口述
280	后　记	

即兴的真实口述
——田野札记

❖ | 王小梅　李岚　张辉　许江红/执笔

贵州省非物质文化遗产传承人口述史第二期项目的田野工作起始于2013年第二季度，由来自贵州省内高校、媒体与贵州省非物质文化遗产保护中心的工作人员和专家组成员及部分自由职业者组成近二十人的工作小组，在近一年的时间内，深入贵州省二十几个县市的部分村落进行系统的资料收集和口述访谈工作。整个工作计划访谈三十六位贵州籍国家级非物质文化遗产传承人，由于有几位传承人去世及其他一些原因，工作小组最后完成了三十六人的信息采集工作和资料整理工作，对二十七人的访谈过程进行了文本整理。

因为这一关注贵州非遗的口述史项目，贵州关注非遗传承的年轻学人和兴趣者得以走乡串寨去进行深入的田野工作，在黔地广袤的田野里捡拾文化的花朵。对传承人口述史资料系统地采集、文本整理已经是一项非常具有现实关照性的工作，而在访谈过程中，我们对贵州省非遗传承人的现实情况进行了更真实、更深入的了解。

我们更多地关照贵州省非物质文化遗产传承和保护的现状，大多数传承人年纪过大，已经逐步疏离社区文化生活，无法参与到社区的重要性仪式场域中，对非遗进入生活世界的活态传习无能为力。而与此同时，他们传授的徒弟都忙于生计，学艺者很少能完整地传承非遗的真实内核。作为表演的仪式正在改变非遗的传统属性，为游客表演和政府组织的表演一定程度上给非遗的活态传承创造了一定的空间，给予年轻人更多生计可能，增强他们学艺的动力，但却在逐渐减弱非遗社区仪式功能的属性。

以下从此次田野调查的几个传承人的口述语境中，分享一些故事和发现。

一、口述语境范例一：多元有效的保护

皮纸制作技艺传承人罗守全的口述史田野工作，是我们计划的贵州省非物质文化遗产三十六个传承人口述史的最后一个。考虑到他家所在的乌当区香纸沟距离贵阳市较近，我们打算把对他的田野工作作为整个口述史项目团队的一次田野体验，并作为一次小型的总结会。

2013年11月27日，我们即兴安排，完成了这次口述史田野工作。在省非遗中心的联系下，乌当区文化局负责非遗工作的相关人员陪同我们前往，访谈工作在乌当区新堡乡香纸沟陇脚村罗守全的家中进行。罗守全不善言谈，基本是访谈者提问，他回答，回答也就一两句简短的话。大概一个多小时的群体访谈后，我们走访了距离罗守全家一公里多，他设在沟里的造纸作坊。

参与此次田野工作的一个特殊人物，是来自贞丰县小屯古法造纸点的国家级古法造纸传承人刘世阳。在我们去访谈的前一天，刘师傅到我们贵阳的工作室做客。他已经给我们说了很多次，要去香纸沟造纸点走访，想着能不能把自己的造纸作坊搬到那里继续做手工纸。小屯古法造纸工艺保存完好，销售渠道畅通，常常供不应求，曾出口到美国，作为美国白宫的墙纸使用。由于市场需求大，村民将造纸的几个工艺环节改成半机械加工以增加产量，但这对当地河流造成一定程度的污染。大概在2012年，小屯古法造纸点被取缔，大多数设备都已毁坏，村里的人也就没有再造纸了。作为国家级传承人，刘世阳一直想着如何把自己的手工技艺传承下

罗守全接受田野调查工作组访谈

去，因此他四处寻找合适的地方设立作坊，以期继续传承传统造纸手工技艺。

罗守全是布依族，在村子里成长，很少到外面的世界去。他从祖辈那学了手工纸制作技艺，就在村里做纸。前几年，村子里遭遇特大洪水，泥石流把造纸坊冲坏了，作坊和工具都埋在泥沙里，水碾也坏了。他自己花了三万多元，从几公里以外的地方搬运来硕大的石头修水碾坊，手工做好设备，又开始造纸。很多年轻人没有能力重建造纸坊，就出村打工去了。这十几年，香纸沟发展旅游业，他和家里人一起在村子里办农家乐，外地人来吃饭、打麻将，他家每年能收入几万元。

去参观手工作坊回来的路上，他一路拉草拽树，采摘了一些用于造纸的植物，向我们展示造纸的原料。因为很多年没有人在旧作坊造纸，这些造纸坊都已经荒废，野草丛生处有时光的印迹。我们看到路边一个用于泡料的石灰坑，但围着石灰坑转动的人已不知去向，幸好见得空山树枝摇动。竹泡石灰的景致，是那时真实热闹的造纸场景。坑内已无香纸散落，留下今日这不被打扰的幻境。据说，政府投资几百万元在河的下游建了新造纸坊，有几十户人家在那里造纸，可惜我们没能够去造访。罗守全是如何在这寂寥的造纸坊里，不管那些热闹，年复一年造着给祖先焚烧的冥纸的？他年事已高，走过无数造纸的年年岁岁，他的精神世界和造纸坊、和寨子已经融为一体。

罗守全口述史的田野工作进行了两次，第二次是2014年王小梅老师带领一个位居世界五百强的芬兰籍造纸企业去拜访，匆忙做了一次调研，我们对访谈对话的内容进行了整理，也放入文本中，以丰富第一次口述史田野工作。从罗守全的案例，我们发现，老人在传统家庭中分配财产、资源给子女后，不再掌控家庭权力和资源，尽管掌握一个国家级非物质文化遗产项目的核心技艺，但在生产关系中也逐渐沦为弱者。传承人受限于年轻一代不愿意投资进行造纸设备的改造，无法进行造纸再生产，年轻一代更倾向于参与到村寨民族风情旅游接待中或干脆出门打工，造纸只能作为游客游览和参与表演的项目。但由于游客参与性不高，且制作纸张的难度过大，这项表演也很快收场。向外来者讲述造纸技艺，已经成为罗守全的生活内容之一。这种外来者的拜访，一遍遍的叙述，不断地强化老人对传统技艺的认同。这样的拜访与交谈，这些闪光的询问和思索，若能转换成让老人为年轻一代传授技艺，让他掌握的造纸技术能传承下来，将有从研究到行动的深层意义。

二、口述语境范例二：生计的挑战

石阡县非遗传承人口述史的田野工作和访谈是根据省非遗产中心的行程安排确定的。一者，省非遗中心的专家中有熟悉这个区域的，负责人曾在那里出生、生活，并在文化遗产和旅游产业领域工作数年，对当地的情况非常了解。因此，选择省非遗中心熟悉情况的专家作为此次出行安排者、调查的约谈者，无疑是一个明智的选择，这极大节约访谈的时间成本和沟通成本，工作小组轻松而行，留足时间思考访谈提纲、阅读访谈主题资料，做好访谈的基本准备。二者，口述史小组在规划此项目的初期，曾有一个计划，希望小组的工作成员都能够安排时间，一起到石阡做一次田野工作，希望在这次共同参与的田野工作中，交流彼此的工作方法和工作框架，共同探讨大家如何来做好口述史工作等等。

可惜，一个存在于农耕文明时代和村落记忆时光中的非遗形态，对大多数人是没有吸引力的，因为不了解，没有认同的基础，或者了解过但个人的认知无法充分看到传统的价值，人们无法说服自己去到那些几乎已经被城市遗忘的空间，去体会当下的情境。因为，那里没有繁华和热闹，只有无边的寂静。只有愿意在村落的寂静中消磨时光的人，才愿意为它付出自己宝贵的时间去驻足和思考。我们深深地感到，此刻那些非遗形态在那里快速地变迁、急剧地改变，无法停顿，但同时它们也在那里等待，等待被认同，等待乡村重新变得热闹，等待和外面世界的互动。

我们忙碌地在都市里奔走，大多数时候，竟然无法安排一次预期的乡村出行。只要你把它看成是一次猎奇的非必要选择，你可以不去，也可以去，充满不定数，你永远不知道结果是什么。所以，我们把每一次的田野工作都看成一次即兴的安排，这种即兴的选择让我们安心地接受预期被打破，承诺被遗忘，想着自己去或不去都无妨的。这就是时间的机缘，能有则好，没有也罢。但这样的田野工作是多么宝贵的一次工作经历，你必须全身心投入，去寻找那些村落文化的秘密，那些人们还没有讲述完的故事，他们每一个人在浓浓乡音中讲述的人生历史，他们的无奈，他们的欢喜。时光不再来，今天也许就是最后的缘分。每一次田野工作都是一次特别的出行，我们也许不会再来，这样即兴的田野工作，也是唯一的口述记录，真的需要以非常珍惜的心完全投入其中。

为什么说这是唯一的？从我们的社会角色来看，我们是一群爱好者、兴趣者，我们的兴趣能维持多久？是否还有机会带着爱好回来？这是充满不定数的。因此，这可能是唯一的时机。再者，这些村落里的传承人，他们的记忆在随着时间淡化，所掌握的技艺在遗失，年轻人多不再从事这样的技艺，传统文化的能量在一天天弱化。老人们看着他们的子女离开村庄出去打工，虽然想让他们回到寨子里传承技艺，但这样根本无法养活一家人，在生计面前，他们只能选择一次次出行，只有过年回家期间学习一下技艺。

饶世光口述史访谈小组由省非遗中心龙佑铭主任带队，省非遗中心口述史小组成员李岚、王炳中及摄影师等工作团队，与石阡县文化局、电视台等十几个人一起来到传承人家——石阡县坪山乡坪岭村盐井坝组。村子距离县城几十公里，但是进村的路都是泥巴路，爬坡上坎花了不少时间，清早出发，十点多才到村里。

田地里都种上了庄稼，很少见有荒废的，稻穗就要扬花，车行山路，伸手触摸到乡野的气息，农耕文明的繁盛场景在这里随处可见。农耕文明的延续是非遗产生的基础，村寨是它还能得以传习保留的基本空间机构。村头有株指甲花在开，没有人采摘，旁边一栋木屋边有堆成垛的木柴。村子是寂静的，走几步就到了传承人家门前，楼下猪圈前停有两辆摩托车，这是当地年轻人使用最普遍的交通工具。屋子里，有好几个传承人从其他村寨早早赶到了这里，他们就是骑着摩托车来的。

为了帮助我们完成这一次口述史的田野工作，他们今天不去做农活，大清早就开始等待我们的来访。这样等待外来者在近年来是常有的

田野调查工作组走进石阡县坪山乡坪岭村盐井坝组

事。一者，全球化、现代化进程加剧文化的趋同，停留在贵州寨子里这些稀缺的、唯一性的文化形态，越来越受到外界的关注；二者，随着近十几年国家对非遗的重视和关注，非遗申报、出外展演的机会越来越多，居于偏远村落的非遗文化开始出现在媒体和公众视野，吸引来自省内外的参观者、研究者、媒体、旅游爱好者的造访。他们的足迹已经触及偏远村落的每一个地方，在那里以各种形式观看、记录和传播这些文化形态，带着像木偶戏这些曾经潜藏在本土生活叙事的珍贵人类学研究资料和差异性的仪式和生活哲学到更大的世界去。所以，面对这样的即时性造访，当地人已经做好了心理准备，他们和外来者的文化差异在减弱，不善谈者变得善谈，尤其是出门打过工的年轻人更愿意和外来者摆谈木偶戏的来龙去脉和故事。很明显，在客人到来之前，所有的道具都已经准备好了，场子也扫净，等人一来，就开戏。口述史尊崇原始的记录，一般是不主张表演的，但是现在表演已经成为政府、媒体采访和部分爱好者探知秘密世界的一种约定俗成的方式，所以今天既然被访谈者已经等候多时，准备为客人展示一场表演，我们不妨就顺势而为，先看表演吧。这样子也让等待多时的人在完成表演后能尽快回到日常农作，不至于耽搁太多时间。

表演安排在饶世印家的堂屋里进行。饶世印今年八十一岁，是木偶戏省级传承人，他是此次口述史讲述主角饶世光的哥哥。演出安排在他家，在文化上具有合理性：第一，他也是传承人，和口述者是血亲，且他家堂屋设有木偶仪式的场子；第二，饶世光的家境没有哥哥家富裕，三个儿子常年在外打工，很少回来，全靠自己一人种庄稼维持生计，他家的房子还未建好。

我们来到饶世印家里，他的儿子饶泽强正站在屋前。饶泽强说自己刚从外地回来，平时来都不能遇见他。他仿佛已经把自己置身于村寨之外来看待外来的访客。我们对他说的很感兴趣，唯恐漏了半点信息，即刻开始录音。在混乱的介绍和寒暄后，口述史开始严肃的工作流程。商定好先演再说后，待我们坐定，饶世光就开始准备设坛表演了。坛设在堂屋正中，中间有一条红布隔断。我们到红布隔开的里面去看，见饶世光往三个木偶脸上喷酒，他先把酒含在嘴里，再喷在木偶的脸上。我们问为什么要有这个仪式？他回答："给他们洗一个灰尘。"随后，焚烧钱纸，他说要"求个事"。坛的正上方挂有岳王、岳王娘娘的木偶，地上的八仙桌中间坐着一个小木偶，被一层层草和五颜六色的丝线包裹，他说那是"太子"，所有木偶中，太子做主。然后要敬酒、敬茶各五杯，等仪式结束，才能开始表演。

五十岁的木偶戏县级传承人饶泽贵和四十一岁的赵国凡负责打锣鼓，饶世光举着木偶表演。他边唱边举木偶在坛里转，木偶随着他的手舞足蹈变换不同的姿势，在讲述历史里的故事。拍摄者、记录者和观看者不停地掀开红布，走到幕后去看。我们本该严肃地站在这红布墙之外，看完这一场神圣的表演，那红布墙以内的世界是另外一个世界，难道我们就这么注重看到那个世界的物象，而不是超越本身看待神灵的片刻想象？

在口述过程中，龙佑铭说："我了解到，你们这批传承人很有希望，你们的子女都能表演。"表演结束之后，我们在偏房坐定，进行访谈。饶世光主要回答问题，参与表演的两个人——他的哥哥及哥哥家的儿子偶尔插话进行补充。开始提问前，石阡县文化局的两个同志很着急地前来帮忙提问，他们担心这种提问"安排"不当，传承人无法回应来访者的提问，所以一开始就抛出几个笼统的大问题，让传承人不知如何应答。我们本来想让在场的参观者都能参与到现场的提问和互动中，出于口述史工作框架的特殊性和时间不允许，工作小组开始从一个个细小的问题入手，倾听口述人慢慢讲述自己的生活、自己和木偶戏的关系以及自己又是如何看待这些的。

整个访谈过程大概花了三个小时，口述者基本按照提问的顺序完成了口述，且能很快地明白访谈者的问题，很顺畅地作出回答和表述。访谈内容给我们的一个直观性的感受是：整个现实性关照的话题是老人们犹在坚守，而年轻一代的传承是一个很大的问题。当年，当木偶戏作为民间祈福的一种仪式存在，还能在乡村的巨大诉求前实现生计，且能使表演人过上比较优越的生活时，木偶戏繁盛如花。而今天，当我们再次看木偶戏，民间对它的需求越来越淡化，精神的力量在减弱，如何解决生计问题才是留住年轻人传承木偶戏的关键所在。就算他们不再喜欢这样的古老仪式和这样的生活方式，哪怕有几个人带着它到乡间去消灾祈福，这也是文化遗产活态传习的样板。

在访谈过程中，我们一直在想，是什么力量，使得这里的人们仍在年复一年追寻祖先的足迹？仍在重复祖先当年的动作？他们好比民间的侠士，为人消灾。当我们掀开红布,走进里面去看一个真实的物象世界,消解了我们在红布之外看得到的灵气,或者我们再也难看到那些灵动的脸庞唱着古老的戏剧,在我们的身边讲述离奇和古老的故事。隔布看世界,近距看神灵。如果我们在一次田野工作中,能够看到一次神灵之光照耀我们的土地,让我们捕捉到些许无常的时光,并严肃地看待当下的时刻,意识到每一次出行都是那么具有唯一性,不可再来,所以珍惜,那也许就是这次口述史田野工作的意义吧。

同在石阡县的付正华的口述史田野工作在第二天完成。2013年8月23日上午十点,工作小组从石阡县城抵达田野采集工作点——石阡县花桥镇花桥村大塘组。到村子的路虽然都是泥巴路,但车能直接开到村子里。在我们来之前,省非遗中心已经请当地文化局和传承人联系好,因此,走进村子,远远就看见付正华家门前的院坝里已经搭好的表演木偶戏的戏台。访谈在院坝里进行,龙佑铭和王小梅主要负责提问,付正华是主要讲述者,付正贵偶尔参与几句,王小梅现场用电脑做资料记录。

大约三个小时的访谈后,我们采集了大量丰富的材料,获取了他们这支木偶戏的历史由来、传承情况等。由于村里没有人继续学木偶戏,传承是个大难题,整个讲述过程充满理性的忧伤。令我们印象最深的就是,这支木偶戏和前一天访谈的那支一样,不再参与社区仪式,只有几个老人还在表演,但大多是表演给来参观、考察、调研的外来者看。讲述者很理性地讲述木偶戏的处境,对现代社会中传统的凋零,他们也有深深的焦虑,但也能坦然地面对。担忧和焦虑并没有影响他们对木偶戏的热情和面对生活的乐观情绪,努力向外来者演好每一场木偶戏,也许就是当下他们所能做的最好的传承。

表演者为八十二岁的付正华、七十九岁的付正贵和七十一岁的付正文。我们很少看过传统的木偶戏,无法辨别传统还是现代,但传统和现代的关系也在随时随地转变,传统和现代时刻在融合、时刻在融汇成新的文化样式,因此不必刻意地划界区别。他们此次表演的木偶戏现代性很强,与当下农村关心的话题和政府倡导的一些观念有很强的结合性。表演中还有冷幽默,故事里表达"我这个人不会说话,不讲礼",实际上,在暗喻我们虽然是农村人,但也有农村人的礼,包含着"我们木偶戏传统剧目讲礼,哪个场合讲哪个场合的事,哪会这般混淆"这样的道理。

这种淳朴的乡土仪式，已经渐渐不被乡土社会采纳，不再是日常生活中祛病消灾、还愿娱乐的一种方式。寂静的村庄，没有年轻一代再愿意任劳任怨传承祖辈的技艺，年轻人为了生计已经走出乡村，和自己的乡土疏离，外面有更丰富的世界在等着他们去体验，记忆慢慢断层，没有通道将这些民间的文化形态留存下来，它们已经被乡村遗忘了。在观看他们生动的表演时，我们在想，这样的木偶戏，应该让我们的后代看到，我们应该为如何传承下去的事情担忧。

三、口述语境范例三：语言的障碍

我们访谈黄平谷陇古歌国家级传承人龙通珍的时间是2013年3月7日，她当时已经八十二岁了。她似乎已经停留在一个封闭的状态，所有的记忆都已经回到她的身体和精神内部，不再愿意拿出来和外界交流。这是一个老人的自然状态，就像幼儿，独自看着这个世界，他知道你们在想什么，可你们怎么也猜不出他眼中的秘密。

虽然看到这种状况大家有点气馁，很想离开，不做这个文本了，但是，出于对口述文本的责任，我们理性地看待此行的目的，一定要采集点什么回去，这极有可能是最后一次机会。黄平县的另外一个国家级非物质文化遗产苗族古歌代表性传承人王灵芝，已经在两年前去世，没有留下口述文本，实属可惜！

快节奏的生活方式已经很少能让人们驻足在这个屋檐下，去慢慢听龙通珍老人的故事。因此这一个下午的时光，是无比珍贵的。这一次田野工作，老人是唯一的对象。也许，还会有有心人来到这个村庄，记录这个老人和苗族古歌的生命世界和生活史，可是，等待的时间有多长？我们想，就算我们不会说本地语言，只有一些采集口述史的经验；就算我们没有做好充分准备，找到一个最适合的翻译者；就算我们没有时间对更多老人进行研究；就算采集的资料支离破碎……但，理智告诉我们，若要等到一切都准备好，等到万事俱备，我们可能永远都碍于时间和忙碌的生活，永远无法启程。因此，我们无比珍惜每一次田野工作，每一次看似即兴的行走，每一次看似即兴的访谈，经过长长久久的等待，时常调集自己所有的神经，观察、记录，采集回来的每一个文字，感知到的每一个语境，都是那么珍贵，珍惜！

珍惜！我们知道，每一次行走，都是唯一性的，都是我们返回时无法再述的故事。物是人非，在你转身的一瞬间，生命就已经开始慢慢书写不同的情景。

从施秉去谷陇比从黄平县城去近，那天，我们利用去施秉采访的时机，通过当地宣传部和黄平县委宣传部等辗转联系上龙通珍的三女儿——人称雷三姐的雷珍英。她答应了在家等我们。下午两三点，我们到达龙通珍家所在地——黄平县谷陇大寨。这个寨子以芦笙节出名，它是一个族群文化认同感非同一般的地方。

我们在村前一栋三层高的新房里，见到了龙通珍老人，她坐在电炉旁，迷茫地看着前面的电视机。新房子里一切都是现代的，这个空间有现代的舒适，是三女儿家新修的房子。我们感觉，老人人在这儿，心却不在这儿，访谈一定不能在这里做，她本来状态就不佳，在这里也许什么都谈不了。于是王小梅老师提议："老房子在村里，我们要不要去村里走走看看？"大家下了楼，从层层叠叠的水泥砖高房小巷子里走出来，沿着村子里的路，来到了老屋。老屋正房还端正地保存在那里，进门左手边修建了两层的砖房，有围墙将老屋和四面的房子隔开，中间只留一条窄小的过道。

令我们印象深刻的是，老屋堂屋里挂满了龙通珍女儿阿幼朵和国家领导人及诸多影视明星的合影，照片很多，全用相框装裱好的。还有阿幼朵去国内外参加各种演出的照片，一下子拉近了老屋和现代世界的距离。其余两间屋子，墙上也挂满了阿幼朵的各种照片，家人的照片点缀其中。老人在这里守望，她的孩子不停地走出去，又回来和她分享，把影像都定格在这间旧屋子里。老人每天就这样穿寻于这老屋中，看这些老照片，看一段段过去的光阴。我们的访谈弄得很庄重，是雷三姐安排的，老人坐在堂屋正中间，像参加一次严肃的仪式。这表明，她们很看重这次访谈。尽管，老人坐在那里，下午的阳光正好直射着她，她一定不舒服，可能会影响访谈的效果，但我们想那是她们决定的方式，不去干预更好。

我们分坐在门槛的两边，摄影师在门槛对面录像，就这样你一句、我一句地聊着。所有的访谈都是无法准备的，它必须是即兴的，不管我们作多少的准备，如果我们无法探知她们那个神秘世界，无法深入感知她们的内心，访谈都只是技术性的，都只是一次信息记录和整理。而当我们把自己置身于当时当地，就在那一刻，感知她们，和她们一起，才能慢慢地渐入佳境，才能体会这古老歌声的深层魅力。刚开始，问题也许是东拉西扯，但就在各种纷繁复杂的提问中，慢慢梳理出一个完整的线索，并一直往下追问，最后整理出一个真实的、有意义的文本。

访谈过程中，我们强烈地感觉到对一个语言不通的老人进行访谈是多么大的挑战，主题又和古歌相关，古歌里涉及的很多词汇许多苗族青年都无法识别。整个访谈的汉语代述是雷三姐，她坐在妈妈身边，很耐心地听我们问，自己知道的，一般就自己表述，不知道的，就转过头用苗语和妈妈对话，再给我们翻译。三姐说得比较多，老人的状态不能这么快回答我们的问题，也基本听不懂我们的问题。三姐解释，她才认真听，用苗语说一段，三姐再翻译。唱古歌这个环节的内容，作为口述史最珍贵的文本，最应该被完整记录，但是我们恰恰无法获取这部分的资料，遗憾得很。老人唱的那些歌词我们无法翻译过来，尽管我们一遍遍地追问，三姐说，没法翻译。直译无法复原原来的歌词，我们选择了意译，于是请三姐讲述了歌词大意。

作为两代人共同回应的一个口述史文本，也是我们这次口述史文本里比较独特的一个叙事形式，这何尝不是一种尝试。群体访谈中，对家族史的访谈，也大多会选择几个人在一起做群体采访，共同来讲述一个主题。较之仅仅局限于关注国家级或省级的传承人，我们倒是觉得村落里的每一个普通人都有其生命个体的独特叙事，在不同的主题设置中，都可作为口述史的访谈对象。

人类学强调在田野工作中说调查社区的语言，作为"我"主动参与到"他者"的空间，语言是障碍，也是消除巨大文化差异的关键。尤其是面对一个已经无法完全回忆过去点点滴滴的病中老人，访谈者不会当地语言真是难于上青天。考虑到老人年纪过大，很难有更多的人给老人做口述史，收集她的口述史资料，我们还是以现有的资源为基础，完成了田野工作和文本收集整理，以求留下点什么。需要特别说明的是，由于翻译者代述的情况较多，龙通珍的口述文本整理采用对话式文本，以客观地体现翻译者的代述语境。

四、口述语境范例四：饭养身，歌养心

侗族大歌是当今世界上十分罕见的多声部、无指挥、无伴奏的民间合唱音乐，被誉为"天籁之音"，而小黄侗歌以其和声完美协调、格调柔和婉转、旋律优雅动听的特点而蜚声海内外，从20世纪50年代起就已走出山门，走向世界。为采访侗族大歌国家级传承人潘萨银花，2013年7月13日我们在从江县文广局仄向东主任的带领下前往小黄村。

小黄村自古以来就是一个"饭养身，歌养心"的村寨，这里的男女老少人人爱侗歌，人人会唱侗歌。受环境的熏陶，潘萨银花从小就热爱唱歌，加上自己的悟性，十八岁以后她就开始传歌和创作歌曲。她创作的歌曲既动听又上口，让寨上的男女一听就懂、一学就会，是一位对侗族歌种了解较为全面的歌师。她传授的青年歌队就有十二堂，擅长演唱大歌、琵琶歌、牛腿琴歌、木叶歌、叙事歌、拦路歌、敬酒歌、多耶踩堂歌。

盛夏的早晨，阳光已经很炙热，白花花的晃得人眼睛都睁不开。从江县的海拔很低，只有两百米左右，闷热潮湿，待在哪里都有蒸桑拿的感觉，浑身湿黏难受。小黄侗寨位于贵州省从江县城东北面，离县城二十公里，由小黄、高黄、新黔三个行政村组成。王小梅老师曾去过小黄，她说，小黄是个神奇而富有诗意的侗寨，清澈的小溪缓缓穿寨而过，四周青山环抱，错落有致的吊脚木楼依山傍水，山水交融，似一幅恬静的田园风光图。这里汇集了侗族风情的精华，鼓楼、风雨桥、吹芦笙、唱侗歌……尤其是侗族大歌！

一路上，到处都是树林、竹林和水田，刚拔苗的水稻像在大地上铺了一张张绿油油的地毯，一阵阵树木的清香随着微风飘来，沁人心脾，零零星星的侗家寨子镶嵌在山清水秀的画中。大家一路走一路感叹，如此的美景与城市里的雾霾、尾气、污染形成了多么鲜明的对比，让人对田园生活充满了向往。世界上的许多事情仿佛就是这样，画着一个个圆，当我们千方百计地摆脱过去自认为落后的生活后，内心的呼唤最后又把人带回到起点，小院芳菲、歌声悠扬又变成了终极的理想。

汽车在七弯八拐的山路上行进了一个小时左右我们便看见了小黄侗寨的鼓楼。

我们停在能鸟瞰小黄全貌的地方拍摄全景,这几年由于旅游开发的需要,远远就能看见新建的各种旅游设施,新的吊脚楼比比皆是,一条新的石板路从寨子里延伸出来。

一进寨子,首先看到的便是几十家农家乐和卖旅游商品的小店,听村民介绍,小黄村已由过去的依靠传统农业向依靠旅游业发展,搞接待、跑运输已成为小黄村新的产业。为了给旅游发展打好基础和创造更好的条件,从江县在小黄村投入了不少资金,对小黄村农户的居住条件进行改造,将村中道路铺设青石板,对河道进行整治,组织寨子里的年轻人义务清理河道,新修了从江县至小黄村的柏油路。鼓楼里坐着很多游客在等待观看侗族大歌的表演,三三两两的姑娘小伙说着笑着,上身穿着T恤,下身穿着侗家的服饰,开场时间一到便重新穿上厚实的侗家上衣和帽子进行表演,展现一幅红红绿绿、欣欣向荣的景象。小黄侗寨为游客提供了食宿,农家的经济收入得到了增加,但给人的感觉总是凌乱了些。

潘萨银花家在鼓楼旁的山上,要经过花桥往上走一段路,是一栋很大的吊脚楼,有一个大大的露台,老人家就在这里接受了我们的访谈。她快七十了,精神很好,花白的头发挽在头上,给人干净利落的感觉。可能知道我们要来,她已经穿上了侗家的服饰。因为热,我们一直叫她脱下厚重的服饰,她总是说没关系,脸上露出可爱的笑容,岁月沧桑全写在了她的手上和脚上。我们在她家楼上进行采访,墙壁上的大相框里挂着她和家人出去演唱的照片。一张不知谁给她画的素描用相框框着,挂在显眼的地方,看得出老人对它的喜爱。她家有五口人,丈夫在四十岁时就已过世,两个儿子、一个女儿都已婚,三十多年来靠她一个人务农带大小孩。现在她一个人居住在小黄村,逢年过节儿孙们都会来看望她。

潘萨银花虽然年纪大了,但音色很好,2009年还随老年女歌队赴西江参加侗歌大赛,荣获了老年歌队金奖。2010年9月随老年女歌队赴北京参加老年艺术节活动,演唱《蝉歌》《平阳歌》,还有《天地人间充满爱》等赞美爱情的歌曲。访谈过程中,她一会用普通话,一会用侗语,考虑到她的习惯,用本民族的语言要顺畅得多,我们便请仄主任给我们翻译,这样就不影响老人家的思路了。

潘萨银花现在主要在家教唱侗歌,也教侗戏,不收任何费用,所教的学生已经有几百人,其中最小的才四岁。有一位得意门生潘静莲,现任小黄小学的音乐教师，负责教唱侗歌。1991年潘萨银花曾经在贵州省艺术学校（现贵州大学艺术学院）侗歌班教学一学期，也教过小黄九姐妹，现在只要有人愿意学侗歌，她都愿意教。她希望大家都来唱侗歌，但现在侗寨里的很多年轻人外出打工，歌班里青年减少；再加上现在大家玩的东西多了，唱侗族大歌的人也越来越少。

在老人的印象中，以前侗族人人都爱唱古老的多声部侗族大歌，村里不仅有姑娘队、腊汉（注：小伙子）队，亦有娃娃队和老年队，他们以唱歌为乐，以唱歌为荣。小孩从牙牙学语起，父母就开始教他们唱歌，潘萨银花从五岁就开始与伙伴们一起学唱歌，请公认唱得好的歌师来教。歌师对歌队要求很严格的，她们除了田间耕作、家务劳动外，整日都在唱歌，直到她们长到十七八岁出嫁为止。当时在小黄，没有一个儿童不进歌队的，不论男女，婚前经过十几年的训练，婚后仍在歌队，直到年迈唱不动为止。不少家庭三代人都分别在不同年龄和不同性别的歌队里，这些歌队在鼓楼里都有自己固定的位置。

从1989年起，从江县人民政府在小黄小学开办了民族班，开设侗歌课，聘请歌师教学生唱侗歌，这是从江县开设侗歌课最早的学校。侗族没有自己的文字，其历史均靠侗歌从上一代传给下一代。在小黄，任何人都可以组成合唱队，也不用指定各自的声部，但他们可以配合得天衣无缝。最有名的是他们在2003年11月举行了一千二百多人的超级侗族大歌演唱。

听了他们的介绍，我们知道也感觉到了小黄的歌声是无处不在的，或描述生活场景，或模仿自然之声，或倾诉相思之情，或细数生活甜蜜。夜幕降临，侗家的姑娘小伙三三两两相邀到村口、溪边，一边弹琵琶，一边唱着悠扬的情歌，倾诉着相互的爱慕之情和对幸福生活的憧憬。小黄人用他们的悠悠大歌，一次又一次地洗刷人们的心灵！

现在侗族大歌不仅被国内观众所熟悉和喜爱，同时也以其独具魅力的复调和民族特色，吸引了众多的国外观众。侗族大歌走出了侗寨，但它的根还在这片滋养它的侗家土地上。由于侗族大歌浓厚的历史文化氛围以及旅游业对小黄侗族大歌的传承与保护的促进，小黄的侗歌越唱越响亮，每年农历八月十五都会举办侗族传歌节，当地的老、中、青、少儿歌队分别进行比赛，并邀请周边侗寨参与。这种民间唱歌方式很好地保护与传承了侗族大歌与侗族文化。

从小黄村出来,热浪一阵阵扑来,一阵微风吹过,寨中的几棵大树传来窸窸窣窣的声音,仿佛侗族大歌无乐器伴奏、无人指挥的多声部合唱,柔和委婉,树中的夏蝉和声相伴,典雅优美。侗族大歌,似能穿透天地,滋养万物,给人一种神奇的享受!

五、口述语境范例五:芦笙悠扬绵延不息

2013年4月17日,早上起来阳光明媚,和风徐徐,温暖着我们一行即将去纳雍县采访的人。此次我们将去采访苗族芦笙舞滚山珠国家级传承人王景才。他家在纳雍县猪场苗族彝族乡新春村木花营组,很偏远,但为了对他的生活空间和文化空间进行观察和描述,所以必须到他的家里进行访谈。

由于不了解路况,从镇宁县到纳雍县本来只有一个小时的路程我们足足走了四个小时。纳雍盛产煤矿,公路被超载的大货车压得坑坑洼洼,稍不注意就会有刮擦,然后就是长时间的堵车。下午一点多到纳雍县城吃了饭后,我们一行跟随纳雍县文广局工作人员祝菲前往猪场乡王景才家。车子在山间云雾里盘旋,一路颠簸着,大约三小时后来到一座大山前的路口。车辆不能直接到王景才家,我们只得下车走了一会儿,终于看见前方山雾里的山腰处一户孤零零的人家若隐若现。走近了,只见门上一块牌匾写着"苗族芦笙舞滚山珠传习所",屋前站着一位满脸胡须的中年男子和几个妇女与小孩。中年男子抱拳迎接我们。那男子就是苗族芦笙舞滚山珠传承人王景才。王景才在以前某次"文化遗产日"时曾经去过贵阳,那时他带有好几个徒弟,精神很好,在省博物馆还能跳出高难度的芦笙舞动作。而这次看见他让人觉得心酸,他的腿受了伤,一瘸一拐的,一家人靠低保过日子,和那些陷入困境的家庭没什么两样。不同的是,王景才是国家级非物质文化遗产项目代表性传承人。可能是身体不太好,他不时流着鼻血,脸也黑了,眼神总有些漂浮不定。进到他的家里,让人更加难过,可以说是家徒四壁,一贫如洗。黑黑的木屋里两个大床并排放置,上面的被褥随意堆放着,脏且凌乱,一只上了年纪的老猫趴在上面,床的旁边是一个大土灶,鸡狗们在屋里屋外自由穿行着。

王景才是苗族,1968年2月出生在这个偏僻的苗族村寨,因受当地苗族传统文化的影响，王景才从小就师承于其舅父黄顺强学习苗族芦笙舞技艺。由于他认真学习，刻苦求艺，十二岁时就学会跳苗族芦笙舞"地龙滚荆"，苗语叫"子落夺"。它流传在贵州省纳雍县猪场苗族彝族乡一带，是苗族人民世代相传的芦笙舞蹈之一。传说远古时期，苗族祖先大迁徙，途中道路坎坷，荆棘遍野，英勇的苗族青年们为了给父老乡亲们开辟一条通道，就用自己矫健的身躯从荆棘林中滚出一条路，人们为了纪念这些青年的功绩，就模仿他们用身躯滚倒荆棘的动作，编成芦笙舞，取名"地龙滚荆"。

王景才的舅父黄顺强是当地有名的芦笙师傅。当年，他在舅父家学习芦笙舞时，舅父对他要求特别严格。在学"地龙滚荆"时，舅父要他在凹凸不平的地面上训练翻滚，不允许有半点差错。如果滚得不好，就要重练几遍甚至几十遍，一直要练到动作准确、轻松自如才算过关。有时候，王景才的头都滚破了皮，伤口里还钻进了石沙子，但舅父却从不让垫垫子。在舅父严格的训教之下，王景才的芦笙舞技艺不断提高，练就了一身过硬的本领。

1984年7月，王景才到纳雍县民族杂技艺术团学习。在此期间，他刻苦钻研和探索，将学到的杂技技巧融入苗族芦笙舞"地龙滚荆"中，形成了集芦笙吹奏、舞蹈表演、杂技艺术为一体的完整舞蹈。舞蹈刚柔相济，动静结合，惊险奇绝。1989年，县文化局将"地龙滚荆"更名为"滚山珠"。经王景才创编后的滚山珠在保留苗族传统的芦笙技巧表演的基础上，增加了一些更高难度的动作，如"搭桥""腹上倒栽桩""叠罗汉""双飞雁"等技巧，使滚山珠的表演更具观赏性和艺术性。表演者手执六管芦笙，头戴野鸡翎帽，身着绣花白褂，脚着麻耳草鞋，吹奏着世代传承的芦笙舞曲，围绕着梭镖或盛满水的碗进行舞蹈表演，或时以头为足，或时以人攀肩，芦笙舞步与技巧层层深入，集中体现了苗族同胞在迁徙中不畏艰险、勇往直前、排除万难的惊险场面。滚山珠节目以其粗犷的舞步和高难度的技巧赢得了中外人士的高度赞赏，每次登台表演都会获得观众无数的掌声和欢呼声。

为了我们的采访，王景才的兄弟一大早就回到了家里，组织学生表演滚山珠给我们拍摄。下午四点过，陆陆续续来了一些学生。当悠扬的芦笙响起时，粗犷的芦笙舞已跳了起来。

王景才是一个朴实严谨、实事求是的人。他二十二岁时曾在少林寺学过武功，后因生活所迫,去矿山打工,被炸掉一个小拇指。他的邻居说,他曾是个远近闻名的武林高手,不过,他父亲去省外的妹妹家失踪,家庭出现变故后,他就变了一个人。现在,他只顾教人跳滚山珠,已没有了当年生龙活虎的模样。当我们问他跳滚山珠是否在波兰获得过世界最高奖"金山杖"时,他依然不说太多,只是给我们看了他当年在国外表演时当地的报道。

从20世纪80年代开始,在王景才的亲自组织教学下,苗族芦笙舞滚山珠从滚花坡开始,滚出了苗乡,滚上了京城,滚向了世界艺术之林。然而,随着社会经济的发展,农民进城务工成了一股潮流,为谋生计,不少滚山珠演员也搭上了南下的列车,卷入了打工浪潮,滚山珠面临着失传的危险。王景全说,哥哥的队伍已经许多年没有这样的表演机会。

2007年"多彩贵州"舞蹈大赛之后,他们到现在一直没有表演的机会。虽然纳雍县文化局和乡里在他家里挂牌"苗族芦笙舞滚山珠传习所",作为国家级传承人,他每年有一万元的传承经费,但买煤、买粮食来做饭给学员们吃,是远远不够的。为了不使这一民间技艺消失,王景才在努力挣钱养家糊口的同时,亲自到各家各户去动员,请求家长鼓励孩子们来学滚山珠。来找他学艺的人,王景才从来都不收学费,路程较远的学员,他还尽力为他们安排生活和住宿。

现在,王景才的长子李飞龙已经继承了父亲的芦笙舞技艺,成为新一代滚山珠剧组的主力队员,苗族芦笙舞滚山珠的传承有了新的接班人。在王景才的传习所里,我们看到,来学滚山珠的有七八岁、十三四岁不同年龄阶段的人,不少人是学生。采访结束,王景才的爱人热情地请我们在他的传习所里吃晚饭,为我们炖了一只鸡和炒洋芋,还有一盘炒酸菜。

天黑了,我们一行向王景才一家告别,昏暗的光线下王景才依然像侠客一样抱拳向我们告别,没有说太多的话,他的兄弟王景全和儿子李飞龙一直送我们到停车的地方。出山坳时,我们回头看了看王景才家,在大山的映衬下几乎看不见,隐约的灯光是那样的阴沉。如今的王景才似乎因为某种原因可能复出,但又能走多远呢?无法自给自足的滚山珠队伍,又能撑多久呢?这一切都是个未知数。但是我知道王景才会为苗族芦笙舞滚山珠的传承和发展贡献自己毕生的精力,继续在家乡传承着苗族芦笙舞——滚山珠。祝福他吧!

六、口述语境范例六：进入真实生活世界

布依戏在布依语中称"谷艺"，主要分布于贵州省黔南布依族苗族自治州、黔西南布依族苗族自治州及南北盘江流域红水河布依族聚居地区。约在清代末叶，壮剧艺术传入这一地区，布依族受其影响，用布依语演唱布依族的乐曲，在八音坐唱、板凳戏、土戏布依彩调的基础上逐渐演变形成布依戏。民间艺人按村寨组成的业余戏班代代相传，每逢民族节日，都要搭台演唱。1984年，册亨县布依戏队的《罗细杏》这部戏由册亨县弼佑乡（今弼佑镇）戏班子初写，先调到州、省试演，回来后就调集演员，由汪华琦、冯景林导演，主要演员有：黄成珍（饰细杏）、韦发华（饰阿品）、黄保达、黄小度、黄金星、骆朝云、骆朝美等册亨县布依族村民。《罗细杏》获文化部（今文化和旅游部）颁发的"孔雀杯"奖，剧作者获优秀剧目奖，黄成珍获最佳女主角表演奖。2006年5月20日，布依戏经国务院批准列入第一批国家级非物质文化遗产名录。

册亨县原有布依戏国家级传承人两人，分别是弼佑镇1926年1月出生的罗国宗老先生和八渡镇乃言村1926年8月出生的黄朝宾老先生。黄朝宾老先生已经去世，罗国宗老先生也因为身体原因前往临近的广西百色就医，因此我们未能采访到。于是，我们通过册亨县文化局领导联系到了布依戏省级传承人黄成珍。在交流过程中，一方面，我们强烈地感受到老一辈布依族村民对布依戏的热爱，以及政府对布依戏的高度重视。另一方面，少数民族地区社会经济的发展，也给布依戏为代表的布依族文化带来全新的境遇。高速公路近期就要连通册亨，越来越多年轻一代的布依族人走出大山学习、就业，立足于乡土社会文化环境的布依戏还有可能继续拨动人们的心弦吗？这需要时间来回答。

布依族八音坐唱又叫布依八音，因用牛腿骨、竹筒琴、直箫、月琴、三弦、铓锣、葫芦、短笛等八种乐器合奏而得名，是布依族世代相传的一种民间曲艺说唱形式。在传统乡村生活中，八音坐唱是村民们繁重农活之后，或在节庆民俗中自娱自乐的一种重要生活方式。如今，年轻人大量外出务工，乡村生活的内容有了很大的改变，八音坐唱也多只在旅游接待、红白喜事表演中出现。在商业化的大环境下，

一些传承人多以它作为生计的一种重要补充，从事商业演出获取一定的收益。

兴义市布依族八音坐唱国家级传承人梁秀江原先是巴结镇田寨村人，但是很多年前，由于建设水库移民，他就搬迁到兴义市城区的坪东居住了。他的儿子在香港某影视公司工作，女儿嫁到菲律宾去了。梁秀江在兴义市从事一些商业活动，生活比较宽裕。与梁秀江第一次见面，是在兴义市的一个市民休闲广场，他正和一些退休的老年人在排练八音坐唱节目。当天晚上，我们又如约来到兴义市的市民休闲广场，观看梁秀江与很多八音爱好者排练八音坐唱。他的孙子、孙女也在八音队伍里，显然梁秀江要把他们培养出来。对于八音坐唱的未来，他认为要与时俱进，面向市场，精心编排，满足新的文化需求。在梁秀江看来，八音传承还是比较乐观的。

国家级非物质文化遗产八音坐唱传承人吴天玉，家住兴义市则戎乡的平寨，那是个布依族小村子。兴义市这几年基础设施建设力度很大，村子边有一条新建成的高等级旅游公路。我们一行人从兴义市出发，驱车南行，不一会儿就到了。村子被榕树包围着，很安静，人很少，想来是年轻人多出去打工了。吴天玉与妻子骑着摩托车去买了些水果、花生回来招待我们。访谈过程中，吴天玉的儿子也从上班的旅游景点回来。吴天玉与他的儿子分别奏了几支曲子，然后又合奏了几支曲子。访谈结束后，吴天玉又带我们去几公里外他打工的旅游点游玩。登上观景台，极目四望，青山尽收眼底。吴天玉说，以前很多国内外的游客来兴义玩，都要听八音坐唱，现在不知怎么的，游客少了，希望以后会再多起来。

我们访谈思南土家花灯国家级传承人刘芳的当天，乌江边的小城思南天气有些闷热。访谈地点是在县文化馆剧场，这是一栋有些年头的老建筑了。剧场里，只有几个古老的吊扇在转，刘芳和十多个花灯爱好者在紧张排练会演的节目，汗水密密地布满额头。

刘芳已经退休了，唯一的女儿研究生毕业后在河南郑州工作。平时闲不住，刘芳就指导一群大妈跳花灯，也去中小学教老师或学生花灯表演。刘芳拿出一个平板电脑，给我们看她历年参加花灯演出的照片、培养的年轻人的照片，十分开心满足，但是，讲到过去学花灯的经历，特别是其中的坎坷，她流下了泪水。

中午的时候，刘芳和练花灯的大妈们热情邀请我们去河边的一家小餐馆吃饭，饭菜味道很好。乌江边的日常饮食，就和乌江边的花灯一样，充满地方特色。思南土家花灯是思南民间歌舞艺术，演唱的内容多是思南普通人民群众的生活内容，音乐轻快，悦耳动听，舞蹈动作优美，生动形象。婉转动人的优美唱腔、浓郁的乡土气息、灯戏兼容的独特民族风格，折射出乌江流域的人文风采，为人们喜闻乐见。

思南土家花灯国家级传承人秦治凤，自幼随父母在北京军队中生活，从小喜欢文艺。小学时候，她随父亲转业回到老家思南，接触到思南民间花灯，得到前辈民间艺人的指导。中学毕业后她进入思南县文化馆，在刘朝生等老师的指导下继续钻研花灯表演艺术，取得了很高的艺术成就。在访谈过程中，秦治凤回忆起过去学艺的经历，饱含深情，拿着扇子现场示范花灯艺术的精妙之处；谈到生活中的艰难，她潸然泪下；谈到自己从思南县文化馆退休之后，在业余花灯队当教练，以及在家中带双胞胎孙女，她又充满对未来的希望。人生就像一条河，有险滩，有波折，但蓦然回首，更多的则是喜悦与安宁。

我们采访苗族锦鸡舞国家级传承人李金英的当天，她正坐在屋子门口的平台上，把织染好的布匹一寸寸地叠起来，紧紧地捆绑在木桶的外围。她黝黑浓密的头发由一把大大的木梳盘成高耸的发髻，她纤瘦的身体由被鲜亮织锦的短围裙点缀着的绿色短衫包裹着，她灵活的手指如同拨弄琴弦一般捻叠着百褶裙。这一切构成一幅安详却充满生命活力的画卷，深深地吸引了我们。

李金英是丹寨县排调镇羊先村人，属于短裙苗。丹寨短裙苗族女子勤劳手巧，她们做裙子使用的材料，除绣花丝线和衬底用的绸缎外，均为自种的棉花，自纺成纱、自织成布、自染自缝。她们所穿的衣服袖口大而短，领口满襟，多数镶有色彩艳丽的栏杆和绣有精美的图案，穿着古朴、大方、潇洒。青年妇女还配上一张绣有精巧鲜活的鱼、虫、花、草等图案的围腰布，抄在腰间，风姿绰约，犹如天鹅秀态、芙蓉出水、天仙玉女，加上银核、银花鬓夹、银耳环、银项圈、银手镯等银饰，更显得如风拂百花，翩翩起舞，光彩夺目。短裙的制作是非常复杂的，新织的土布先要经过染煮之后，在大木桶上慢慢地折叠，一条裙子通常要折二十多天。短裙苗族的锦鸡舞是远古图腾潜移默化的演化物，将过去的鸟崇拜变得更具体、更完善，使人们对图腾与追念祖先的概念变得不再抽象和空洞，重新找到一个可以引起人们心灵震动的"原型"。美丽的锦鸡衣离不开这五寸长的短裙。从2002年起至今，李金英在家不仅为当地年轻人传授锦鸡舞技艺，同时还制作锦鸡舞服饰。多年来，她将自己掌握的技艺无私奉献，耐心传教他人，深受当地群众的赞扬。其主要代表作有锦鸡舞、芒筒芦笙舞、铜鼓舞等民间舞蹈技艺，以及锦鸡舞服饰制作工艺。2006年她被贵州省民间艺人高级评审委员会评审为"中级工艺师"。李金英除了组队编排的《苗族锦鸡舞》节目参加文化艺术节演出多次获奖外，还制作了许多锦鸡盛装和精美的花带等。她制作的锦鸡原生态苗族服饰被中国民族博物馆收藏，在参加2006年多彩贵州旅游商品"两赛一会"活动中，分别荣获县级"原创奖""优秀作品奖"和黔东南苗族侗族自治州"最佳创作奖"。

李金英家里的布置很简单，几张小凳，两个小柜子，一台小小的电视机，各种工具杂物，晚上，屋子里开着灯仍然显得很昏暗。李金英的脸上总是挂着笑容，拿了一大叠照片和我们分享她的快乐回忆，有和亲人朋友的照片，有跳舞比赛获奖的照片，她的快乐使整个小屋温暖明亮起来。

第二天一早起来就看到李金英在厨房里忙碌着，把昨天晚餐用过的碗筷放在大锅子里洗。她洗刷的速度很快，非常熟练，尤其搓洗那一大把筷子时，放在水里搓一搓，拿起来把一头往大铁锅的锅边上搢一搢，再翻转手腕，把另一头搢一搢，节奏明快有力，如舞蹈动作一般。她浑身上下透着的舞蹈家气息，一举手一投足，哪怕是在劳动，也令人赏心悦目。洗完碗筷锅子，李金英开始洗昨天摘回来的萝卜苗，一根根洗得干干净净。我们很好奇，问："这个是我们的午餐吗？"李金英笑了，说："是给猪吃的！"给猪吃的菜也那么认真地对待，这让我们越发尊敬她了。

喂了猪之后，李金英又忙着织布。梭子在织布机上穿梭，她反复地重复着一个动作，随着织布机吱呀的声音，布匹在一寸寸地增加。李金英的小女儿在旁边的小桌子边安静地绣着花。我们仿佛看到了年轻时的李金英，在她熟练穿针的手指间，我们完全能感觉到这项技艺不会消失，一定会传承下去。

一位女孩从麻鸟村过来找李金英，说是她的徒弟，因为做裙子时遇到做不好的地方，所以来向老师请教。她说："我妈妈也会做，不过做得没有老师的好，没有这么漂亮，所以我来找老师学做，做好看的衣服，穿起好（自豪）。我很喜欢老师，老师也喜欢我，我做不好就来找她。"从女孩朴实的话语中，我们仿佛看到李金英耐心教授徒弟们的场景。她们之间拥有老师与学生最融洽的关系，诚心地教与热心地学，如亲人一般的感情，令人羡慕不已。

李金英最后还为我们唱了几段苗歌，她的歌声婉转悠扬、沉静含蓄，微笑的脸上洋溢着对生命的热情。用能歌善舞、心灵手巧、热心温和、吃苦耐劳来形容李金英都不足以描绘出她的人生。我们默默在心里感激她给我们带来对生命新的感受，默默地祝福她未来会更好！

我们在雷山县城采访了国家级非物质文化遗产项目苗族芦笙制作技艺传承人莫厌学，他和他的老伴、大儿子以及小儿子的媳妇都在家。他家的房子修在一座山坡上，两层，依山而建，屋旁有一棵高大的树，长得郁郁葱葱。乖巧的小孙子手中拿着吃的，腼腆地站在莫厌学的身旁，好奇地打量着我们这群外乡人。

对莫厌学的访谈是在他家里进行的。这几年他做芦笙卖赚了点钱，因此心情也比较好，有点发福了，看起来胖胖的，总是在笑，给人一种温暖的感觉。3月的时节，只穿了一件白衬衫还说热得很，可见老人家身体也很好。芦笙的订单很多，一家人忙都忙不过来，所以也是边做芦笙边和我们交谈。

国家级非物质文化遗产项目苗族银饰制作技艺传承人杨光宾现在租住在雷山县丹江镇脚雄村，在雷山县城里面。他现在经常被请出去展示苗族银饰制作技艺，有时还出去传授技艺，他说住在这里要方便一点。到达雷山县城后，我们先跟雷山县文广局的同志联系了一下，因为不太清楚杨光宾的具体住址，到达他家已经是下午一点了。他穿着民族味很浓的服装等着我们，进门就是他的工作室，墙上是一排工具，在他一连串的笑声中我们开始了访谈。

2007年6月5日，经文化部确定，杨光宾为苗族银饰制作技艺代表性传承人，并被列入第一批国家级非物质文化遗产项目二百二十六名代表性传承人名单。杨光宾传承谱系为："第一代：杨略罗，男，1865年出生，他是给当时的大户人家制作银饰；第二代：杨勇略，男，1890年出生，系杨略罗之子；第三代：杨莫勇，男，1920年出生，系杨勇略之子；第四代：杨你莫，男，1944年出生，系杨莫勇之子；第五代：杨光宾（杨岩你），1963年出生，系杨你莫之子；第六代：杨昌杰（杨红岩），1988年出生，系杨光宾之子。"如此看来，他家可称之为正宗的苗族银饰技艺传承世家，技艺之精自不必说。

春天的仪式

❖ | 伍泰安 / 口述

我会写字的，我写过一些铜鼓十二调的本子，以唱歌的形式，根据这个调来配词。我唱的布依族的那种歌，念大声了，就出不来那种味道了。所以，我念的声音小。虽然声音小，也能念出布依族歌的那种音。我可以唱三个调。

我今年七十二岁。前几天，我去安顺参加民族文艺表演的时候，我就给他们讲了，我们铜鼓十二调可以唱三个音，古时候是用念，现在，我来把它作成曲，可以把它像唱歌一样地唱出来，也可以用我们布依族民歌的形式把它唱出来。

伍泰安

铜鼓十二调有三个调，也就是有三个音，其中一个音是用念的。比如说解放前，大家都没有心思唱的时候，是用打的。在过年的时候，是从正月初一打到十五，懂的人就一个提皮鼓、一个打铜鼓这样打出来。他们打的节奏是一样的，不念的……过去是不念出来的。但是，现在你不念出来大家不清楚呀，所以现在就要念出来，一般都是用念。有一种音是用我们布依族的一种民歌把它唱出来的。（伍泰安开始唱）

我唱的这首是铜鼓十二调的第一首。从第一首到十二首，第一首、第二首、第三首表述的是春天到了，春雨滋润大地，万物苏醒，春暖花开，百鸟鸣叫，农民春耕下种。（表达）百鸟鸣叫的有一首叫《鸟鸣叫》，它的音就像鸟鸣叫一样，但是，一般念不出来，就只能用铜鼓十二调把它唱出来。里面的一些口哨声，就是鸟叫声，有一些唱不出来的就用念。这一段就叫《鸟鸣叫》，它是代表春天，百鸟齐鸣。其他的十二调，就分别代表夏天、秋天。最后二个调代表冬天，冬天的主题一般就是喜庆丰收、节日庆祝、载歌载舞、欢乐过年、一年四季平安。

因为我怕人家来采访我时，我想不出来，所以就写下来了。总的来说就是一年四季，农民辛苦劳动，过年的时候就来庆祝，传达一种欢乐的意思，用跳舞的形式。我再念一个……这是最后三首的第一首，我再唱一首（伍泰安开始唱）。这三首都是一种欢快的形式，表示一年四季喜庆丰收、载歌载舞的情景。

每个季节有三首。比如说第四、五、六首就是表达呼唤农民除草施肥，表示夏天的。代表秋天的，比如说五谷丰登、硕果累累、牛马成群、猪羊满圈、农民忙于秋收的景象，有三首是代表秋天的。秋天唱的就是秋收以后的喜庆，表达秋收的喜悦心情。

每年正月初一到十五打铜鼓调，就是一个农耕的准备过程，从播种、收割到庆祝丰收这一过程。刚才我也讲了，就是代表冬天农民丰收啦，来庆祝节日、庆祝过年，希望一年四季风调雨顺、百事大吉、万事顺意，每首我都写下来的。为了把这个铜鼓调传承下去，我跟村里商量后，他们说："干脆你就写个通知贴出来，动员大家来学铜鼓调。"所以我就把我写的复印了，哪个想学的话我就发一份给他。现在发出去二十多份了，都是十二调，全部写满的。原来有二十多个人来找我学，有的调子有点难度，有一部分学生学懂了一半，也有一部分全部学懂了。比如说我家那个兄弟，他是一个村的村主任，也来这里学，他是全部学懂的，还经常参加打铜鼓。另外有几个小青年，也是学懂了的，今天没有喊他们来参加访谈，只喊了几个主要的来。那些年轻的有些出去打工、做活路这些，所以就喊这几个在家的来打铜鼓给你们看。

我是从七岁左右开始学铜鼓十二调的，小的时候是我父亲教我的。我的父亲是爷爷教的，爷爷是老祖公教的，这样一辈一辈传下来的，传了好多代咯。七岁的时候就是跟着父亲出去看，然后在家学。那时家里没有铜鼓，就拿一个圆的草凳当作铜鼓，草凳的上面当作铜鼓的边边，草凳的中间当作铜鼓的心，就这样学着打。因此村里一挂铜鼓就去打，从正月初一打到正月十五。

铜鼓一年挂一家。像今天我们去（这家）抬铜鼓，今年就打算挂在他家。所以，早上他们就把铜鼓抬到他家来，明年就可以从正月初一打到十五。打铜鼓，是一种风俗习惯，也不知道是从哪个年代传下来的。每年就只能从正月初一打到正月十五，打这十五天，白天打，晚上也打。半夜三更十二点左右就开始挂铜鼓，挂铜鼓的时候，要先把铜鼓拿来供起，做几个好菜放在铜鼓上面，点香、点蜡烛，请一个会供奉铜鼓的先生来供奉以后，再挂起来打。供奉铜鼓的东西是有要求的，寨子里面的阴阳先生是清楚的，我就不知道供奉铜鼓的标准。

打铜鼓的人没有年龄限制，所有的人都能打。妇女一般都不来打，不知道古时候是怎么兴的，都是男同志学。这大概是一种风俗习惯，怕铜鼓调传到外面去。比如说一些小姑娘来打，怕她懂得铜鼓调以后，嫁出去传到其他寨子去，所以妇女都不能打，都是男同志打。小娃娃，年龄小的，一年就学十五天左右，要学好几年才学得懂呢。大年三十夜的十二点钟挂铜鼓，挂了以后就可以打了。但是，深更半夜没有人打，还是要等到天亮以后才打，天亮以后人都来了，小娃娃、大人这些都来了。要供铜鼓，从半夜三更十二点开始供，供了以后就挂起，就打十二调，这十二调打完以后就随你打不打了。一般都是会的人打。挂在哪一家，就请先生去那一家供，先生也会打，又再喊一个会打的跟着去，两个人打嘛。打到正月十五半夜三更十二点，就把铜鼓放下来，就不准打了。

放下铜鼓以后，第二天早上就把铜鼓送到要挂的下一家去。有一本书有记录的，哪一年到哪家，是拿那本书来翻，要到哪家了，就把铜鼓送到他家去。那本书是解放前大家一起写的。现在户数增多了，他们就把增加的户数写在后面。解放的时候我们这个村只有六十多家，现在都有一百四十多家了，有些人家一辈子都挂不了铜鼓。家家都应该挂，但是有一百四十多家嘛，只有一个铜鼓，一年到一家，一辈子挂不到的都有。这个铜鼓挂在人家，拿出来打的时候都是挂在堂屋中间宽的地方，不打的时候拿来躲起（注：藏起），一般就躲在谷子中间，不能让人看见，因为铜鼓管钱（注：值钱）嘛。

过去有一个迷信，说是怕铜鼓会跑到龙潭里面去和龙打架，所以就把它拿来藏起，现在倒是不兴这个说法了，但是铜鼓管钱嘛，值几十上百万，要拿来躲起，外人找不到。放的地方没有要求，只要外面的人不晓得就行了，管铜鼓的人家要经常有人在家，怕外面的人来偷铜鼓，它值钱嘛。

过去我们打铜鼓，除了正月从初一打到十五以外，有些时候也可以拿出来打，比如老人过世的时候，有钱人家就宰牛来供奉老人，也拿铜鼓在那里打，一般就是挨着灵堂打。但这是在过去，在解放前。请铜鼓出来可能也有些仪式。我听大人讲，打的时候就砍牛，打铜鼓的人悄悄念出铜鼓调，如果念错了，砍牛的时候牛就不容易死，如果念对了，砍牛的时候牛就死得快，有这种迷信。我是听大人说的这些，因为解放的时候我还小嘛。如果念错了牛就难得死，就要多砍两刀，就不太好。打铜鼓的人悄悄念，他不念出声来，念合打得合，牛就死得快。

干这种办宰的时候，全村人个个都有事情做。砍牛的时候由女婿来宰，但是这个我们也没有看过，砍完牛以后女婿就把它分了。现在有些地方还有这种风俗，我们这边解放以后就没有了。铜鼓是随便打，挂到哪家就去哪家打，一个人打皮鼓、一个人打铜鼓，两个一起打。打时也没有规定，哪个人会哪个人就去打，打皮鼓的调子要跟铜鼓的调子一样。外面有一种说法，说铜鼓里面住得有自己家的老人。这是没有的事，我没有听到讲。打铜鼓，没有要求打多久，像我们懂的人，一打就打完了嘛。有几种打法，比如说我找不到人一起打，我一个人也可以打，拿一个皮鼓去挨着铜鼓，一手打皮鼓一手打铜鼓。有两个人的话，就是一个打皮鼓，一个打铜鼓，一般两个人要好打一点嘛。如果来人多了，也可以多人打，一个人打铜鼓，皮鼓多的话，两三个人打皮鼓也可以。如果人再多点，还可以拿那个镲、平锣这些一起打，热闹一点嘛。特别每年正月十四和十五这两个晚上，人都多，人多了就拿镲、平锣一起打，皮鼓多就更好了嘛。

有些人要从正月初一一直打到十五，晚上就在那里休息，主人家要招待，做消夜，如甜酒粑粑这些。原来生活条件不大好的时候，再差也要在正月十五晚上做一顿给人家吃。前十四天你不做给人家吃，到最后一天再不做的话，对不住人家嘛。家里一辈子才挂一次铜鼓，正月十五晚上要做腊肉、血豆腐、甜酒粑粑这些给人家吃。有些是隔一天晚上就要做一回，有些是一两天做一回。不管怎么样，铜鼓挂到哪家，他家都要多做点粑粑，苞谷粑也好、糕粑也好，都要准备点，总共也就十五个晚上。铜鼓天天在家里面，门都是开着的，不管哪个人，来就打铜鼓。那十五天主人要在家守着，你不在家守着，这个铜鼓这么贵，丢了怎么办。大人来了，不会打铜鼓的就聊天，会打铜鼓的就打铜鼓。晚上的时候热闹，白天大家要去做活路，所以晚上来的人比较多。

不会打的人，也要去看热闹，大家都要去看一下。我平时看到最多的摆了有十多桌，桌子上摆的就是一点苞谷粑、糕粑、甜酒粑粑，就给吃一顿饱，又不是像办大酒席那种，要上千块。三五斤腊肉，切点豆腐来下酒，不喝酒的人就吃点甜酒粑粑，这个也用不了多少钱。

铜鼓在我哥哥家挂过一次，好像是2002年或2003年，当时我也在家，有人来打我也跟着打。两个人的话就一个打皮鼓、一个打铜鼓嘛。鼓也会打烂的，你看那两个新鼓，就是我买来的，买一个大鼓要三四百块钱。昨天我打电话去问有没有大鼓卖，说是没有了，要两三天才来。

这个铜鼓中间是十二角星，代表太阳，来源于古人对太阳的崇拜。其他的圆圈圈，有些说是代表星星，有的讲是代表布依族人的繁衍过程，一圈一圈代表种族无限制地壮大。我们寨子的这个铜鼓上没有动物，中间的十二角星代表太阳，这个花边叫油旗纹，它代表原来布依族各种部落的联盟组成的圆圈，你要数点点，都是单数。还有一些雷、一些云彩，展现了自然崇拜，那个就叫作云雷纹，还有一种是栉纹，总的意思就是无限循环、逐渐壮大。这个鼓面上还有一圈是火石，出自于对火的崇拜。其他的是山水，因为布依族人居住的地方都是靠山有水的，所以用这个符号去表示它。边上的就是布依族衣服的图案，主要集中在穿着方面，有的代表山水，有的代表田地。

铜鼓是分公母的，这个鼓的符号有两种类型，一个是鼓形，太阳纹凸出来的就是公鼓，太阳纹凹下去的就是母鼓。我们今天用的这个铜鼓，你看它中间是凹下去的，不是平的，这个从鼓形来说就是母鼓，应该说还有一个公鼓，因为铜鼓是配套的，只是不知道到哪里去了。我们看到的时候，就只有一面了。我也是曾经听那些已经过世了的老人说，过去我们这里有两个铜鼓，有一个被人家偷去卖了，解放前不知道是什么时候被偷的。公鼓的声音比较雄浑厚重，母鼓的声音就要稍微脆一点，敲打的打法都是一样的。铜鼓大小就是直径五十厘米左右，鼓面的宽度都是统一的规格，公母都是一样的，它们只有花纹的区别。还有一种图案就是十二生肖，十二生肖不属于这边的鼓了，属于广西那边的鼓。

分公鼓和母鼓就是分阴阳，但崇拜的都是一样的，像布依族的唢呐也分公唢呐和母唢呐，一根是长一点的，一根是短一点的。

之前的铜鼓都不晓得从哪里来的，不晓得是哪个年代了。据说原来是在北方，流行在官宦人家。随着时代的变迁和不断的战争，好多东西埋入地下作为陪葬品，但是这边的得以保存下来，因为发展到这边，这边有好多同质化的东西，形成了一种实用性的物件，比如说铜锅、铜盆，都发展到百姓家来了。铜鼓在布依族当中，不仅是象征着财富和权力，哪一家有铜鼓是最不得了的，很有威望；又是一种神器，比如说老人过世，要拿来敲一下。你不敲这个铜鼓，亡人升不了天，这是它的功能。

这个铜鼓保存得好，保存不好的话不会是这个样子的。后面的那个寨子也有两三个铜鼓，但是坏完了，只有我们这个没有坏，像新的一样。铜鼓的保存，我们一年拿到一家，都躲（藏）得好好的。这个铜鼓是解放后请过来的，不晓得是从哪里来的，我不清楚，老一辈的也不清楚是从哪里来的，不晓得是买的，还是过去从江西带过来的。

这个寨子的人全部是由上寨搬来的，之前是由江西来的，来了十六个姓。来的时候应该是汉族，后来变成布依族了。它有个过程，大融合的一个过程。比如这个地方，本是布依族，来的人可能是汉族，到了这里以后就融入布依族当中，就成了布依族。所以，语言讲的是布依话，服装穿的是布依族人的服装，两地文化融合在一起。这个铜鼓来我们家（注：指伍泰安的哥哥家）的时候，我们就拿到楼上用谷子蒙起，装在罐斗（注：装谷子的容器）里头，日常都不准拿出来。但现在县里面、乡里面需要，通知拿去迎宾等，还是要拿出来，把那几天过了，又拿来躲起。拿出铜鼓来的时候，不做什么工作，直接拿出来就行了。

铜鼓在我们家的时候，一年拿出来过一两次。在其他家，像这几年，一年要拿头十次，县里面都要去几回，铜鼓到哪家就由哪家带去。我是传承人嘛，所以就叫我喊几个会打的人去。去年（安顺）龙宫来请，我们就是十多个人去的。这几年用得比较多，县里面也去，乡里面也去，龙宫、黄果树瀑布这些地方都去。

铜鼓放在哪家，就去哪家借着带走，要是弄丢了大家商量。本来不准拿出去，如果一定要拿出去，要先交五百块钱，才能拿出去。去年安顺龙宫的拿出去，就叫龙宫的开五百块钱。这五百块钱交给管铜鼓的那家。这个钱也不属于他家,要大家商量怎么用,用在铜鼓上,随便他们怎么安排。我们主要就是教铜鼓调,至于铜鼓要不要出去,都由干部来安排。前几年,亲戚搬家请客时都拿出去打,后来说这样不行了。这个铜鼓拿出去,搞坏了,不好。所以后来就规定,先交五百块钱才准拿出去。当然像县里面、乡里面拿的话,这五百块钱就不用拿了。比如说县里面要铜鼓,我就说要先通知(乡)干部,我一个人拿不了。乡里面通知肯定就得拿出去了,没有乡里面的帮助我们这里这条路怎么会修得这么好。

初一的早上,一般的大人都没有来,都是小娃娃穿着新衣服来打铜鼓,刚刚挂起嘛,小娃娃贪图热闹就来了。初一早上主要是小娃娃来得多,大人来得比较少,因为是过年咯,大人要准备打粑粑呀,弄这些吃货,所以大人哪有时间来打铜鼓,就是小娃娃来。一到晚上,大人就来得多了,每个晚上都有一两桌,打铜鼓的人也多。

如果来的人多了,大家就坐着看,打的打、摆的摆,有些坐在里面挨着火边烤火,不怕冷的就来看打铜鼓。我们家那年请客可能请了五六次,请客简单,就是煮甜酒粑粑。我们农村吃消夜简单嘛,都是煮甜酒粑粑的多,到正月十五晚上就做点菜,做点腊肉,做点血豆腐这些,给大家下酒嘛,不喝酒的人就吃甜酒粑粑。

如果铜鼓到不了有些人家,他们也不会有想法,虽然想铜鼓来他们家,但那个是用名单排着的,哪年到哪家是有规定的。一般就是寨子里面几个年纪比较老的人,特别是阴阳先生,对这个事比较负责。今年就是阴阳先生和几个比较老的人拿名单来看,这个寨子是有哪几家分家了,分家了就要加进去,加户数,如果没有分家就不加,就看那个本本,明年是到哪家,十五的早上就将铜鼓背去哪家。

铜鼓现在是在村主任的兄弟家躲起的。今年过完年,是在(我家)上面这家,我去打过好几个晚上。现在敲铜鼓跟过去是一样的,一点都没变,这个铜鼓十二调不晓得是从哪里来的,但是是一辈传一辈的,调子一点都没变的。一般的小娃娃都不会打铜鼓的,要大人才会打。

2009年8月21日,我去安顺开会,就在安顺宣布我是省级铜鼓十二调传承人。回来后我就跟村干部商量,动员年轻人来学。我把唱词等这些拿去复印,然后给学的人一人发一份,有个别爱学的,我还跑到他家去教呢。因为我想到我不教出几个学生的话我就对不起党、对不起国家。我是省级铜鼓十二调的传承人，这是我的责任，我教不出几个来就对不起党对我的培养，再加上我又是个教师。

我是大山乡（注：今双龙山街道办事处）的教师。我到过好几个地方教书。我是1964年就开始教书的，教了七八年，然后大山乡办中学，没有人教，就调我去中学教书了。我是1980年（民转公）转正的，1987年又调我到菠萝小学当校长，教到1997年退休，教龄有三十二年。

我教中学的时候，一开始是教一年级的语文，后来又教二年级的数学和三年级的语文，1980年有大学生来了，又调我去教小学了，去当校长。我一直都住在村里面，教书的时候也在村里面，也没有在外面买房子。他们也动员我买，我就想，不买咯，有两个娃娃嘛，以后他们自己砌（房子）。

两个娃娃都在家，大的在做活路，小的在做生意，卖小娃娃的衣服。小的是2003年打工回来，就开始卖小娃娃的衣服。做生意要比做活路好点，多少也有一点钱。

我的夫人外家隔这里没有好远，一公里多点。那时候请媒人去问，问了以后就成一家了嘛。她也是布依族。

我是1961年初中毕业的。那时候我们大山乡只有四个高中生，我初中毕业，他们就喊我在那里教书。初中毕业什么都不太懂，什么都是现学，比如说音乐、体育，这些都是现学的。后来大山乡办中学，我就跑过去教中学。

我教书后就没有时间种地了，但是放假还可以种一下。会铜鼓十二调的这些人每年大年初一、十五去哪家玩，我都跟着去玩。原来懂这个的人多，但是年纪老的都过世了。因为我爱好音乐，退休以后他们就喊我去吹唢呐，帮着打鼓。后来黄果树瀑布搞瀑布节，我去打铜鼓。有一天我们在休息的时候打鼓，我就把铜鼓十二调念了出来，一些领导就晓得我懂铜鼓了，然后来给我说："以后你要去教铜鼓。"讲了好多次，到2009年我才开始教的。

我刚刚退休的时候爱拉二胡，有一个活动喊我去拉，后来乡里面就晓得了，以后搞什么活动都请我去，县里面也喊我们去。我们去了好几个县，退休了就专门搞这些活动。

2009年我得了省级铜鼓十二调的传承人（称号）以后，觉得还是要想办法把它写成汉字，大家才可以看嘛，这样一来，哪个要学就按照这个字来念嘛。2009年开会回来，我就开始写，写好以后我就拿去复印了很多放在这里，学者、领导、记者来时，我都拿给他们的。

我小的时候学过，后来又去教书，一点也没有忘记。不会忘记的，每一年都要打十五天嘛，怎么会忘记呢，不会忘记的。每年从正月初一要打到十五，每年要打十五天。我也参加打的，就算白天不去，晚上也要去的。一个是热闹，二个就是（当年）电视少，所以就去搞这种娱乐。女生准去的，也准她去打，但是她不懂调子，还不是打着玩？现在，妇女想学也可以学了。古代的规矩是妇女不能学，也没人去教她，她也不想学。初一到十五的时候，妇女有时候来玩，背着小娃娃来看，有的还去打一下，但是她不懂调子。

过去有钱人家老人死了要砍牛，就要打铜鼓。我没有见过砍牛，是听别人讲的。解放以后，我们这里就没有见过了。

打铜鼓只有一种规定，就是哪种类型的调打哪一种场合。初一到十五的这种，我打是十来分钟，打快点就是十分钟，打慢点就是十二至十三分钟。我们打调子的时候，一般都不念出来的。两个人打，一个打不走了，另一个就可以念一句出来，他就可以接着打了嘛。这个调子太长了，还是有点难记的。

我家这个兄弟是我2009年开会回来才教他的，他全部都记着的，皮鼓也会打，铜鼓也会打。我兄弟学了四五年了，基本上全部懂了。他2000年就当的村主任。他小我十二岁，我老妈现在九十五岁，还在的。保存铜鼓的人定好了的，就是不晓得要转好久（注：多久）才到我们家。我今年都六十岁了，都没挂过铜鼓，就是我哥哥那里得挂过一次。我们这里有两个大支，一个铜鼓、一个锣，分开保管，一个支管一个，今年就转到我们管铜鼓，轮流保管。

如果是单位请，需要搞热闹点的话，就把这些全部拿起去合着打。我上次和王所长去安顺开会，看到安顺地戏拿女子戏班来跳，特别好看，所以我就说他们都喊妇女来跳，我们也要喊妇女来唱，因为妇女唱的声音要比男的好听。我就打算找几个青年妇女，我们在打的时候，她们就在一边唱，这样要好听一点。

前几天我就给她们说，我准备喊你们来学铜鼓调，学跳舞。她们说："可以嘛。"我们这里的妇女爱跳舞，打鼓不用她们打都可以，她们就唱这种民族调子，新时代了嘛。刚刚那些乐器也是配的，但是好像不怎么热闹，人越多越好，比如说喊十几个妇女在旁边唱，要热闹点。过去的时候，今天的那些乐器是不拿在现场来敲的，正月十五这些都是配齐的，人多的话就拿这些来配着打。它们打的调子和十二调都是一样的。队伍中，八个人也可以，多点人也可以。有几次我们去搞演出，都是十二个，铜鼓十二调还是要七八个人，它配得有唢呐、锣这些（乐器）。原来有放鸟枪这些。原来，我们这里有个大土炮。调子是一样的，打镲的、打平锣的，记不得调子也可以。打铜鼓和打皮鼓的人要记得调子，如果这两人记不得调子就不整齐了。它是有拍子的，打平锣的打拍子就可以了，不记得调子都行，就是打鼓的人要懂调子。几十年来打铜鼓调都没有断过，也没有什么变化。如果单位邀请，我们就想尽办法把它打好一点，特别是打鼓和打镲的人，要边打边跳，要整得好看一点。

我们去乡里面搞过两次表演，第一名都是这个铜鼓调。有一次去打铜鼓十二调，就让一些妇女在那里跳，再加上我新配的词，那一次就得了第一名。到第二次，我们就是直接打铜鼓调了，也得了第一名。然后又到县里面去演出，得了第三名。在乡里面得第一名，得了八百块钱。在县里面，得第三名，得了一千块。所以，铜鼓调配上舞蹈，也是很好看的。

我们寨子的妇女都爱好跳舞，哪家有搬家、接媳妇这些好事，她们都去跳舞。一般过年的时候也有庆丰收的形式，像去年过年的时候，就搞了三天的跳舞比赛，其他乡的也来参加，我们都搞了三年了。我们自己组织的，组织外寨的人来这里跳。

村子的生活还是过得好。我家的土地没有好多。一个人有个七分（约455.67平方米）田，没有多少，地也是七八分，田一半、地一半。我现在的经济收入主要是靠种稻谷，靠种西红柿。这两天就开始种西红柿了。

这个房子，是我长大了以后请人来修的，如果是技术工就要开钱（注：付钱），一般的亲戚来帮忙就不用。这么大的石头是怎么搬过来的？就在地上开（注：挖）的，开了搬上来就行了。我有退休工资的，我是高级教师。我一个月有四千四百多元，我都得十五六年了。那些去年退休的，一个月有五千元呢，退得早的就只有四千四五百元。

现在我教的年轻人中，有二十多个领了资料去学，学会的人可能只有一半左右，有些懂一半，有些全部懂，全部懂的可能只有七八个，大部分都是只懂一小半。这个难学得很，慢慢学要学五六年。村子里面出去打工的人有两百多个。他们回家过年时，大部分还是有兴趣（打铜鼓）的。他看见有人打，就要去学；没有人打的话，就在一边聊天。

这些调子总的来看就是祈求一年五谷丰登，就是之前我给你们讲的那些。

我带着铜鼓去的地方多了，黄果树也去，龙宫去了七八次。一年要去一两回龙宫，黄果树去过五六次，安顺也去过，省外没去，都是在乡里面、县里面，没有去过国外。拿铜鼓去贵阳录过一次音。

我想过要去传承和保护铜鼓十二调，一是希望它继续传承下去，二是希望上面支持，哪里有活动，我们就去。我们这里的一些技术工一天收入都有一两百块钱，你要是请他出去打铜鼓的话，他会觉得不划算，所以，就是闲的时候愿意去，活路忙的时候很难得请的。但是，他们也愿意去远处玩，比如说贵阳这些地方。要是你们有什么需要，我们也可以去，争取把这个铜鼓十二调传出去。

如果是过年的时候把铜鼓带出去，也可以的，白天拿出去，晚上带回来嘛。初一和十五，铜鼓必须待在村子里面。如果外面需要，去协调一下是可以的，这是活动的嘛。比如说国家需要，你不拿出去不行嘛，只要通过县里面、乡里面就好办了，如果单独来跟个人说的话，就不愿意了。

我母亲和我住，她是1918年生的。她是从大寨村的布依族家庭嫁过来的。

现在学校不教铜鼓十二调。我退休了，就回到这个村子。我的学生多，有时候坐车有学生给我买票，我都不晓得，有些学生现在都五六十岁了。

各个时候的铜鼓十二调表演不同。铜鼓十二调主要是指导生产，从播种最后得到丰收的这个过程。已经规定了那个月种些什么，这个是以月份来计算的，唱词里面都有的。唱的时候，都用布依话来念的。

我们村子的收入现在主要靠做石材，大部分都是自己开采来卖，大部分都是卖给人家包坟。石头叫白棉石。

把（铜鼓十二调的）这些词对应地翻译成中文，只能翻译大概的意思。

这些谱，都是我自己写的，用汉字来注音。

生计制约传习

❖ | 饶世光 / 口述

饶世光

饶泽强：我们村的人，全部是仡佬族，今天来表演的人都是村子里的村民。我不晓得村子有多少户、多少人，这个要问村支书才知道。

我们村有多少人会木偶戏？班子里最多的时候有十二人到十三人，一般七到八个人就可以组成一个班子了。以前，我们曾有九个人组成的一个班子，班子里的人全部在家待着，又没有什么事做，没有人来找去唱木偶戏，后来有些人就出去打工了。今天，我们班子的人只有五个在家，另外四个在外面打工，有些在温州，有些在贵阳，有些在福建。我刚回来没多久，专门为这个东西，专门为把木偶戏手艺学好回来的。

我是这个班组年龄最小的。我这几年去得远，去了福建、广东，都出去得十多年了，这十年难碰得到我在家。我去年还在温州的一个工厂打工，我母亲不好了，生病在家，打电话要我回来看，我才回来的。

我回来打了谷子，打算再出去。我父母亲都是七八十岁的人了。我要回来维修这个房子。家里做什么，都是我一个人。一个人在农村，你咋个搞？家庭情况艰难，我必须出去。你在屋里，就一个月演一次戏。在农村，这是做好事，帮别人了一种愿。

摆一摆历史来由啊？我记得我还是娃娃崽时，有一年的期辰，我和我的父亲饶光友一起学。

饶世印： 我家老头没读过书。我从五十岁甲子年开始传法。我们去做戏，也没得钱。去年我还去做戏，我今年没得去过。父亲是这个寨子的人。父亲跟我家二公学的，二公跟太公学的。

我们这个木偶戏，只能家传，只传这一个。

我跟到他们上羊肠小道，到坡头山，到了很多地方。一开始学吹唢呐，会吹唢呐了，他们去哪里，我就跟他们去看。后来他们看到我学得不错，就喊我跟着唱。

"文化大革命"时，我们的这些东西都遭烧了，胡琴也遭烧了。

我们和石阡其他地方的木偶戏唱的词语不同，唱的话也不和。今天唱的开台，一家一户开台，先请神，老师来起头设坛过后的第一场戏。我们这个戏是唐朝起始的。赵国凡会唱，唱得好，像我一样唱得好。我们这个戏，是唐朝时一个叫黄四民的人传过来的。那时候他讨饭讨到长溪的饶光明家，住了很长时间。这是一个五品官家，这家人待他很好，于是他将这木偶戏传给了饶家人。我们家是从长溪搬过来的，祖辈和饶家关系好。我家老祖祖在饶家唱戏，不收工资，用自己的行头，也不收取任何费用。老祖祖有天赋，愿意学木偶戏，饶家人就教他。我们家家传的木偶戏老祖祖是源头，他说了不传外人。就这样，我们一家老子教儿子，儿子教孙子，已经传了七代人。

我们家有两弟兄，不要求哪个都学，不喜欢学的可以不学。我感觉这个唱得好玩，就跟着去，我和木偶班子去……那时候人都爱好学。那时候他们的班子有七八个人，掌火（注：管事，这里具体指掌坛的人）的是我父亲。道具都是我的老祖宗做好的。能记得的戏，也只有我们记得到，所以哪回都去唱。

这个只传男，不传女。三个姐姐都不在了，她们不能学。

设坛、请神、出戏、拆坛、回坛，五个阶段。学出来的弟子，都得行，只是出戏过程中没有老一代精。老戏班经验不少，年轻的经验就少了。我们还要教年轻的，我们去哪里，如果去得成，就喊起他们，让他们在传法过程中学艺。

我们这里的戏要吹唢呐。添娃娃，特别是生男娃娃，就要找我们去。生女娃娃不唱，这里的人喜欢男娃娃。许得口愿，下一次生一个读书的。生了男娃娃，要在讨茶（注：满月酒）那天找我们去行礼。

讨茶那天，主人家要准备五个蛋、一张黄纸、糯米粑粑、豆腐、猪肉刀头、酒等。用什么礼行来请我们随主人家的意，一般拿瓶酒，或者其他什么礼物。那时候不给钱，随主人家意。有时候，做了戏，要开钱。那时候，我们做戏一天一晚才得三块钱。这些时候，出去一回，做回戏三百元、两百元的都有，一百元、八十元的也有。这时候这个钱不叫钱。那时候，一年做戏几十次。那时候，没有限制。演《玉龙封官》《磨房会》等戏。

饶世印：我有一次，一天弄三次，累呦。那回，走山上一户人家做戏来，又下到山下一户人家来继续做同样的戏。一样的事情，都是讨茶的事。

我开头学，一直跟着师傅们跑，直到学出来了，才开始传法。不上四十岁，我传法了。

也有些寿喜请我们去做戏的。六十岁、七十岁人的寿喜上戏，有人五十岁也上，当然唱的词理不一样。寿喜上唱《三星拜寿》《文王方仙》《玉皇大帝》《七仙女下凡》等。

我老头传法给我的时候，要焚香、要打卦的，用蓖麻豆豆来打卦。

我不晓得我是哪个时候开始学唱戏的，反正是甲子年的那年开坛的。

我和我家哥哥搞得久，学了好久才会。我老者（注：父亲）和我哥哥住，喊我哥哥去了，哥哥上前去，甩起就是阳卦。我想："我老者和他住，肯定出阳卦！"而我那次甩起是阴卦。请神、安坛，开始在哥哥家安了一个。

我第一次传法，是在坡头山的刘明明家和郭英家。他们晓得我家会做戏，就来找我们。他们不来帮助我们挑东西，我们走路去的，挑起那些行头去。全部有三十五公斤到四十公斤，走三十多公里，要走两三个小时呢。

那回父亲没有去，我第一次独自和班子出去，第一家是唱《子孙戏》，比如《张少祖打鱼》等戏。一开始起坛，要说咒语的，那些咒语都不能给别人说的。烧起纸钱，自己在坛前说。这是家传的秘密，不能讲的就不能讲！

那一回，我们八个人去，一个人收入十多块钱，每人还得主人家一瓶酒、一块一斤多的猪肉，还有粑粑，带回一只鸡，用于回坛。鸡是必须要的，鸡拿回来，拿到坛上去祭，到太子跟前扯两把鸡毛，要鸡冠子上的血，粘几片鸡毛在太子的神位上。贴鸡毛有秘诀的，这是回来后给坛上打个招呼。

回祭坛的物品，没有什么讲究，都可以吃。只是如果遇上过春节的时候，鸡要拿到神位上供了才能吃。

我去得最远的地方都是在石阡县传法，最远在石阡，入过镇远地。

有人请，为什么不出去呢？

今年，我们去过石阡县长青，演的是《子孙戏》。班子的人都学过这些戏，好多人在学，喜欢的人都去上戏。寨子上的人家少，没人找我们去出戏，我们就到县乡镇附近的村寨去出戏。

赵世凡： 我的公公不会，我父亲会这个戏。我喜欢找乐子，看到他们跳得好看，我才学这个的，我父亲就带起我和他们跑。我们和饶世光是一个老祖公。我跟着石阡县的另外一个师傅学……学傩戏……出师都七八年了。我家有鬼脸壳，有案子的。这些行头是饶世永给我的。饶世永不会演这个戏，他就把脸壳子这些都送给我了，出戏的行头全部是齐全的。目前，我打锣。我从结婚后，就和他们跑起的。二十五岁结婚，我二十六岁就和他们跑起的。

坛的前面不一定是红布隔断的，哪样布都得行，白布也得行。不是规定不能进去坛里面，进去了挤不开，不好工作，所以我们才不要人进去，人在外面看。

坛设在堂屋里，设有两张桌子，拿粑粑、豆腐摆放在桌子上供起，五个蛋放在碗里面，鸡蛋要生鸡蛋，也摆在桌子上。

念咒语，请起神。神住在岳王宫里的。把岳母娘娘、岳王爷爷请出来，要烧香焚纸，请神。

父亲就传了一本书。我们不比道士先生，拿去自己背。抄这本书，都是焚起香才能抄的。老祖宗把这本书传给我公的时候，他们还有一本书，自己传给饶家的人。要焚起香抄下来的书才有用。老祖宗把所有的东西都交给他徒弟了。传法分阴传和阳传。师傅仙灵，出大卦，是阴传。有哈把哈（注：有时候）打出一串串的阳卦，你咋办？传法的时间看期辰。

请完神就唱起来，再装头子。举手唱的那个木偶是老师，里面可以配杂角。杂角总共有十二个头子，包括岳王娘娘。

木偶是自己请人雕刻的。我们的木偶是请陈世红雕的。后来他死了，再没有人会雕刻了！没有学雕刻的……我是铁匠。

还有很多杂角……要哪个拿哪个，我都搞忘记了……

有些脸子是祖上传给我的。太子是后头雕的……那是甲子年……因为父亲在甲子年传法给我的……也有三四十年了吧？

太子是木刻，有五颜六色的东西包裹。我们唱一回戏回来，绑麻线，绑在太子身上。线是从讨茶那家带回来的。五个鸡蛋代表五瘟。在讨茶那家拿回来香纸，回过坛后，烧了，就可以吃鸡蛋啦，哪个人都可以吃。

我有三个娃娃，三个都是男娃娃。三个儿子都结婚了，有三个孙子，都在学校读书。大的儿子会吹唢呐，第二个不会。大的那个儿子打工去了，有一个在镇上打砖，第三个在湖南打工，他也没给我讲做什么，不晓得他在那里做什么，反正出去打工了。

我有三个姐姐、三个哥哥。饶成浦学得好。饶世印家有个儿子在学。

（现在）娃娃生得少，我们减少活动（注：外出做戏减少）……做寿的也没得。

做这么多年，收入一年最多就几百块钱，去年收入七百多元。

饶成浦学得点点，那真是真格的拿得叫火（注：功夫过硬）。口语，他难得记。他和我们在学！那时，去哪里都是我们去，饶成浦和我们去。他请神、布坛。他唱得好，手法、步法跟得上，他踩得到步子。三个指拇，正正派派地把木偶捏在手里的。别看一个驼背子的木偶，要用手撑起，三个指拇定起，它才能活动。他们都还在学！台子要定在手掌上头。

我能玩独角戏，搞个人表演。我的声音可以变，变成男女混搭。男娃娃是男娃娃的声音，女娃娃是女娃娃的声音。年轻人要回来过年，就那时候教。那几天万一不行，来学的多，三天两天都可以搞。我想喊他们回来学，到过春节时，大家商量咋个整。

饶成鹏正在学艺，我给他讲："饶成鹏你要出去打工！你说那钱是葵花籽，我抓两把给你。"他说："你们这个三天搞一回，那个五天不搞一回，而我们打工天天都有，不靠你这个生活。"

他们想出去打工，光做这个养不活他们。你看，我家土地就能收百把多箩的米和苞谷。

老伴去世有一二十年了。她死时,我们有个孩子才八岁。她生了一种病,很怕冷。我抱柴给她烧,她不能感觉到温度,棉鞋都烧坏了,还说冷。

不能解决生计问题,传承是一个大的问题。

如果我不去,他不去,饶成鹏不去,那就甩起了,没有人去做戏了。

现在年轻人为什么不愿意学了?就是打工。

饶世印家三个儿子,我家三个儿子,都出去了,就莫去盼人了。

农村人学了这个艺,去做戏一次,每人收入一百元。

传衍文脉 3

我们顶着祖愿

付正华 / 口述

付正华

我十岁时就开始学木偶戏了。那时候，家里穷得很，就没有读书了。那时候，还读哪样书？！

我家的木偶戏是祖传的，都是父辈教的。我的父亲叫付迎州，他在我们这四村八寨都是出了名的。我们这个木偶戏，上一辈就出名的，到现在已经传了七代人了。父亲是和祖父学的，就这样一辈辈地传下来的。

我家有三弟兄，大爷和我跟着父亲学了木偶戏，满爷没有学。大爷死了。他教过八九个传承人，到后来他年纪大了，就没有出去参加演木偶戏的活动了。

我家这个木偶戏的历史，村里的人都清楚，从湖南辰溪县上来的，是一个姓吴的师傅带来的。那时候，他家有道具。我听父亲讲，吴师傅说："我们那时候在外头唱戏，要过心（注：用心）点，稍微不到堂（注：不到位）的就不行，香（注：木偶仪式）就玩不出去。"后来，吴师傅改行当了拣瓦师傅[①]。有一天，他走到我们这地方，在我们村帮人家拣瓦。那时候，我们这个地方有底细（注：经济情况好，娱乐节目多，村寨很热闹），过节大家都来玩，像跳灯一样，很热闹。他去望回来

[①] 拣瓦师傅：农村土木或者砖木结构房屋用瓦盖屋顶，时隔几年得重翻房屋上的瓦，以防漏雨。到20世纪80年代后，水泥平房兴起，拣瓦这个行业急剧衰退。

后说:"你们那个叫戏啊?我那里有个箱子。我带你们去看!"那时候,我们家勉强过得去,祖爷爷就说:"你把你那个箱子弄来,我们看过了,再说!"

吴师傅改行,是因为当时请不到人了,没有先生了,一个人又无法出去做仪式,就改行帮别人拣瓦,就到我们这个地方来。那时候我家家庭条件比较好,家境还可以。我们家拿盘缠给他,让他回到湖南去拿的老箱子。吴师傅找人把箱子从家里运来。吴师傅是有真功夫,听上一辈子摆,就这样搭起台子教了三年。

后头,吴师傅死在我家,箱子就留在了我家,我们就一辈辈地传下来了。

"文化大革命"时,老箱子被抬到石阡县城,听说被烧掉了,老东西就这样失传了,好可惜。他们说是迷信封建的东西。留在家里没有被烧掉的,他们还请人用锯子锯,把我们家的木偶戏台子也破坏掉,打门锤也被破坏掉了。

"文革"期间,还有"文革"后的很长一段时间,村子里的木偶戏演出都没有了,东西都没有了,还留得一些藏起来的。那是1979年吧,大致就是那个时候开始恢复演木偶戏的。

我们这些人那时都年轻,那时候是父辈们,他们愿意动手,杨和胜馆长来村里调查,那个馆长吃得开,为人好,来我们家看,还喊我们演给他们看,村里才开始有了动静。他回到城里就说:"石阡这家人,唱戏的还是多。"有人就找我们这家人到县城去演出。但是,我们这批青年人没有去。为什么?他们老师傅二十块钱工资一个月,可以活得下来,养家糊口没有问题,我们这下一代的工资比他们少,一月十八元工资。那时候,九元一百斤谷子,加上买家里人穿的和烟钱,算来不够用,不够一家人开销。我们当着馆长的面说:"在外头不比在屋头,在家抽烟都是自己种的叶子烟。"我们算来算去,觉得不划算,就没有去了。

后来,到县城去演出的老年人也不耐烦了,回家来了,东西也甩在那里。

1979年,开始重建(木偶戏台子),做脸子和道具。道具都是新做的,在贵州省花灯剧团做的,旧的脸子已经收藏在文化局去了。馆长问:"你们那个道具能弄来不?"那时候,我们村也是有十七八个小队。他们说:"每一个队演一场,给你们评工分。"我大舅就去找馆长,给他说:"'文化大革命',我们的道具都遭毁了,我还被拉去批斗了。"馆长问:"你们还有好多人?"他回答道:"我们还有老班子,有七八个人。"后来,杨馆长到我们家来了好几次,问:"你们具体要咋个搞?"

我们说："具体就是那个木脑壳的事。"要做好那个木脑壳，才能搞起来。我们听说，在吉首有个师傅，还能做木脑壳。我们就打电话给我的哥哥，我哥哥找到文化馆的郑一凡。我哥哥怕自己是个乡巴佬，搞不清楚情况，担心办不好这个事，郑一凡是个大学生，能帮上忙。他们去湖南把木脑壳雕刻了，定钱交了，木脑壳就在湖南雕刻。

木脑壳的服装就在石阡做的。我们要了三四件衣服，那是1955年在贵阳制作的衣服，后来的衣服都是比起（注：按照）这些衣服搞的。那年在贵阳做的这几件衣服，到现在也是我们木偶戏中最漂亮的几件服装。

后来，我哥哥在城里指导做班子道具，过了一段时间，什么都做好了。1979年9月间，我们才开演的。我们1979年演的时候，也只是搞一段时间。那时，我们有卖票，可以卖票来吃饭。那时候我们总共有八九个人，都是老班子。老班子里的人，木偶戏技艺比我们强得多的有的是。

我们卖票吃饭，一张票卖五分，或者一角的，都有。他们给我们发证件，我们在沿河教他们搞。我们在花桥附近的一个大队演一场二十元，供饭。

后来，我这一转，就从1979年搞到了1980年。1980年，我们的剧团垮了。

之前那个时间，我们剧团是搞起来的。我大爷的性格，那可不比我。他人比我高大，性情刚烈。他们三句话不对头，我们就要求"农转非"（注：将农业户口转为非农业户口）。那些年，我大爷是头头，是他在跳木偶戏。我记得文化局有个杨局长，名字我记不得了。还有个彭局长，他讲话很有礼貌，我们听不懂。大概意思是说，人家有好多干部来干了好多年都没得"农转非"。他们问我家大爷："你们从哪里来的？"大爷说："我们从农业来的！""农业转农业！"当官的谈话谈得宽一点（注：留有余地）。"那就是说，你们依旧转到农业去。"大爷说："我找得到路的，点起亮，走！""付老师，看你那个性情，我明天给你找个车送你回去。"大爷回他："我走我的路！"

那回一转来，剧团就散了。

一回家来，天天做活路，有好多节目忘记完了。有天晚上，我瞌睡都没睡着，坐了一个晚上慢慢想，那些诗词、语句，那些本子，几百上千句子，完全在肚子里发霉。

我一丢,就很快忘记了,我各人要做活路,我要生活。

这一生疏,又不同了。我不学我们的本子,不用望本子。我说:"我演出时,我只要望了,宾馆请客,我请你。"他们说:"那你肚儿头有东西嘛。"我像背书一样就开始表演了。我们这些人,也不是吹白(注:吹牛)。

有一回,城里面要来几个人参观我们的木偶戏。那天花桥赶场,我们没出门,在家等,一直喝茶,等到下午人都没来呢。想再等会,看他们来不,结果天黑了,我们把戏台拆了,又怕他们来。哪晓得没过好久,他们来了。我们说:"对不起你,我们人员少了,演得差火(注:不好)。"他们说:"明天早晨你们把道具搬到花桥,在集镇上演。"我想,我八十岁,我怎么给你把道具搬到花桥?我七八十岁的人了,我给你挑起去?后来,我们到石阡县文庙去演了一场,道具都放在宣传部的桌子下的,那里回潮,对道具不好。大家把服装搬到文庙里,全部晒在那里。

一步步的,县里有事情就喊我们去。

过去没有什么玩具,没有其他的(娱乐项目)……我们唱戏这个事一来,是一个找乐的时间,只要有演出,那些闲人,要一口气走二三十里路去望。那些看过老班子戏的人,就懂,专门来了,指名要点哪些节目。这是一方面。社会不同了,过去多瘟疫、湿气,农村需要,我们就去演。这也是一方面。

我们还有愿,我们顶着祖愿。那时木偶戏是红火的,一年整个正月都搞起的,一家人的生活就靠这个月。只要学到了手艺,一家人生活不成问题,养活三个、五个是没有问题的。

为什么我要学?那时候的穷人多。为朗个(注:为什么)说穷人多?那时候男人做活路一天能挣得五碗米,一个家庭的生活安排不下来,女的一天也要吃上两碗米。我们正月初几到腊月二十几那段时间,演木偶戏一天要得一升米,一升是十碗米。父母一天只能挣一碗米。就算你做活路再得行,一天也只有五碗米。

过去秧苗要遭虫,叫稻包虫。秧苗种下,四处的人争着来接道具,来接我们去唱。那时我们有两挑道具,有搭戏台的架子一副,就是差点花花衣。那时就是搞得红火。

瘟疫、救秧苗、一家一户要还愿,你学到了手艺,一天能找升把米……

我就狠心学。父辈教,学不好要受罚的,好像读书一样,读不到,老师要打板子。

就像这些娃娃读书。你愿意做活路还是愿意学技术？娃娃愿意读书，盼有个好工作。我们愿意学技术，能多挣米养家。

那些年，从年头忙到年尾，腊月二十五还回不到家，经常打夜工（注：夜晚）打夜灯赶回家去过年。现在，人家看我们这个，不如看电视。

《岳皇戏主》……没得几个人点得出来这场戏！

现在，三年、两年，有人要请我们去。

过去我们也有那些节目，人家接我们去，吃酒，说过一堂戏。比如今天接媳妇，许了三个愿，有个保家愿，愿望实现了，三年两年要还的。接媳妇、生孩子，都要请我们去，人家来玩闹热。生娃娃有生娃娃的节目，接媳妇有接媳妇的节目。

我谈话谈得粗鲁，你们都不太懂得这种形式。

现代社会不讲究，不谈这些……

比如现在，接媳妇要包一场电影，（如果内容）讲的是死人的事，电影里全部是死人，就不合适……假如我家孙孙考取大学，你要趁这个机会演木偶戏，来的有贵阳的、北京的人。合适这个的剧目多得很。求官的要欢喜，剧目也多得很。要合这个场合，今天演的这个节目要让他顺利，如果你要演个反目的戏剧，那个枪打得稀里哗啦，不合适。

祝寿、考取学校、接媳妇，都有（对应的）戏的。《双福贵》《陈世君》等剧目，讲的都是考了状元就得提拔，王子王孙没得人教，就提到那里去当官。这状元得官做了，没回家来，屋里的媳妇生了两个娃娃，背起娃娃去找他。她哪里找得到？后来，神仙来传法，媳妇得法去投军，得见到君王，说她是来做什么做什么的。这一说，一家人得封官，都转成当官的。那些节目，看起来有个结果。

现在的戏，看起有什么？有个正面和反面？反面人物也能成功，正面的……那就不行啊。木偶戏这些节目多，在最后有个好的大结局……

那时候就先学打恩恩锣，那个时候就跟着老班子走啊！人矮了，在场子里演要靠道具才能撑足高度，试着用竹筒子帮忙抵到腰杆上才能够露出脸子演戏。后来，逐渐大点，长高点，才唱正角的。那个演出要场面，操作也要配合，各种都要结合起。半堂锣鼓半堂戏，锣鼓和表演要结合起来。脚步朗个走，锣鼓要打在点子上。

比如那个主角是傲气的，要冲锋的时刻，敲打的锣鼓要打重一点；比如他谈话莽声莽气，你锣鼓要打重一点。两方面都要结合起，才好。

做脑壳子（注：木偶戏的道具）是不看期辰的。

我们顶的是汉高祖。我们这个傀儡戏就是从汉朝起教的。

我们的角色分生旦净丑，看你学哪样。我是唱净角的人，但是我们人少了，差哪一个角色，我们就演哪个，什么角色都演，我们喊自己烂喉咙（注：指什么角色都演、都唱）。

木偶戏有鼓、锣，也有胡琴、二胡，有时也吹唢呐。我父亲在戏班里吹唢呐。

我们这个班子演过高腔戏、坛戏。我们这些锣鼓有几种打法，比如能打过街调，但现在已打不出来了。

坛戏要用二胡，坛戏有二十三或二十四个脸子。木脑壳有生角，挂了胡子，没有胡子的是小生，生角分文生角、武生角；旦角有老旦，正旦是中年妇女，她正经不谈风流事，花旦谈风流事；花脸我们喊正黑脸，就是两个角色：包文正和尉迟恭；正红脸就关羽一个，二红脸可以随便装；还有一个喊五黑脸；五红脸是鼓眼，是红脸包……

凡是出演时角色多，（大家）装成这些角色都行。扮演将，哪种角色（去扮演）都行。将要先行。对于我们来说，矮台和高台是完全不同的。矮台上，一个人有一个人的彩画，凡是外面来的大将，都要拿他来装。不像高台，一个人有一个人的像。丑角就是小花脸。我们班子还有个老的小花脸，是活脸子，嘴巴可以动的。我们只有一个小花脸，还有一个孙悟空的头子。

木偶戏中的头子，用的图形和面貌也多，就看你学到没学到。我们没学孙悟空！孙悟空这个脸子，我们用到《汉关公取长沙》那台戏上。后来，我们还用在《双麒麟》《董永和七仙女》的戏剧里……在戏里面，观音菩萨搬来孙悟空打败妖怪。我们那个时候，那个时间，我们没有学孙悟空。你要学变变变……如何变？上一辈没有教，我们也没有学。真人面前不烧假香，我们没有学。

台子的大小没有讲究，中间摆得有两个凳子、一个桌子。戏台后面是演场，那些大官人物要在那里接人。中间有张办公桌子，是木偶坐的，像一个客厅一样。有时，客厅中间还要摆两个人——刘邦家两口子，我们喊岳皇戏主、金梅二宫。

传衍文脉 3

那个时候，我和父亲去跑，一天要跑几场。我们这个戏，百无禁忌，天天好，天天可以出演。

我什么都学，一开始学就学"满抓"。假如班子少了一个角，咋办？如果只学到一个角，今天那个人没来，班子不齐，演不起。我这个喉咙烂！我学个满堂子！我就是"满抓"，怕哪天少个人没得行，少那个角色，那一个巴掌拍不够响，就演不成。

他们年轻人和我们学，都是拿着一个本子看字。我的戏都在肚子里的。

我们戏班子有唢呐、二胡、锣，现在有三四个人配合。俗话说七紧、八松、九配合，七个人一个班子表演比较紧张，八个人比较合适，九个人就能很好配合完整出台一出戏。如果是七个人，戏班里个个都要得行，有个功夫差的就不行了。如果人多了，表演时人又松活（注：轻松），又快乐。也要看观众点的节目，假如你今天是个唱旦角的行当，今天没得人点这个节目，你就该玩；假如观众一直打彩（注：鼓掌），向那个表演的人丢毫子，甩红包，那该他享受，不管好多，该他一个人享受。这说明人家搞得好，送的礼就是他的。角色多，各是各的，好办；人少了，没得办法。

唱得好的人，要吃姊妹丫（注：知了），要吃活的。每出演一次，要吃姊妹丫。那些娃娃找得到（姊妹丫），凡是找到就吃。唱旦角的人吃，吃了身体好。表演时用假音唱。我们不是那个行业的，我们是烂喉咙，没有吃过。

我是1930年出生的人，十岁就学木偶戏，跟到父亲跑了十年。学十年后，他去哪点，我就去哪点。我们去岑巩、铜仁，湖南边边上也去过。团转（注：附近）接的人太多了，走不出去，一般走到铜仁都算远的。最远到过茶叶山，铜仁出城还有三十多公里的地方。这个地方，我们年年去。侗族人家请我们去，松桃苗族也请我们去。苗族就不一样，苗族的话听不懂，但苗族也请我们去。

父亲是1982年去世的，他没在了，我们就可以单独带人出去了。我硬是没有出师，家传以大（注：年长者）的为主，我大爷在，就是他。他过世，就是我。

付正贵： 真传一句话，假传万卷书。

1980年，我们从县城转回家里，就没有搞了。沉寂那么多年，没有演出。

我大爷也去世十年了。我大爷比我强，功夫高。现在，在附近我们还是搞得多。我们在附近搞愿戏，最近还在张德芳家、周明泉家做过。

另一个乡镇的，姓费的人家孩子升学，也请我们去。这是一个大家族，有八十多户。有这个愿戏，费家提前头一年就来找我们。那是十多年前，在大院坝里全是人，我们八九个人的班子来做，还专门打了把铁叉。为他那个族氏，保家愿，除瘟疫、湿气，减除病痛灾害。

过程是这样的，今天去，设起台子，先发五仓，要封祭，要蛋，请神出来，供起，要杀鸡，要捉"寒灵"，那些不好的东西。寒灯点起，要扎个毛人，要供个牌位在五禄五仓寒灵会上。瘟疫之头，捉住就把它整倒（注：控制住）。起头要杀鸡，结尾要杀鸡，杀鸡都要杀五个。设坛，要烧香烧纸。发五仓转来，就可以演节目了。配善恶，就是表现给人家看：有些不行孝的，在阴曹地府，要遭发仓打叉。

一般演一个白天。吃了早饭，一上台就是一天到黑，一直到太阳落坡，就休息了。最后那一天，开始发仓、封祭、演节目、配善恶，下午打叉，用叉把恶人消灭了。这又是一个节目，要把恶人送到阴曹地府去，才算结束。

现在搞这个，搞不起了，这个无用了，也办不到了。现在，靠这个讨不到吃的。

那时，松桃县有个苗族寨子的人，他们访到我们在一个老寨做活路，就来那里接我们去，还派人来挑箱子。这一去，搞了十多天，才送我们到城里。那个地方喊人岩，相当大，只有四条路能走上去，那个村头的人筑起院墙，不准其他人进里头去。"先生，你们不要去了！那些人看到你们有钱，要搞你们的。你们不要去。"他们给我们一块大洋一天。那时，我们年轻，胆子大，我们怕哪样！我们把钱搁在箱子底下。

去的路全是上坡，那些人讲究，为了我们去这回，他们把路全部修过，接我们上去。那些不好走的路，全部挖好，修过了。

后来，那个苗族人和我玩得好了，他说："我们接你们到来，我们送你们回客家。保太子去，保得太子出。"他背着枪，保护我们出寨子。他还说："寨子和你们起冲突，我们是保护你们的。"后来，他硬是送我们到客家。

那时，角色齐备，班子齐，大家都坐在家里没事做，那几天硬是没有生意。我们也到县城去卖票表演，表演娱乐性的活动给大家看。我们其实不愿意进城。

像我们这一次从石阡城头回来,就没有出去过。我没有去过贵阳。龙佑铭主任当石阡县旅游局局长的时候,在2008年,带我们去长沙做旅游推荐,那回是木偶戏、茶灯、地方文化的文化旅游推介。现在,大型节日时,我们都去表演。这四五年,政府请我们去参加节日,媒体采访也去表演,专家、学者也请我们去(参加)座谈。石阡苔茶节,有二百人表演,也请我们去作为主要角色表演。

我们这一代是六弟兄,伯伯家三个弟兄,我们家三个弟兄。我们家三弟兄,都学了;他们家三兄弟,就只有付正文学了。

我还没有教过徒弟!我的儿子都没有和我学。现在,我们没有出色的学徒,也没得哪个上心学。

我们没得出去,学这个又讨不到吃,也没得意思。人家外出打工,一百、二百块钱一天,学这个没得意思。今天我教这个人,难道我给人家说:"你进来,我每天拿两百块给你?"你想,几方面卡起在这里的嘛。木偶戏要丢,就丢,有什么话说?有人来学,有些人首先问我:"开好多钱一天?"

现在他们学城里人,就讲钱。学不到木偶戏,就是打工。

寨子里就是我们一家,就是我家弟兄会木偶戏。我们弟兄的六个子女,都出去打工了。我家四个孩子,三个儿子都在外面打工,他们一个都没学!我家最大的那个儿子六十岁了,也没有学。他在铜仁、浙江、温州打工,当水泥工,全家人都带去了。我们三家最小的男子都有四十一岁了,儿子在遵义读书。我小儿子家的大孩子,这个大孙子在遵义医学院读书,孙女在贵州师范大学读书。他们看到这个没得哪样前途,学这个不是一天两天的工夫,像我们,越学越愁。为什么越学越愁?我们这行不喊师傅,喊先生,由人家说到哪点就是哪点。到清朝,这行有几个朝代了,积累了好多东西。吃人家饭,要开钱的。你说你敢称师傅?你有好大能力?你有好多东西啊?

周围团转有人来跟到摆龙门阵,摆古,不懂的事情就问你。

我这个手艺传给刘超了,没什么想法,就是想传得更好。年纪大了,做到今年,做到明年。传手艺,做这个,我没有意见。要熟悉演的节目,至少要演两三个节目,不上两三个节目,演不出精彩。打的哪样鼓点节奏,他听懂理解成哪样就演成哪样。双方面要结合得到,你打你的,他跳他的,咋行呢?

我这个家族，木偶丢了没得关系，也不会咬肚皮（注：不妨碍什么大事）。打锣鼓，徒弟们一个都不会，这些都有困难。我们久不久（注：时不时）拿起表演，也不行的。

刘超今年正月间来学了的。

我每年还要收五六十箩谷子，不简单。今年干旱，苞谷、谷子都干死了，一颗都没得收的。我家有十个人的土地，都是我种，他们全部出去了。他们各人去找热火钱（注：指去做赚钱赚得快的事），有时回来，要拿点钱给我，这就差不多了。

传衍文脉 3

戴上面具就是神

◆ | 詹学彦 / 口述

詹学彦

我是经常接受采访的，但就是文化水平有点欠缺、底子不够，所以用词方面，这些……还是随我们农村的！

我是1950年出生的，今年六十三岁。我家里有两个娃娃，两个都是男娃娃，大的儿子在马场和人家去打沙，去掌握机子，老二在家。

我们是从江西那边过来的，夫人是从外寨嫁过来的，她的名字叫朱琴珍。我们是1973年结婚的。原来是这样的，"天上无雷不下雨，地上无媒不成亲"，专门有人介绍的，不属于自由恋爱。

我们主要是以干农活为主，但我的精力全部是投入到我喜爱的地戏这方面。

我自从……从九岁开始跳起（地戏）的，嗯，是九岁开始的。

自从"四清运动""文革"，地戏受到灭顶之灾以后，中断了一段时间。

我的经济来源主要是靠农务，靠农业。改革开放以后，这些娃娃们也出去打一点工，挣一点钱。挣得钱以后，建房子，包括办大红小事……他们结婚办酒，这些……都是从他们年轻的……这些来源。

我们地戏的收入也有，我们在1989年安顺整个地区地戏大赛中一百八十多场夺得名次以后，这个地戏就作为我们村的地方品牌。所以，文化局，特别是地区和县级政府引了不少外国朋友来观看我们的地戏。我们表演就有了一定的收入，这个收入就是养活我们的地戏的来源。

比方说，韩国的游客来看，或者半个小时，或者二十分钟，或者是一个小时，你来表演一场，那么三百、五百的，他们就给你一点。收入是靠这些方面来的。

我自从2006年申报安顺地戏传承人以后，2007年才正式被批为省级安顺地戏传承人，2008年以后正式被批为国家级安顺地戏传承人。2009年开始，传承人补贴每年是八千元，但是从去年以后就给了一万。

这些领导都很关心我们……今年他们是亲自送上门来的，特别是西秀区文管方面的、市文化局的领导，对我们确实爱护、关心。每一次（传承人补贴下来的时候），或者是通知我们去开会也好，特别是今年，他们主动上门慰问，还把问候特意送上门来。

我学地戏是从1959年开始的。我们的祖先，始祖是马上将军，由征南过来的。战事减少以后，祖先为了强身健体开始跳地戏，实际上从我们的那个传说来讲就是跳神，是习艺练舞。

引荐人：地戏是战斗场面的一种演绎，既能强身健体，又不丢掉手上的活路，可以说是要打的能打，要砍的能砍。当时这个地戏是一种军傩，因为军队生活比较枯燥，所以闲的时候大家就跳一下、玩一下，事实上它也是军队的一种文化生活。

军队的地戏也是从军傩演变过来的。战事减少以后，屯堡的人们为了强身健体，为了防止犯懒就练武，利用古代的文化，用历史人物、有意义的忠义人物的故事来作为跳神。这样，既是丰富农民自己的、农村的自娱自乐的活动，实际也是练武。战事减少以后，形势逐渐地好了以后，地戏就加有艺术在里头，有艺术了就代表有艺术性了。

我小的时候，我的父亲是演张飞、关羽这些人物。我小的时候也很喜欢，回家以后他就教我，平时我自己也锻炼。开始的时候有一些过程，看起是简单的，但是这里面实际还是有些（复杂的）东西。起初他还是从一招一式，怎么样做手势，怎么样走步开始教。等到你懂得了以后，你戴主将了以后，才能够知道你跳的这一段的故事情节是怎样的，到时候顶将了你才能知道，小的时候暂时只能学一点基础，基础就是手势、脚步、唱词等。

他当时教我唱词，我根本就不晓得唱词唱的是什么，就跟着他学，我是大了以后才晓得他讲的是什么故事。懂得了以后，你顶角色了，那么你非得要知道这一段故事的情节，你顶的是什么角色、顶的是什么人物，你顶的是奸臣还是忠臣，这些你才能够区分得出来。

现在喊进来学的这一些人，他们都懂不了，他们懂不了故事情节。有些跳了几十年的，他也就只记得那几句书，你叫他讲三国，他根本不懂。只能是说已经百分之七八十的学到位了，那么就懂得了唱词的意思；半生熟的这些，他还不懂唱词的意思，比如说跳《三国》，你问他，一问三不知，他还弄不清楚。

这些角色中我最喜欢的就是赵云、马超。因为他们两个当中，赵云是常胜将军；马超和他的性格又不一样，马超为了报杀父之仇，报仇心切，他这种勇猛精神可嘉。其实我顶的角色就是赵云、马超、吕布、周瑜这些。这个吕布我虽然顶了，但我不太喜欢这个人物，因为这个人物就是一个忘恩负义的人。另外，还有一个周瑜，周瑜的计谋也可以。除了这几个少将以外，前面几年我顶了刘备、关羽、张飞这些。

要演哪一个角色之前是要去看一些有关于他的故事的，是有书记载的，你扮演哪一个角色，你要了解那个角色的特性。你要能够懂得书中哪一些人是忠，忠在哪个地方，哪一些人是奸，奸在哪个地方，你要懂得那些人的特性，你才能扮演得出那个角色。

我最近这几年在顶关羽嘛。我参加张艺谋的《千里走单骑》，就是顶的关羽。关羽是个忠义的人，他明里投了曹操，曹操赐他锦袍，关羽却把旧袍穿在外面，曹操就问他："你为什么这样羞辱我呢？"关羽说："旧袍本来就是我刘皇叔所赐的，我就要穿在外面，我见袍如见兄面，我岂敢拥有了新的，而忘了我兄长的旧情呢！"所以他是一个忠义的人，我非常喜欢。

这两年都在顶关羽，但同时也跳其他角色。比如说，今天要表演一段故事情节，关羽在这段故事中是主角，如果有其他人顶了就顶了，没有人顶，我就上。要根据这个人演绎得到位不到位来顶这个角色，比如说关羽，他是个稳重习武的人，你拿一个手脚乱的人来顶，就把意思弄反了。

谁表演哪个角色，这个还是由神头来定。最近这几年老前辈基本上去世以后，这任务基本上都落在我们身上了。这个地戏，一年到头，就随便在一个坝坝里，也不搭台，随地演出，比如这里阴凉点就在这里，任何地方都可以演出，有一个平地就可以了。

观众不用在高处看，因为你戴的面具是在头上。或者就在平地围成一圈，观众拿板凳坐起的。有些观众是内行人了，看这内容看了多年了，他虽然自己不会跳，但是哪一个角色出来，哪一个的唱词唱错、脚步走错，他看得非常清楚。他明里不会跳，但是他看得清楚。就是多年来长期在地方上搞娱乐的人，哪些人跳得差跳得好，他都评价得出来。

在跳地戏开始的时候有一些仪式，比如说祭祀仪式。这个地戏很简单，这个仪式是非要不可的，每一年的正月，选定一个良辰吉日，一个好一点的日子。这个日子也是由神头或者和大家配合来定，他拿皇历来看一下，看下哪一天日子好。我们接近初六开演，然后就要把香蜡纸烛、猪头雄鸡拿来供奉起。鸡是活的，猪头是半生熟的，这样开了香以后就进行表演。这个表演或者是半个月，或者是三天五天，最后落第的一天还有收演。收演以后要把帘子拿来供起，同样的拿猪头雄鸡这些来供起，才把这些神将收到神位里面放起。这个就算正月间的一次跳戏季节。七月也要跳，叫作"庆丰收"，正月间的叫"闹元宵"。这两个日子的地戏仪式一样，只是季节不同。一年要跳两次，一次要跳三五天或者半个月，都有一个开演仪式和一个收演仪式，然后把神将收到神柜里面。

神位原来都放在庙会上，但后来怕面具损失、丢失、被盗，所以就适当地放在哪一家。哪一家能够保管得下来，它们就存放在哪个家。轮流放还是固定一家放，这个要看情况，比如我们《三国》地戏，《三国》地戏是家族戏，这就要考虑到这一家人家里是不是够宽，而且这家人要负责任，那么就可以放在他家。也有弄丢过面具这种事情发生，就是面具搞丢以后警惕性才高的。我们来了以后，由于管理妥善了，没有出现面具搞丢的事情。我的父亲他们那时在外寨接戏跳，就被人把好的面具偷了。所以后来就总结了个经验，不管放在哪家，你一定要管理好。你不答应放是一回事，既然你答应放了，就必须得保管好，到时候有多少面数交给你，取回的时候也得有多少面。有一回，父亲在外寨跳戏，由于没有防着别人，就被别的同行看着你的面具好啊，就悄悄地把你的面具拿走了。如果不小心把面具弄丢了，倒是没什么忌讳，就是可惜。但你再可惜也找不回来了，就要去找雕刻的师傅重新雕刻补上。

雕面具的师傅是雕面具的师傅，跳戏的神头是跳戏的。我不雕面具，雕面具的师傅不跳戏，但是有些也要跳，没有严格的区别，有一些既能雕也能跳。一般情况雕面具的师傅不参与跳地戏。这个雕刻一般来说大部分人都会，但是雕得好的都很少。有的工人手粗，有的雕得精细，有些面相雕得好，有些盔上雕得好。地戏面具的面相一定要好，盔上稍微简单点都行。这个面相好的标准是很像……很像……只要一对比，好坏就看出来了。

在整个活动当中，用到的道具很多啊。道具一般有鸡毛、锣鼓、枪刀这些。像我们这边的地戏，用的道具就要少一点。因为它打斗的时候就好比真枪实战一样，有时一不小心就损坏了，所以该补上的就要补上。另外，还要看这场戏角色用的兵器是什么，比如赵云用的是亮银枪、吕布用的是方天画戟、马超用的是白银枪、关云长用的是青龙大刀。他们每个角色用的道具都不一样。道具要按照原始的武器去打造。

我的徒弟有很多。村里除了比我年长的，岁数小我的基本上都是我的徒弟，都来向我学习。我们这些人里面，现在十一二岁到十五六岁的有五六个，二十多岁到三十四五岁的也是五六个，另外三十四五岁到五十岁左右的有八九个人。这些，都是一批一批这样传下来的。

收徒弟的时候不搞什么仪式，因为我们这个是家族戏，包括其他的戏业组织。只要你愿意，你就进来跳。如果你觉得你学不进去了，你要想退出去，你就退出去。你不退出去，就作为后勤人员，因为地戏也要后勤人员呀。

一般教给徒弟的内容有这些，比如说你来顶这个角色，你来走，走得不和，我就来走给你看。如果他进步快一点，教了就懂了，那就留下来一直学。但是，有些徒弟确实学得慢，再三再四地（教）还学不会，他就退出了。

教的过程要边唱边跳，唱的这个词是按书唱的。比如我明天要跳的一段书，今天晚上大家就来排戏。每一段唱的腔调不一样，你要根据故事情节和那一段书来唱。

唱词是书里面记的那段故事，不是自己编的。比如说你给别人唱其他的内容，可以编词，那么，你要唱正段书就不能编，你就要按书唱，一个字一个字地唱。只能说……可以精简一部分，比如说原来要跳一个小时，现在只叫你跳半个小时。那么，中间就要精简一些，但是主要内容不能减，只能说少要一两段打斗的套路在里面，但实际的内容是一点都不能少的。

学习地戏的时候，难跳的多得很。比如说手势，有些怎么教都教不会，这个就比较困难！另外，就是哪怕你手势、脚势都学好了，但是唱词唱不了，也是个难的问题。即使你唱出来了，背不了那一段书，也是个难处。所以说，这个难处多得很。

唱词难，是因为难得背。这个唱词，比方说两个小时的戏，这个主将呀……非得要记得前前后后……戏里的百分之七八十的内容。这样的话，主将才能够顾得了这段的开头结尾，不然的话，这个出来接不了，那个出来接不来，这就完了。你要有书，才能出得去，没有书就出不去，就这样，特别是主角要背得段落。另外还有一个绝招，这是个绝招，是个诀窍：如果主将记不得唱词了，戏里的另外一些角色就打起花扇去悄悄提醒一下，主将就知道了。

对我们来说，是不可能忘词的。反正派给我的将，我是一字不落地非得把它背熟。嘿嘿，我也不知道，反正最多唱个两三遍以后我就记得了。一部戏当中要背的文字多。你想，怎么不多？有时候，一天一部戏的情节要跳两个半小时，这两个半小时起码要跳四五篇书。这书里面有说书、有唱书，但不光是一个人的，到你的时候你就出来唱，到别人，别人就出来。比方说我这里丢下一个标注，那么你就要接着书走了。你把你的书唱了以后，到哪一个将士出来，他又过来接着走。

不是一个人在唱整台，一般来说，像我们的三国戏是三家书，少不了十二三个人。即便是精简了的版本，比如曹操那段有八十多万人呢，去哪儿找那么多人？嘿嘿，一个人得代表几个人呢，一个人可以演好几个角色的。一个人能演一个角色，也可以演几个角色，比方说他顶的这个将士死了，他就去顶其他的角色。但是他要换面具，必须要换脸。

像一个人演几个人的这种情况，是不得已的，是因为跳戏的人不够。比如说我们长坂坡那部戏，前后战将有五十一个人，我们哪有五十一个人呢？只能演完一个下去，再戴一个面具上来演。有空余时间去换的，比如其他人上来以后，正好是你闲的时候，你就赶紧去换，到你的书的时候，又赶紧上来。

一个人要演几个角色，背的书就多了，因为各个角色的书不同。

我只跳《三国》戏，我专门跳《三国》地戏。

这个家族戏就是……我们屯扎于张家屯的家族跳的。张家屯的屯军部队是以詹世忠为指挥使，还有曾始祖和叶始祖，是他们三个始祖共同屯扎于张家屯的。詹、曾二姓专门是一堂，因为调北征南的时候，詹始祖年纪过大，由曾始祖代职。去的时候，曾始祖有两个儿子还小，詹始祖也有两个儿子。上战场必定会有死亡的现象，因此，他们因为关系比较好就达成协议："如果曾始祖回不来了，他家里的儿子还小，那么我就让我的第二个儿子过去给照管（家里）。"在达成这个协议以后，曾始祖在战场上阵亡了，詹始祖的二儿子就去照管曾姓。詹、曾二姓就好比桃园结义一样，所以就改跳三国地戏。自从第二代、第三代到现在，如今詹、曾是一家。但是詹、曾二姓（是一家）仅限于我们这个范围，出了这个范围就是另外一回事情了。家族戏就是一家人唱，没有外姓的，就是詹、曾两个姓的家族来跳，所以就叫家族戏。

《三国》地戏总共有好几本书，书本里都有具体的记载，比如说好多本书把桃园结义到刘备登基这一段故事全部记载完毕。不是每一个人物都有一本书来对应，有条件的可以成一本书，没条件的可能就没有。但是，集体的人物肯定得有一本书。三国地戏原来共有八本书，现在不一定了，要看书的纸张薄厚。

我们原来的老书在"文革"的时候已经烧了，后来这些是前辈们凭记忆重新找人写的，但这个也是手写的。（詹学彦从书柜里把三国地戏的书拿了出来放在茶几上，翻给访谈小组看。）家族里的人，有一个年纪大一点，但也是晚辈，叫詹天祥。他没有把烧了的书完全复原，只是复原一些，然后四五人个来一起拼凑成的这本书。（家族）当中有几个记忆力好的。

这个书，我们是复印的。以前有个教授拿去复印以后，就把我的真本拿走了。

那时候，对这个没怎么保护。

这一套书是"文革"过后复原的，时间大概在70年代末80年代初。这些书其他人也保留有，和我的书一样的，都是原本复印的。有些书是属于个人的，有些是属于集体的，这个是属于集体的。属于个人的，比方说他自己爱好，记书的时候记不了多少，干脆回家去翻自己的书看。他可能自己弄得了一本或者几本或者是一套，内容也是前人给他写的。

（詹学彦戴上眼镜，拿起唱书，给我们唱了起来。《桃园结义篇》唱词大意：三人进桃园要结拜，桃园里面景色甚好，备齐香蜡纸烛。三人跪在地下，让各位神灵来见证我们三个结为弟兄。兄弟有难哥哥顾，哥哥有难兄弟相争去帮忙。希望上苍保佑我们，我们会同心竭力来辅助汉室江山。）

地戏里面除了历史故事，还有很多神话传说。

我们的上一辈到紫云的白石岩跳地戏，那里有一家儿女估计不会生崽，然后他们就跳《长坂坡救主》来送太子。跳戏还有（祈祷）送子的作用。也不晓得是神灵保佑还是什么，第二年她就达到愿望了，生了一个儿子。这个儿子后来还是个镇长。这个是老一辈传说的。

我们这一辈也有，有一次我们在雨棚村也是跳《长坂坡救主》。那家人望子心切，结婚五六年了不生娃娃。我们这些老的就说白石岩的故事，他们听了就也来接太子。我们就去送太子。

在雨棚村跳完以后，长坝的就接我们去唱。来长坝以后，晚上唱山歌，白天跳神。然后把我们安排在唱山歌的那些人住的那里，让唱山歌的人自己去找住处。

面具一般都不让小孩摸的，因为面具本身就是神。在我小时候学跳地戏的时候，我爸爸或者是爷爷讲过一些忌讳，比如说一般的妇女这些都不可以去摸面具的。原来是不允许女娃娃跳戏的，最近三五年来，有些男的跳不起来，女的又喜欢，女的就开始跳了。现在，安顺的地戏大赛差不多有二十多支女子队了，整个队伍大概两百多人。我们这里现在还没有女子队，双堡有女子队，特别是大西桥这边多。女子队还是扮演男子的，女扮男装。

现在他们卖的脸谱，和我们的脸谱有区别，因为他那个面具没有经过仪式，让它从脸谱变成神。我们地戏队的，刚从雕刻师傅那里买过来以后敬过香跳过神，这个就属于神了，是全队人敬过了的，可以变神。一个也可以，只要是神头戴着就行。

可以这样说，因为你戴起面具以后要尊重这个神灵，你戴起面具后别人看不到你的这个人，看到的是这个神。古代传说下来就是"人在生为人，死后为神"，我们一直都把它叫作"跳神"。"地戏"是官方语言，就是选个平地随便跳，又不搭台。

神没有被请下来的时候，他们住哪里没有给我们讲，我们就是"通说"请他们来。比方说我们农村吃饭的时候要拿供筷，就是供神灵。但是你也可以找到他们住哪里，因为他们的坟就在那里。这么多年来我估计就是在天上吧，哈哈！

有的人梦到过他们，我也有梦过。有的人说梦见祖先来讲话，像我们一样的，以前在一起跳戏，后来死了的人。这些我后来也都经常梦到的。一般梦到他们，差不多是和平时一样，大家一起玩。但是有一次比较奇怪，梦到本来是大家在一起玩，但是走着走着就不见他们了。

我们到过长顺县，比如说长坡这些地方。

我到过保加利亚，大概那是2009年还是2010年，记不清了。我去那里表演跳神，当时参加的是黄果树艺术团，用地戏去参加保加利亚的一个文化活动。这是我最后一次出国。

我是1989年去的"上海艺术节"，1993年到台湾，2004年参加张艺谋的活动（《千里走单骑》），后来又去了云南、北京，去的地方还是很多的。

年轻的时候当然巴不得出去，一是把我们的地戏打出去让世人知道；第二就是历年来从事的事情都在农村，没有很好地到外面去看一下这个世界，所以一旦有机会就想出去一下。

当时去保加利亚跳神的时候，外国观众喜欢呀。他们和我们交流只能靠翻译，称赞地戏好。我们好像去了有十八个人吧。当时在保加利亚跳的就是我们的三国地戏《战潼关》。

外国观众了解这个故事的，他们也熟悉三国嘛，现在大部分电视（台）都在放（《三国》）。他们现在一个就是唱词不会，叫我去指点他们唱；二个就是套路（不同）。因为他们也有他们的套路，所以就用我们的套路加上他们的套路，互相促进。

保加利亚不跳（三国），我讲的是，我们和黄果树艺术团之间的相互学习，保加利亚那边的活动是一些关于野兽动物的，还没跳到人的这方面来。

外国观众对我们的这种文化好奇，他们专门有记者来采访的，然后翻译就引荐艺术团的团长、文化局的局长、我，还有一个副团长接，我们几个人接受了记者采访。记者采访的时候问了，比如说"这个是谁呀"，我就介绍说"这个是马超，那个是曹操"。因为第一段的故事就是曹操杀了马超的父亲，然后马超就想报仇，所以这一段故事的主角就是他们两个，我就围绕他们两个来介绍。同时，我们还接受了保加利亚电视台的录音采访。我这里都还有当时的照片。

我一般都集中精力跳地戏，除了干农活就是跳地戏；另外还有就是唱孝歌，人家死了人就请我去唱孝歌；那些木匠活我也会，但是不精、不细致。

我中断过对地戏的学习，因为"四清运动"。"文革"那时候，地戏叫作牛鬼蛇神，就把那些书、脸子等道具都烧了。烧了以后，我在闲时还是操练的，比如干农活的时候一边背书，一边小耍，经常熟练着书。像现在我唱孝歌，我可以唱五个小时，就是闭着眼睛唱，唱出哪一段就是哪一段，不用看书。

地戏一个人跳不起来，最少都要七八个人，特别是我们三国地戏比较复杂，是三家书，就要十多个人。

我家人对我学习地戏有反对的。家里小的一辈都没什么意见，就是我的老伴有意见。这个呢……多少就有点风波。然后，她听到那些风言风语以后，就说"地戏有什么跳法嘛"，就反对我跳。

但她反对没用嘛，这个始终是我喜爱的东西。我到北京去跳了一个月，家里的负担就在她身上。时间长了，由于她的心态不好，所以现在这三五年当中，她的神经还是受了点影响，现在都长期吃药，又去医院请专家看。

我请神给她化解，什么事都做过了，还是没用。平坝有一种药，五十块钱一颗，吃了还是管用的。现在呢，她就是百分之六七十的清醒，百分之三十的不清醒，走到哪里她是知道的，就是讲话不清楚、精神分散。

原来我跳地戏她是不反对的，是我从台湾回来以后，外面人有一些议论。她就说："干脆不跳了，又没得什么钱，还耽搁了家里的活路！"然后思想也不开朗，最后就得了这个病。

自从1989年地戏成为地方品牌以后，我们每一年都陆陆续续地在跳。比方收割的时候，有领导过来，就打电话让我们马上过去表演。加上自从参加张艺谋的电影以后，陆陆续续地长期都在接待，接待团队、各方面的领导、电视台、专家学者等等这些。我这里都搞成一个接待所了。

我喜欢这种生活，没有觉得打扰到我。毕竟这个是我喜欢的东西，人家问你的东西，你不晓得的你也不可能去讲。要讲就讲我自己这一生的经历，有关地戏方面的。

一般地戏，有一个风俗，你在表演的时候，人家觉得好了，就会悄悄过来看，看你好在哪些地方。

现在还没有年轻人来向我们学习地戏。

各个村子的地戏队还是有竞争的。比如说我们这里的两个地戏队，技术上都是彼此彼此（注：差不多）的，但是如果人员要多一两个，你在这方面就要占优势一点。另外就是导演，如果一段地戏排得好，那么你也就占优势了。我们这个地戏队八九年来表演了一百八十多趟，在安顺的地戏大赛上还夺得了特等奖，2006年在普定地戏表演也是夺得了特等奖。前年的"永丰杯"没有设特等奖，我们也是夺得了第一名。我们都是有竞争的，我们两个地戏队还斗气打过官司呢。

一般都是地戏表演设有评委才评（名次），一般地方上演的只能是把评价放在心里，评价都是背地评价。人的性格各有不同，有的愿意让人指点，有的不愿意。

地戏得了奖都有奖金的，一等奖是五千元，二等奖三千元，三等奖两千元，还设得有个人奖。我又是主角又是导演。

以前和现在比较，变化大，以前是每一年选定日子，在跳之前的那几天，大家就要集中商量。选定日子开演以后，每天晚上又要排第二天的内容。首先是唱书，然后是安排角色，然后就是背书。大家围在一起，到谁的书谁背，不用提醒。

现在由于时代的进步、经济的冲击，对这个地戏的影响是最大的。比如说，现在要真正跳个把小时的戏的情况已经没有了，最多只能是跳半个小时。或者要搞什么活动，叫我们去跳，去应付一下。游客一般是在旅游点这些地方看；农村一般就是搞活动的时候跳；市里面、镇里面有什么活动，一通知，我们就去跳。现在不用看日子了，随便跳。有活动就跳，有通知就跳，不管日子好不好。所以现在表演十分钟，就可以拿一个大奖。现在的就是打斗的集体动作统一，评委就认为跳得好。但是，他们的看法和我们的看法不一样，他们看的是舞蹈性的。如果你要按原汁原味的来评判，你这个少将出来该是什么样的动作、大武将是什么样的、花脸是什么样的这些……要地方上的，懂得这个的才能够评价这个地戏的好坏。

花脸出来你就要像个花脸。一般的花脸很简单，他就不是正派人物。红胡子这些就像草寇一样的。一般的元帅出来，他是一手一脚的，他的姿态就像一个元帅。少将出来，就是非常的花哨，比如他的脚手要干净，走出来就像个公子哥一样。元帅出来就相当稳重。还有一般的文将、军师这些，每个出来的架势都不同。军师捋胡子不能随便捋，要稳稳重重的，站姿什么的也要稳稳重重的。大武将出来非得有吼和闷雷这些，他们各有各的特色，不是完全相同。现在不管男女，出来以后动作都是一样的。比如说原来第一次地戏大赛，出了一个一等奖，就是人人动作一样，但是只有两个主角。到后来第二次比赛，人家"封神队"上来的将帅就多，在里面就变化多端，就比第一次的那个还要叫好。后来，我在马关去当评委，出现一个好的队伍，是屯堡上面的一个队，是一个女子队。她们的唱词也是标准的，打斗动作也是原汁原味的，只是时间短了一点，那个队确实可以。她们的戏多得很，总的来说，就是不跳反朝的戏，比如说《水浒》就不跳。

京剧到现在才有四百多年的历史，地戏就有六百多年的历史。

现在地戏都是老一辈的在跳，年轻一辈的都没跳了。现在就是担忧这个事呀。

传统地戏里没有女生。

引荐人：女子地戏队（出现）也就是近十年来的事情，以前都是传男不传女。现在女子地戏队、少儿地戏队都是为了传承，不管女子还是娃娃，只要你愿意学，都可以来跳。这个地戏并不是没有人爱，尽管形势变化了，但是地戏还是有人爱的，只能说由于时代的进步、经济的冲击，地戏养不活人。所以现在娃娃大了以后，就外出打工，或者去上学。这个地方是近几年搞地戏大赛以后，地戏才没有中断。

政府拿一些补贴叫人来学习地戏，成立了专门的地戏班。

引荐人：地戏班一般是在学校，或者詹老师这里，或者顾老师那里。像顾老师他就专门和当地的小学联系，比如周末的时候在那儿上节课，一般来说也没什么报酬，就是无偿地去教。因为他是国家级传承人，国家一年给得有传承补助经费呢，你要做点事情。按我们的要求就是每一年起码要开展传承活动，不管以什么方式，你才不愧对"传承人"的称号，包括平时电视台的采访。我们找到詹老师这里，请他跳他也得跳，因为这是一份责任，所以詹老师平时接待多也是这个意思。

我做传承，首先是地戏这个东西我喜爱；另外一个就是祖先传承下来六百多年，我认为不应该中断。

现在政府还在对地戏进行抢救保护。我们作为传承人，如果现在有三十个、五十个、一百个（人来学）我都愿意教。现在存在的一个问题就是，你去找他来学地戏，有些家里老的不同意，有些小的不同意。所以，我的看法就是，应该由当地的政府部门配合。上次就是政府下来和我们村里面商量，到底应该怎样做？政府的意见是由学校搞传承，但是由学校搞了以后呢，政府的工作又没有配合好。现在我们传承人挨家挨户地去动员学，政府要去配合。主要是没人学，并不是我们不教，这是第一。第二就是这是一个过程，实际上没有做到位。就学校来说，它就是粗略地学了学，学了就走了。我的看法还是应该一批一批地教，学好了可以出去，出去回来你还是有技术的。像我家这些子女，他们是学到位了的。现在，她们在外面挣钱，但是他总有一天是要回来的呀！回来以后他也可以教。另外一个就是资金来源，道具、戏服这些还是需要资金来源，要当地政府配合。所以，传承这件事情，我也是头疼呀。

添置一套戏服和脸谱大概一个人至少要四五百或者一千块钱。以前在市里面开会，我发了言，我的建议就是，现在在有条件的情况下，每一年在地戏上面应该给他们一些经费。有的人就说："现在上面领导要扶持麻山那些地方，你们这个是跳得起来的！"这个是领导的看法。作为我的看法，就是这样做让那些跳得好的人灰心了嘛。包括我们现在还有十多个，出去表演也就那么点钱。所以，好多次我作为神头去接待这些人，每一次他们等领导走了都要问我："领导为我们宣传要多少钱？"至于我们接待的那些团队、外国人的这些，可以找带队的去商量一下有没有点赞助。多少还是有点的，比如说台湾那些有名气一点的（人和团队），随便表演一次就是一千或者七八百。所以，我们地戏队就靠这些来资助了。

现在资助没有一个标准。比如说前几天我们去省里面接待发改委的，遇到安顺一个个体户非常有头脑，在贵阳搞了个"屯堡饭庄"。他有经济头脑，就请我们去表演，给我们一个人一百五十块钱。我们农村人很简单的，就说给我们一点务工补贴就行了。至于去台湾表演这些，是另外一回事情。

跳戏的神头由大家来定。比方说要换届了，老神头就说："我年岁大了，管不了，你们另外选神头，因为我年纪大了不能耽误你们！"那么，哪一个确实有领导、说话的能力，包括地戏的底子深厚、公认的处事公道等（就选他）。以前是大家投票选举，现在虽然不投票，但是还是大家商量。因为上次西秀区通知我们去申报传承人的时候，我们去了三个。当时就是我们三个其中一个得（传承人），然后其中一个不说话，另一个就选我。

这个传承人还需要政府批准，神头不用批准。比如说我们几个跳地戏的，觉得你这个人有组织能力，跳又跳得好，又没有什么私心，就选你了。一般来说要到你跳不动了，不想搞了，或者有年轻人了，就由年轻人接过去了。神头除了在仪式里面的责任，平时村子里面的活动还要承担，主要以地戏方面为主，其他的都是配合。

一堂地戏有一个神头。安顺以前有两百多堂，现在可能就只有几十堂了。我父亲当过神头，他们属于第十五代，我们属于第十六代。

孝歌是这样的，（唱词）随你编，到唱正段的时候，要唱那一段故事情节。一般是老人过世的时候唱，它有歌头歌尾，有恭贺的，有劝化人的，有点即兴表演的味道。比如说，一个老人过世了，（遗体）要留在家里三夜两夜。他家人喜欢热闹三夜两夜，就要请你去。比如说他明天要上山了，你去以后呢，就要一直唱到今天晚上。

这个孝歌主要是教化人的，有唱大书的，有唱小书的，都是些劝化人的，要求弟兄姐妹和睦相处、孝敬老的这些，专门唱好的来教育人的。当然，也有按照书唱的，比如唱《三国》的、唱《封神》的、唱《西厢》的这些很多的，但一般来说唱《封神》和《三国》的居多。

开始的时候，歌手多，有些人好胜心强，经常两个人就斗起来了，然后就唱这一本书，我唱第一首，你唱第二首，我唱第三首，你唱第四首，看谁记得多。总的就是叙述一个故事，一人讲一段，到时候你接不上，你就算败了，有比赛的这种性质。这个就是为了热闹嘛。要唱一晚上，一般来讲要唱到两三点钟，但是有些唱到十一二点钟就休息了。

唱地戏的时候，伴奏的以锣鼓为主，一锣一鼓就完了。

这个鼓点各有不同，但是大部分的鼓点，不管是跳哪一家的书，都是一样的。但是，又有战书的、有闲书的，等等。（詹学彦用嘴巴模仿了一段战书和闲书的鼓点。）

敲鼓的师傅是专门敲鼓的，有些不一定又会跳神又会打鼓，会跳神又会打鼓的人很少。打鼓的不跳神，跳神要由鼓来指挥，鼓点不打以后你就找不到位置了。

打鼓也是父亲传给我的。这些还不是一代一代传下来的，谁喜欢谁就传他，谁打得好就选谁。现在还没有断代，（如果）地戏断了，锣鼓就要断了。那鼓是用牛皮制作的。

地戏的装束，除了脸谱、黑纱和后面插的旗以外，还有从头到脚，鞋子、裤子、衣服、袖套、领子、纱帕这些。胡子是用人的头发做的。人的头发要好，比方对她说："你的头发有点好，能不能贡献一点出来？"那么，她喜欢贡献的就贡献，一般都是女人的头发。这个旗子在装束里面叫作背旗，它就是作为一个将军打扮的形式。作为一个将军，就要打扮一下成为将军的样子。如果是一个小头目，他就可背可不背。

鞋子就穿布鞋，是自己家里的妇女做的。那个鸡毛的来源，我认为有两种说法：一种是属于将军的，它也是个标志，插了这个就是个官了；另外一个就是代表雄壮威武。一般旗子，按道理来说就是插五首。

我的服饰放在家的，我们自己保管自己的，一个人有一套服饰，自己准备的。如果我媳妇精神清醒的话，就做鞋、荷包这些。一般少将是穿白的，我也是根据我顶哪个将就穿哪套戏服。比如说我顶赵云，我就穿白的；我顶张飞，我就穿黑的。只是换上面这一件，下面的裙摆还是一样的。按道理应该一套是一套的，但是一套就要花一千多，弄这么多来干什么？对吧！如果按规范的说，哪一个将帅出来就该穿哪一件，但是人家是以那个为职业的，我们这个是农村自娱自乐的，还是以农业为主，因此，服装就简单一些。

就这个面具，三年、五年，你认为没有光气了，就请匠人来重新把它上色上光。然后，就动员本寨子头发好的妇女来捐献（头发），捐献以后就要把这帮人请来吃个饭，表示一下心意。（詹学彦打开箱子，把地戏装束一一地向我们介绍。）

我最大的心愿就是当地政府能够重视地戏，能够把这个传承下去。不管是少儿也好、妇女也好，只要是爱好的都行。这个地戏……我们还可以坚持十多年。现在主要是六十多岁的人在跳，他们的思想比较简单，他不想别的，就在家里务农，闲的时候就娱乐一下。年轻的人呢，他要出去挣钱，你就留不住他。像六十多岁的就很简单，他本身是爱好这个地戏的，所以，有活动就一起活动。本身就是祖先传承下来的东西，大家又爱好，当然愿意出来跳。

始祖带地戏到贵州

❖ | 顾之炎 / 口述

顾之炎

我家算地戏世家。我的祖父喜欢地戏,他跳大将。我的父亲也喜欢地戏。受他们影响,我们这一家人都爱地戏。

我们的始祖到贵州发展地戏。以前的一些军队在这里,要养军,要锻炼,每天在家里面锻炼,不戴面具打起不好看。后来为了分敌我,如果没有纱布遮住,就是两块脸,纱布遮住就专门看面具区分,如果是两块脸就不晓得看哪个,这喊作跳神。当时认为神是很伟大的,那时候很讲究,女的不能碰,看的时候要离远点。现在发展以后,女生也可以做神啦,所以这个地戏、跳神,发展扩大容易得很。

地戏是流行于贵州省安顺市的地方戏,其产生与明初来自安徽、江苏、江西、浙江、河南等地的安顺屯军有关。明朝军队在贵州设有二十四个卫、二十六个守御千户所,其中安顺有三个卫、两个守御千户所,史料上称卫所军士为"屯堡人",有了屯堡人,地戏也就随之而出现了。

安顺地戏演出以村寨为单位，演员是地道的农民。一般一个村寨一堂戏，演员二三十人，由神头负责。演出在每年的新春佳节和农历七月稻谷扬花时节举行，村民还会在建房求财、祈福求子的时候请地戏队中的"神灵"如关羽、佘太君等去进行"开财门""送太子"等活动。

地戏是一种古老的戏剧，其显著特点是演出者首蒙青巾，腰围战裙，戴假面于额前，手执戈矛刀戟之属，随口而唱，应声而舞。其演唱是七言和十言韵文的说唱，在一锣一鼓伴奏下，一人领唱众人伴和，有弋阳老腔余韵，其舞主要表现征战格斗的打杀，雄浑粗犷，古朴刚健。安顺地戏所演的三十来部大书，以屯堡人喜爱的薛家将、杨家将、岳家将、狄家将、三国英雄、瓦岗好汉为主角，赞美忠义、颂扬报国的忠臣良将，内容全部是金戈铁马的征战故事。

记得去黄果树瀑布演出那一次，北京的一个专家来策划，搞这个活动，要一百个地戏演员，打电话给我，我问他要多长时间，他说最多半个月要拿出来。我想现在只有六十来个（演员），还有四十个人去哪里找呢？然后每天晚上吃完饭，我就到街上，哪里热闹我都去哪里摆摆这个地戏，有些人不愿意听，愿意听的时间一长就灌入耳朵了。原来唱地戏还是有搞头，能够去南京、北京，去大城市，能够出国，国家重视你，给你吃好喝好坐好，坐飞机，不会跳地戏哪有这个机会？

哪个愿意学，我先教他们套路，把套路一教以后，然后教他们唱。套路一定要整齐，打斗一定要走到位，特别是唱腔，一定要统一，要字正腔圆。一下子，一百名地戏演员就出来了。我在我家楼下，把他们排成四排，二十五人一排。我怎么样走，他们就怎么样走，我怎么样唱，他们就怎么样唱，很统一。北京专家看了以后，说，难得啊，唱腔和打斗都很整齐。

传承难，扩大阵容容易。二十五岁到四十岁的人都可以参与，很容易扩大，但是扩大不是传承，不是会打就叫传承了。

这个是珍稀剧种啊，代表贵州去参加珍稀剧种展演，表演给中央领导看，在北京大剧院。其他省道具用大卡车拉，副省长带队，耗资是七十万元，我们十多个人，耗资五万块钱还剩下点钱回来。评价下来，我们占老大（得第一名），因为我们是原汁原味的，我们没有走样，我们以前怎么样唱就怎么样唱，怎么样走就怎么样走。所以，台下"哗哗哗"地鼓掌。其他省份，他们的珍稀剧种有掺杂性、现代性。所以评价下来，我们得最高名次。我们下来以后，那些人转头不看台上看我们，请我们坐下来，完全看我们，不看台上。

可以说，那感觉不是一般的。到南京参加过两次比赛，到上海参加过一次，到湖南参加过一次，北京去了九次，一宣传，扩大队伍就容易了。

要从小的开始传承。我想办个项目，叫作"地戏进课堂"，从十多岁的人开始传这个地戏，他喜欢，不能离开这个学校。我请校长、教导主任，大家坐在一起，跟他们讲这个道理。他们说好啊，这是给学校增光加彩嘛，只要你能办，拿资料来，我们帮你讲课。我把资料写好，拿给他们，讲课拿给他们讲，我偶尔也去讲。四年级和六年级，这两个班级中爱好这个的男生，给他们讲清楚道理以后，他们站出来说："我参加一个，我参加一个。"不从现在学起，长大以后学不会。他们说："只要你勤勤恳恳地教我们，我们老老实实地学。"先是讲文字，讲地戏道具、地戏书，然后到室外，学打斗。每次学习都留有照片。

为了做这个项目，市里面批给一万块钱买道具，我买了四十面小脸子、四十块纱布、四十条腰带、四十件衣服，两大箱。坐车到安顺，抬下车来，就被人家抬起跑了，虽然不是无价之宝，但是也很难买到。

以后我生病了，也没亲自做起，但是项目还在继续。传承下去才是真正在传承，否则这一代跳过以后下一代哪个来跳？地戏是屯堡文化当中的主要支柱，屯堡文化是个死不了的东西。

作为一个非物质文化遗产的人才，一方面是你带的人，一方面是你打斗不错乱，一方面是你要字正腔圆，唱起来一字不漏。我看地戏，从头看到尾，漏个把字我都很清楚。地戏传承你说它有难度嘛，不算难，只要你有办法；你说它不难嘛，要通过思考，要通过研究，找关心这个的人，通过他们来宣传，这样一来地戏就可以保存下来。否则的话，就可惜了，可惜几百年来的成果。

现在国家有关部门这么重视，这么抓得紧，二号文件（《国务院关于进一步促进贵州经济社会又好又快发展的若干意见》）抓民族民间文化，大发展大繁荣的政策。中国民族民间香港分公司一个杨老师亲自来，准备请我们去香港。我身体不好，在香港和我签合同，我去不到，人员也定了，手续都办了，那时候我给他要的工资高一点，三千块，要去二十个人左右，先安排在南京。他们把资料发过来，问我身体好没有，工资还是三千块，吃住行都是他们包，现在等外事办办手续，准备在那里过年。以前光是看过电视，要亲眼看看香港。过两天省里和安徽省也要来人调查地戏，要来看一天地戏，了解地戏好在哪些地方，为哪样目前国家这么重视。地戏传承情况是扩大容易，传承难。

以前学地戏我有师父的，他也很喜欢传承，一次我们去五个人跳。第一次去跳，他说可以嘛小伙，来来我每天教你。那时候很简单，他人很客气。我也有两个徒弟，大徒弟张世福，二徒弟是范介容，都是本地人。他们跟了我好多年，动作都跟我差不多。我跳的主要是秦王、秦叔宝、单雄信这些角色。跟老师学戏，印象最深刻的是《罗成日锁五龙》，就是罗成一个人把五个皇帝逮咯，就是逮那个窦建德、王世充、朱灿、高谈圣、孟海公，一个人就逮这五个王。当时学那个，不像现在人手有一部书，那时候只有一部书，一部孤本。在他那学，比如明天要跳，要跳《日锁五龙》，就要去学，学到八点钟就要下课啦，然后请吃甜酒粑粑，吃松糕粑粑。吃完就到大讲堂，给大家分工，明天要跳那个，不懂、记不到要马上提问，明天到场子头跳，跳错了会找你麻烦。那时候很讲究，那时候跳得好大家都很欢迎。我记得后来我跳一场戏叫《秦叔宝哭兄》，我当秦叔宝，我来演这个角色就哭，看的人不得一个不哭，太动情咯。地戏要有点表情，动作要跟着表情。有一次跳《秦王游颐园》，我跳，看的人站后头，有一个妇女用木桶挑水，漏干了都不晓得，注目得很啊。表演的人自己不能哭，如果你哭，一个是动作，一个是表情想不起来，一哭，动作就不在，要完成任务嘛。

排练不搞仪式，仪式只搞一次。大家对搞仪式很重视，几家人家买香蜡纸烛，买鸡，买雄黄酒来喝。跳完基本上在外面吃饭，都没有各家回各家吃。我们这原来有三堂跳戏的人，另两堂中断了，我们这堂一直没衰退过。那时候准备三堂并合成一堂。我当村主任以后，讲一个村寨一堂戏，不要三堂戏，这样不团结。找了另两堂人的主脑，有点威望的村代表来商量，最后才并合。四十多个人一直表演地戏，保持第一名、第二名呢。现在出去打工的人多了，留下来跳神的还有七十个。

跳神最难教的是唱，腔调容易，最难教的是台词，比如今天跳二十节书，你要学二十节书。大家背一本书，哪个唱错都晓得，但当时不去提，后来下来讲，这里唱错了，下次这一点要改好，像有的人把"破绽"读成"破锭"。我刚学时，斩单雄信的戏，罗成敬酒，（顾之炎唱了起来）那个"爵"我不晓得，不懂，后来晓得"爵"是"爵位"，理解不到。这段讲的是单雄信独闯唐营，因为唐家这些将官和他全部是结拜的朋友，只有尉迟恭一个人没有结拜，剩余的不敢动。他朋友讲："日用一斗金，夜用一斗银，不算稀罕，恨不得把我的心肝抓来。"他一个人要去闯，单雄信转身一步出营房，三个动作，转身，慢慢转过来，一步慢慢走，出营房出来，迈着大步进洛阳，一直来到驸马府，去迎公主出新房，一个人打得落花流水。地戏里面的角色我哪一个都喜欢，喜欢还要拿得下来，比如说尉迟恭那个胡子这么长（顾之炎站起来，手比到胯部），那个脸这么大（顾之炎用手在脸上比了一下），我戴起就不好看，戴起以后就不舒服。虽然秦叔宝的胡子也长，但是胡子细，人要瘦小点，人要滑稽一点。我首先要戴李世民、罗成，那时候唐家将罗成是第一位，尉迟恭都战不赢他，那个罗成是最有名的。从父辈到现在，地戏一直都保持原汁原味，祭祀、穿着、唱腔都是一样的。

我组织的地戏进课堂项目今年是第四年了，做起这个项目后我身体就不好，眼睛不好看不到。我儿子、孙孙都爱地戏，我孙孙叫顾健，二十八岁，做审计工作，业余跳地戏，跳得很好。

做地戏进课堂项目我收集资料，编好了以后请安顺学院冷艳萍老师给修改。

这些学校的娃娃们才十多岁，还有这么多年，还有比我喜爱比我珍惜这个东西的，慢慢地就传承下去咯。会有三个或五个的娃娃，拿起个烂盆来当作鼓，讲你打我们跳。现在我生病了，没有机会亲自教学生，上课全凭那本资料。

我最大的心愿是地戏越来越好，身体越来越好，巴不得明天就好。

人神的使者

❖ | 张月福/口述

我的公（注：爷爷）、外公、父亲都是从事这门手艺。在我祖公、父亲那些年，不准搞这些，说是要"消灭牛鬼蛇神"，如果晓得你搞这些，要被拉起去游街。我们父亲去世的时候，我才半岁。那时候我大哥、二哥都是退伍军人，所以我们家庭是军属家庭，没遭抄家，没遭游街！家里好多傩戏剧本、傩公傩母啊，这些东西都没有遭收过（注：被没收）。有些家庭害怕，拿起去藏在山洞里面，白天就去那里割牛草守着，晚上就去洞里睡。

20世纪60年代初，我十三四岁，那会儿政策稍微有点松动，我们这里有些人就开始跳哦，杠神哦，我一看到，就同人家一起去跳神，去找师傅学。但那阵儿，不敢大胆去学，走亲访友啊，才偷偷学哈。我家里还留得这些剧本、工具，就抱起这些东西找师傅学，先是跟到张羽朋先生，后来又跟到赵开扬先生学。

我没读多少书，才读到四年级。1959年，我读书的时候正是难关，吃草草，啃树皮，挖草根根吃。饭都吃不饱，读书也没得心思。后来懂事点，又遇到"文化大革命"，又没得书读，就搞点小生意，边搞这些生意，就遇到张羽朋

张月福

师傅。1964年，我十四岁开始学艺，我师傅还说："你这样年轻，还喜欢学这些？"我说我喜欢。师傅说："要得嘛，我教你！"他是郭家寨的人。我从小就爱唱爱跳，喜欢跳花灯。学艺后我也认识了好多字，哪些字写不起，我就去问师傅，后来我还给文广局写过剧本。师傅教我的秘诀，我记性好得很，几十年了，我都记得。我开始进坛了，哪个字写不起，我就去问师傅。进坛就要写文书，师傅要教朗个闹（注：怎么跳），把这些晓得了，然后就要写文书。1991年，我还在铜仁地区写过傩戏资料，写了七万多字。

我跟张羽朋先生学的时候还没十四岁，我记得是8月29日。他觉得奇怪：你这个小伙子来学这个？我就给他摆了我的家庭，祖上都是傩艺师。他一听，说："你公和我们跳过傩堂戏嘛，我一定收你！"喊我不要出去乱讲。他那时候在民族中医院开处方，我一直说的是跟他学医病，实际是学艺。那阵儿做法事要悄悄的。他同我讲过一件事，是在1965年，我和他去给人家悄悄做坛法事，天气热，我走出来透一下气，看到山下面有人打起电筒往上照，我赶快去给师傅讲：老祖公，老祖公，下面有人上来了。他那年六十八岁，这个朗个开交（注：怎么办），那哈（注：那时候）我才十六七岁，身体好，我就马上背起他就开始跑，喊他躲在我们家的苞谷地。主人家紧张了，说话舌头都打结了。我说我先去看哈，如果问，就说我们在这里望苞谷。一出去看，才晓得没得事情，是打雀儿的，我们才放心，又弄起过去帮主人家做了。我一直跟到他学，直到他过世。后来我又到处打听（哪里有好的）师傅，想把这个手艺学精通点。

我跟到张羽朋先生学了六年，边跟他学，我又去打听哪个师傅手艺高明，问到城关镇共和乡银丝村的赵开扬先生厉害，我又去跟到赵开扬先生学，那是1970年的事。

我跟到赵开扬先生学的时候，要跟到吃饭，我帮到提水、打煤油，弄挑菜担起去给他，他最喜欢我。1974年，张羽朋先生就去世了，我又拜了刘文谦、刘文泰、张世浩、陈志远先生，有十多个师傅。这些师傅都有法号，现在大多数都去世了。

我们这个手艺有几种做法，人家问你，是开门手艺还是关门手艺，我说我关一扇，开一扇，意思是既有祖传，又在外面学得有。拜赵开扬先生，也不敢明到学（注：公开学），就假装走亲访友，一个月去一回吧，多去的话，只敢晚上悄悄去，阴到起（注：悄悄地）问："来了？""来了。"把夜饭吃了，把门都关起，在堂屋里，照个煤油灯，就开始学，传些秘诀啊，上刀梯，符诀要朗个（注：怎么）绘法，要朗个做，等等，把这些都学了。

十一届三中全会后，政策开放了，我又去学跳。原来农村跳花灯，我就喜欢跳，我还是个女角，那阵年轻，爱好！后来没跳了。政策开放了，又跳。我跟随这个赵开扬先生，从1970年到1984年，1982年我就请职，请职就是出师，就是这些坛事都掌握得到了，就是"大学毕业"了，可以带徒弟了。请职要举行仪式，要杀猪、杀鸡、杀羊子，杀三牲，还要跟师傅缝一身衣服，还有结发师、誊录师、保举师，正式的那个师傅是坐桥师傅。

我们这个杠神先生分几教，上坛教我做得下来，下坛教我也做得下来，师娘教我也做得下来。（师娘教）就是师傅死了，但是他姑娘还晓得，师傅的教法就由姑娘传出来。师娘教是传女不传儿子，我们茅山教是传儿子不传女。上坛教是白天去采茅山法，我们这个下坛教是晚上三四点钟上山去采茅山法。茅山法，就是师傅的手艺。我们这个是晚上传法。像我们烧肉的那个红铁，拿来过我这个舌条，不会觉得烫。还有踩红铧、上刀山，这些我都会，只要按照师傅传我的方式和心法去做，就没得问题。我也不敢乱做。我原来的家属生了一对儿子后死了，我一个人带儿子，我出去开坛做法事，大儿子都跟我走，才六岁就敲得起三样乐器，他也会这些。那段时间，我们长期都是父子三人，他们还小啊，带起走都造孽（注：可怜）啊。

师傅会医病，早些年去找师傅学，就说去找先生医病。去了后，晚上所有的人都睡尽了，师傅才给我说，哪些手艺要朗个做，才传这些秘诀给我。我这样学了四年。那阵儿不敢大张旗鼓地做，要杠神的时候，要轻轻地，还要在地上铺一床棉絮，打卦的时候才没得声音。后来政策开放了，我们又去学跳，1979年那会我上坛跳得好哦。

我学这个手艺也是自然而然的。我上坛，师傅没为难过。从我请职过后，我就跟着原来地区文化局的老局长，他就叫我去收集资料，开个条子给我，算我是文广局的人，内行去问内行，所以问出来就非常之原根有理（注：真实有据）。我们这段时间准备出本书，说说这些道具的来历，三清图案的人物，还有我们做的这些坛，每个坛的解释。我今天还在写我的个人简介。

我给你们说说傩公傩母的来历。这一对喊叫傩公傩母，又喊人王之子，又喊君王，本来就是伏羲和女娲，为哪样又封他为人王、君王？

这个傩母就是女娲，她天天在屋头挑花儿，那段时间世道乱，那些人不忠不孝不义不认天地，这朝人眼看就要绝了，太白金星就要救这朝人。玉皇大帝说："你去看，哪些人有道德，懂天理，你就去救这些。"他下来看到伏羲和女娲这两兄妹，他看到女娲一天都在挑花儿，他说："你挑花不如种葫芦！你挑花不如种葫芦！"喊得清楚分明了，她就拿颗葫芦种种在边边上，不到一天，就长出来了，"寅时种下卯时生，午未二时有青藤"，几个时辰便开花结果，到晚上小葫芦长到了水缸那么大。这个时候突然天空就降下大雨，这雨一直下了七天七夜，洪水齐天，人烟绝灭。那个葫芦自然就打开了，两兄妹就跳到葫芦里去。水一涨，葫芦就到处漂，就跟到冲到高山顶上去。葫芦停下来了，他们出来一看，天下不分什么山坡啊、沟沟啊，都只看到一望无边的大水，两兄妹被吓死了。太白金星用仙丹帮他们顶活（注：复活）了，弥勒古佛就来劝他们两兄妹成亲。他们说："我们又不是张杨李家，哪有兄妹来成亲！兄妹成亲，十里要笑死九里人哦！"弥勒古佛说："天下万物都淹死了，哪个来笑你们啊！你们如果依了古佛的法，后代人王管万年；你若不依古佛的法，那就绝了这朝人。"后来他们成亲，怀胎怀了九九八十一个月，生下一个肉包筋，喊他们两兄妹就喊爷爷、娘娘了。娘娘生的时候，爷爷上山砍柴去了，一生下来她看到是个怪物，就埋在园子头。他回来后，她就把这个情况告诉给他。他就说："你去抱回来我看一下。"他看了后用斧头砍开，一对金童玉女就跳出来了，就还剩下一块肉壳子，上砍九块就为九宫，下砍八块为八卦，九宫八卦就从那时候开始的，他甩在哪里就姓哪样，甩在粪桶里就姓张，甩在水塘里就姓安，丢在茅坡就姓毛，就这样有了十大姓氏。这些都是古书上说的。

一直到唐朝，李家坐了天下，李渊就问伏羲："天下哪个为王？"他说："我是人王，我为王。"李渊的手下就把他斩了，尸体就被冲到傩塘湾去。那个娘娘一看，这个好像是我的夫君呢。她说："如果你是我的夫君，你就往我这边冲。"果然就浪起过来。她又说："你如果是我的夫君，我手指上的血甩在你身上，你就活得过来。"果然活过来。她去找皇上闹事，皇上怕她扰乱天下，没得办法了，只好差下面人把他们砍了。好！一对就冲到傩塘湾去。后来打渔的人把网安起，第二天捞起来的是这对人头，连到七天都是这样。他就说："你这对人头，如果能够保佑我，我就把你们放在这个岩心头，如果我能网起鱼来，我就拿起贡品、粑粑、豆腐来给你们吃。"果然，打渔的第二天就得了很多鱼了。于是，他自己吃哪样东西，他就带点去供给放在岩心的人头，保佑他一天鱼打得多。时间一长久了，他不去打渔了，（这对人头）就没得哪样吃的了。我们这个傩艺师是从望牛娃儿出世（注：出身）。有些望牛娃儿看到这对人头在这个地方，就去和他们耍。牛羊去吃人家的庄稼，望牛娃儿就说："我们一天同你来耍，但是你要保佑我们的牛羊不要去吃人家的庄稼，回去不遭打，我们天天来同你耍！"果然牛羊们不去吃了！这些望牛娃娃就去山上采些果子供给这对人头吃。

唐朝那个时候闹霍乱，每天都要死好些人，就是放牛那几家不死人，这些人就觉得奇怪，为哪样那几家不死人呢。他们就说："我们一天都在山上和那对人脑壳耍，可能是他们保佑我们不得病吧。"这一讲，四周的人都晓得了，传到皇宫去了。皇上说："只要我这个皇宫三天不死人，我就去请他们来协商！"果然这样。弄起去一看，是伏羲同女娲。皇上一生气，一拍桌子，说："你们生前被我斩首了，死了还要害我！"这对人头就飞走了，马上城里头又死人了，满城都是哭声。最后，皇上也没得办法了，说："只要伏羲和女娲保佑我皇宫三天不死人，我就拿轿子去抬他们来，封他（注：伏羲）为王！"后来真的用轿子把他们抬起去。皇上说："你为人王，我为皇王！"人王就是这样来的。

最后唐朝战乱了，那些望牛娃儿也大了，就去给伏羲和女娲说："你保佑我们打仗打赢了，我回来给你上很好的供品，烧香烧纸！"果然又打赢了，又封他为君王。所以我们这些唱傩戏的，又要喊爷爷娘娘，又喊人王，还喊二等君王，请神下凡要唱"娘娘爷爷，今日有灾难，看你显灵不显灵；娘娘爷爷，你不做谁做，你不担承谁担承"。我们一起坛了，裙子法衣穿起过后，那就要唱人王之祖，一开始做法了，比如上刀山，就要唱二等君王了。

他们兄妹二人，又喊叫东山圣公、南山圣母，这个称呼又是朗个来的呢？当初他们两个成亲的时候，妹妹说："你要叫我和你成亲，你背扇磨子去东山上去，我背扇磨子去南山，我们一同把磨子滚下坡，如果磨子合得起，我们两个就成亲，如果合不拢就不成亲。"磨子滚下来后，果然合拢了，妹妹还是不同意。妹妹又说："我们各自拿把草草，分别到东山和南山上去点燃，如果两股烟子合在一起了，我们就成亲。"果然两股烟子就成一股了，两兄妹只好成亲了。所以被封为东山圣公和南山圣母。这些来历好多年轻的傩艺师都搞不清楚，我一般不同那些年轻人摆（这些龙门阵）。

这一对傩公傩母是我师傅赵开扬拿给我的，好像是2001年的事，他死之前，把这些东西都给我了。我自己另外有一对，所以很少用这对。我的这对傩公傩母，从老祖公那一辈就遗留下来的，后来遭文化厅的兑换过了，以新换旧啊，开先（注：之前）的还要好点。

这个是赵候，（他说他当年）去鲁班师傅那里学艺，鲁班师傅的姑娘就看中他了，才貌双全，不怕你是来学法。鲁班师傅就喊他明天去把对面坡上那些树砍了。几多大的树子（注：很大的树木），他朗个砍得完嘛，一晌午才砍得半根，鲁班师傅的姑娘就给他送晌午（饭）去。他不敢吃，姑娘说，你好好吃，放心好了！她用金刀，一个法一使，那一坡树子全部倒了。第二天，喊他全部要燃过（注：烧起来），都是生家伙，朗个燃得过，鲁班师傅的姑娘又喊他放心，她用雷火燃过了。又喊他担二斗小谷，撒倒是容易撒下去，第三天又喊他捡起来，捡起来就难得捡了。鲁班师傅的姑娘又招呼老蛙（注：乌鸦）去帮他捡。有些老蛙又讨嫌，捡的时候就吞了，所以她用手巾帕把老蛙颈子绑起，不准它吞下去，但还是遭老蛙吃了一些下去了。鲁班就问，为朗个没得那天满呢？姑娘说被鸟吃了，你不相信，你打碗米来放在香火上，明天起来就要少点。后来，赵候要走了，姑娘给他说，你啥子都不要，就要这把伞，那把烂伞。他果然跟鲁班师傅要了那把伞走，鲁班师傅的姑娘就躲在伞里面的。鲁班师傅后来晓得姑娘跟到他去了，就去他家里找。一进门，就看到他们两个躲在桌子底下，鲁班师傅就说，你们两个不要起来，就在桌子底下。所以，后来他们两个一直都在桌子底下吃饭。桌子底下有个筛子，摆点粑粑、豆腐、酒杯。他们在傩堂戏里就叫地傩小山，他们管五仓兵马，他们也要听傩公傩母的。

这一对人王，如果人们有什么灾难，他们就保得住。这个小娃娃是太子，七岁就当皇帝，最后在傩堂里面当个差。

这个是唐氏太婆，（在戏中）她是统管桃园上洞的，她管桃园上洞的钥匙，要她才能开洞请得出这些戏子。这个是报虎,他在傩堂里面抹桌子、扫地、安板凳、传盆打碗。这个是关羽,过五关斩六将。2000年,我跟地区文化局去日本,就带起去的,要穿起法衣,拴根腰带,拿起刀,才是关羽。这个是周仓,上不到好多戏,他是给关羽配戏的。

这个是甘先生,这个是秦童,他们两个是配套的,甘先生去考(科举),他请秦童帮他挑担子,结果是挑担子的秦童考中了。

唐王叫花,他在唐朝是个叫花子,最后修成仙了。在傩堂里,人们供奉吃的时候,拿点给你吃,你就不用去讨饭了,哪里有灾难的时候呢,你帮人家一下。

这个就是土地。土地是主管一方的乡神,有引兵土地、梁山土地、青苗土地等九个。土地专门负责驱邪添寿。引兵土地就是要把五方的兵马召唤出来,跟我一道走!

这个是苏氏婆婆,掌管中洞桃园。桃园分三洞,上中下。李氏婆婆管下洞桃园。我们傩戏中一切的戏子都住在桃园中,如果出半堂戏,就只能打开桃园上洞,要出全堂戏,就要把这三个洞全部打开。

这个是开山莽匠,他是个正神,他是打富救贫,他是逢恶不怕、逢善不压,是傩堂中最凶猛的镇妖神。他手执金光钺斧,专门砍杀五方邪魔,帮人把魂魄追回来。

这个是和尚,他可以减灾,看主人家请这坛法事诚心不诚心、品德好不好、要准备做法事的东西是不是办齐了。他在傩戏中有说有笑,给人们宽心。

这个是蔡阳,和关羽配戏的,是曹操手下的大将。关羽过五关斩六将,过黄河斩蔡阳。在正戏《关爷斩蔡阳》中,他要和关羽交战,关云长硬斩斩不赢他,最后用计把他斩了。关羽怕斩不赢蔡阳,心里有点虚,之前还写了三封书信给家里人。

这个是算命先生,他在傩堂中有说有笑,逗大家高兴。问他是哪年生的,他说"根深犁扒",就是庚申年的;问他是哪个月的,他说是"倒挂金钩",就是九月的。

这个是押兵仙司,就是兵马不听法师召唤,他就要去管,有些行为不服从,他也要管。他就像公安一样。

这个喊为判官。"判官判官,眼大眉宽,银牙凤齿,口说千般。"他负责在傩堂中为人们勾还良愿,并惩治那些作恶多端的坏人和邪神。他就相当于法院院长,他来下判决。

这个是勾愿仙锋,她是个女神,专门在傩堂里面勾愿的,就是主人家这堂法事做了后，一切由她来了结，三卦打了，好不好，她最后做总结。

我请职后接的第一堂法事还是师傅来帮我做的。我给师傅说，我领得有堂法事，你们要过来，我要上刀梯，我们上的刀是那种弯刀，割草那种，还有菜刀、杀猪刀，飞快（注：很锋利）啊！那个脚要慢慢侧起放上去。我从开始做手艺，一直到现在，从来没有伤过。上刀前，要先挽法，再在脚上讳好，还有口诀。我上这个刀山，还要请管事的菩萨保佑，还有些唱诀。上刀按照师傅说的做，要辞神，请玉皇大帝给我们坐镇，邪魔妖怪不敢近我们身。还要辞别二等君王，我今天要上刀山，要保佑我不能失误，要把满堂神仙都要辞。我一心一意，第一次过了，师傅说：你很专心！

现在有些傩艺师上的刀并不是我们这个刀，他们是自己做的刀，我的刀快得多，我们还背个孩子呢！我们寨子有个人挑担苞谷上刀梯，才上三步，老天菩萨啊，那个鼻子上的汗牵线一样流，汗把眼睛都蒙住了，他扶着刀梯，把汗揩了，又上！那时候十六块钱请坛神，光上刀梯就要四块八。

烙铁烫舌头是1985年跟刘文谦学的，他是个铁匠。那个烙铁烧红了，拿出来，火星子飙，隔好远，那个火燎子都袭得人遭不住，要这样才拿来过舌头。我第一次做的时候，靠拢了好多次都不敢，师傅冒火，差点要打我，我一横心，管他的哦，眼睛闭起，拿舌头舔一下。咦！得行了！后来又放在火里烧，又来过舌头……就这样，师傅就把手艺传给了我。做这些，要有规矩，第一次，开始要烧三炷香，要开点钱纸，摆十二块钱，摆粑粑、豆腐、刀头肉。我称了一斤肉去，摆了点，剩下的炒了吃了。还要打一碗水，师傅就讳在我嘴巴里，管我一辈子，我就这样坐起，任何人去把烧红的铁拿来，我也不划水，不烧纸，哪样都不做，在心里头默一哈。我师傅是怎样传我的，我就可以做了。1999年，我跟地区文化局到重庆去演出，我们是年初一开始表演的，每一天都要烙三次，天天做，都没得感觉。但是我们还是要烧炷香啊，燃点纸啊，把师傅传的法在心头过一道。

踩红铧是跟到刘文泰师傅学的，要起海水，就是去打一碗清水，讳符到碗里，喝下去。我爱人都可以，背起娃娃上刀梯啊。踩红铧就是要师傅心传口授。20世纪90年代，我们去深圳民俗村表演，十二道铧摆起，光脚板走过来、走过去都没得事。李鹏总理还接见了我们，满面笑容，他握着我的手说："你们演得很好，要把我们中国民族文化继续弘扬下去……"我后来又去深圳民俗村表演，还去给民俗村的一个保安家里定魂。他问我："你这个（如果出事了）是不是有药水哦？"我说可以用舌头舔它。他说："怕不行哦。"我说："哎呀，你不怕嘛！"他说："你这个怕要找人担承哦。"我说："不要哪个担承，我没得这个本事敢来深圳？你怕我用药水，去买个牙膏牙刷，我先漱口。"我漱口后，马上在屋里烧起钢炭，把烙铁烧红了，我就用舌头儿去过，还不是没得事！这就是师傅真传一句话，假传万卷书。这个手艺还不是有很多书，那些专家学者也看了，看了还不是不懂！看那些不起作用。我家里很多书上符讳太多了，但人家拿起去不起作用，不是真弟子，不得行。我们学法那段时间，都给师傅讲："你不要把手艺卡到不传我，如果我忘天了，天不下雨；忘地了，草都不生；我忘父母要遭雷打，我忘记师傅，法就不灵了！我不会忘记师傅的。"师傅一听了，马上焚香盖卦，起坛！甩三卦，任何事情一没用，一做就好了！所以人在世间，第一要尊师。我们傩艺师，第一忠孝，忠要对师傅忠诚、对父母孝敬，天地人和忠直孝。做事情对得起天地，人要和，对人和气，不要粗言乱语的，要忠诚踏实，要正直，对父母亲要孝顺。一定要做到这七项！

我们分上坛教、下坛教、师娘教。上坛教的师傅传我法，但是没有给我请志、坐桥，他就死去了；下坛教的赵开扬先生给我坐的桥，所以我算下坛教。第一，下坛教坛上的大字写得不同，上坛教是写"黑虎玄坛赵大元帅"，我们是"太上正乙骑虎上坛"。第二，上坛教是在师坛跟前发傩，下坛教从大门跟前发傩。两个都是纪念"东山圣公""南山圣母"，都是纪念傩公傩婆。上坛教是白天采茅山法，我们是半夜三四点钟采法。那些手艺该朗个做，有些手艺一辈子不能做上三回，有些手艺完全不能做。

我们这个傩堂戏，最主要的宗旨是纪念人王之祖，如果没得他就没得我们天下的人了，有些事情又要求他。

傩戏中上刀山是为啥？傩戏中十二把刀是干啥？是这个娃儿生病了，久久不能好，所以求人王之祖消灾免难。还有二十四把刀，这就犯阎王关，这个娃儿经常从高处摔下来啊，一生病就拖很长时间。傩艺师替这个娃儿过关口，消灾免难。

半堂法事，首先开坛；然后传文，就是发文上天宫去；第三要敬灶，敬灶神菩萨；第四，要搭桥招魂，下傩；然后放兵，引兵土地就是干这个事的。就是说，我们要开洞了,把兵马放到四周去,不能让凶神恶鬼来干扰我们这个事情。半堂戏就开上洞桃园,唐氏太婆把洞打开,请出这些戏子,就歇坛;接着开始上熟,就是主人家把准备好的猪鸡羊三牲,或者是猪鸡二牲,把这些牲口的肉装一盆,放在前面的两张大桌子上。所有的菩萨我们都要念到,从天上的玉皇大帝,到去世的祖公祖婆,一切的神圣都要念好,请他们来吃,敬酒。酒过三巡,吃好了,把这些退了,钱纸烧了。那些兵马也要请来吃,我们这坛法事他们维持好了,表示我们这坛法事顺利地进行下去了。最后,就由先锋来勾这个愿,或者是冲傩、上寿,唱一些吉利的话,过后,或者是过关、上刀梯、钻甑子。在法事完毕后,傩艺师临走前给主人家安顿香火家龛,宽慰祖先,并希望祖灵安稳,镇守家宅,保佑全家平安清静,百事顺利。主人家小孩子生病就会做半堂戏。有些人家还愿也会做,有的人过去许下的愿,比如说平安满五十岁了,就请傩艺师来跳。半堂戏就是一天一夜,晚上要跳一晚到天亮哦。做这样的法事要四五个人,全堂戏还有六七个人。大家轮流上去跳,才遭得住,一个人遭不住。

傩堂戏主要是消灾减难,喜庆的事不会请傩戏。这个傩,是万难不得行,没得办法了,就来找我们。人们为难到底了,最后只有来求傩,求傩公傩婆,人王之祖来帮他解,不是求我们哦,是求人王之祖。

全堂戏,要做三天。给人王之祖讲,我要多做几天,请人王之祖来多耍几天,心欢喜,请人王之祖帮我消灾。(做)全堂戏就是家庭有办法(注:富裕),宽裕。就像去某人家耍,不宽裕就少耍哈,如果不愁吃不愁穿,就多耍几天。全堂戏,要扎坛,讲究点,就扎好点,这个是扯得拢也放得开,可以扎复杂漂亮点,錾字啊、裱花啊,也可以简单点,就印点花裱起。全堂戏还要立楼、造席、安营扎寨、请水,才敬灶。灶神菩萨是一家之主,灶神菩萨去把玉皇大帝请到,给他讲我们是为哪样原因才做这坛法事,把神仙些都请到了,请他们保佑这堂法事顺利。然后另外杀个鸡来,请这些菩萨吃了,休息哈。第二天起来就搭桥、立楼、造席、安营扎寨,然后团花红,要十供样,香、花、灯、水、果、茶、食、宝、珠、衣,摆上来。如果大道场,比如七天的,那就要加几个戏子,加唱《柳毅传书》《安安送米》《李龙减灾》《杨泗捉鬼》。如果只有五天时间,就少唱几出。然后就放兵出去了,吃过夜饭后就开洞了,开始打秦童、甘生赴考。把这些整完,最后来杀猪、杀羊子，然后上熟，请这些菩萨来吃，吃了把小鬼送出去了，保佑主人家平安。第二天早上，出大王抢先锋啊，判官坐堂啊。最后勾判。在所有傩戏演完后，所出场的戏子都必须收回桃园洞中。最后由判官为愿主勾销良愿。全堂戏最多可做七天，需要八个人。

要当一个傩艺师，这每一场戏，不管文戏，还是武把子，都能上去演，你喊出关羽，我得行，喊我出女旦，那尖尖脚，我也出得下来。比如这两瓣猪牙瓣，出将军的时候要放在嘴里要暖得转，我们要等这场戏完了，才从嘴里拿出来。当个掌坛师，哪一样都要得行，不容易啊！我们德江有一百四十二坛，有的能出关羽，出不了女旦，有的能出女旦，出不了武把子，文武双全的没得几个。

毕业就是请职，师傅来坐桥，就相当于毕业，意思是我每坛法事都可以做了。坐桥，首先扎坛、开坛、请水、敬灶，还要立楼、造席、安营扎寨，然后团花红。开坛是傩艺师代表主人家，让活人和死人说话，死去的祖公祖婆，为神仙说话，把三个卦打转了，就表示神灵和各项事情都没得问题了，这堂事情可以做了。请圣就是请天上的神仙，包括我们这个三清，上清、玉清、太清，你在天空要腾云降下来、在路中要勒转马头、在江中要调转船头，倒回来，总之，大家都要到齐。

坐桥和全堂法事差不多，多了开牌，就是搭在肩膀上的牌带，还要封牌。假比方（注：比如）我明年要请职，今年要抛水牌，就请这些大姑娘些，十几岁的这些，会缝啊，会扎啊，拿牌带给她看哈，告诉她我们这个牌带要做好宽宽大，她就用布，不管青红黄白绿，都可以，她就帮忙缝好。请职的时间到了，我是我们这周围团转第一个请职的。请职有个职点儿，有阴凭、阳凭，相当于毕业文凭。阴凭就烧到地府去了，阳凭保到自己，等傩艺师死的时候，把两块砖烧红了，才把阳凭放在中间压成灰了。这个灰拿个口袋装起，放在傩艺师心口上，他带到地府去对号：你在阳世做的是哪样事情？我回答说做的是哪样哪样。有没有把凭？有！就把先前烧的阴凭翻出来，对得起。好！就不会造孽了！要不然要遭拷打。

这个做了后，还有开牌，这个牌带上的不是个光棒棒，里面装得有东西呢！里面装得有祖师爷和师傅的生辰八字，还有针线、茶叶。请职也要唱傩戏。有老话说："开牌之时，天地要动；封牌之时，日月要昏。"做完了，最后还要吃饭，请那些帮忙缝牌带的姑娘吃饭。还要铲马料子，师傅站在香火案，就是大桌子面前，徒弟们就在大门口，装两箩苞谷籽籽，门里面一箩，门外面一箩，师傅抓起往门外撒，徒弟抓起往门里撒，撒完后，师傅就往外面跑，引进师就赶紧追出去，徒弟也跟到去。

我们下坛教为啥晚上采茅山法？我听我们师傅摆过龙门阵，上坛教有些徒弟对师傅不忠，遭鬼牵过，所以他们不敢晚上传法了。下坛教呢，只要你把那几项做了，晚上肯定没得问题。

采茅山法就是学秘诀，学法。引进师带起去，师傅要问："你来干啥子？！你是哪个？"徒弟就要答："我是某某人，师傅我找你很久了，我来是学法弟子。"师傅又要问："你是学法弟子，以哪样为把凭？"徒弟就要起誓："师傅，我要是忘记你，天不下雨，地上草不生；忘父母遭雷打……"说了后，就给师傅说要学哪样法，师傅就传给徒弟。师傅还要交代清楚，哪几项事情不能做。整完了后马上在山上打三卦。下山转来后，司坛前面摆张大桌子，大桌子上面摆一把椅子，师傅前头来了就坐在大桌子上，徒弟后头来了，喊师傅开门。师傅又要问："门口来的是哪样人？"徒弟答："我来是学法弟子……"又要说一遍，说了才开门等他进来。徒弟就跪在师傅面前，要有铜钱、水碗、纸钱，师傅才开始传法，边传边挽手诀，边唱边交给接法师："接法师啊，你拿去交与我桥头的亲弟子……"接法师也要唱，要有问有答，接法师教给弟子后，弟子还要烧钱纸……这就是坐桥传法，师傅一切的事情都交给徒弟了，徒弟就得法了，可以自己做法了。如果不得法的话，有些做了要翻坛！就是帮人家做了，相反（还会使主人家）家庭不顺、不安宁。坐桥传法后，把坛拆开，还要给坐桥师、引进师、接法师、保举师、誊录师做身衣服。请职后要行行都拿得下来，才算一个傩艺师。从拜师开始到请职，起码要三年。

我的大儿子已经请职，六岁就跟到我们出去做法事，就会敲锣。我有十一个徒弟，现在有些出去打工了。他们都热衷傩戏、傩艺、傩技，勤学苦练，现在他们都已经请职出师了，可以自己掌坛了。我带徒弟，我也把我所有学到的傩技、傩舞、绝活传授于弟子，"杀铧""定鸡""含红铁""上刀山"他们都会。我对弟子经常都是严格要求的，就像当年学艺时师傅要求我那样要求他们，也只有这样，傩堂戏才能得以传承下去。

人讲礼，神也讲礼

❖ | 安永柏/口述

学傩堂戏首先是因为爱好，还有呢，是家庭穷！那时候生活成问题，吃的就是红苕啊、苞谷啊，米很少，苞谷沙经常吃。我们这个傩戏，没得肉、没得豆腐，就做不起，没得酒也不行，在农村，要这些都备齐才解决得到问题。家庭贫穷，吃饭都成问题，读书也读不起，做这个嘛，还可以找得到饭吃。

我家是祖传的手艺，到我已经五代了。1976年，我十二岁就跟父亲学艺，后来又跟到安明举、安国儒老先生学习傩技绝活，前后我一共拜了五个师傅。1991年请职，以后自己就独立掌坛了。我们这个茅山教，父亲不能坐桥，要请代门师傅来坐桥。

安永柏

我自己也陆续收了十二个徒弟，这十二个徒弟对我还算可以，我带徒弟也真心，没得哪个说我的闲话。德江县，就数我教徒弟教得多点。今天接你们的这个是幺徒弟了。

茅山教的历史我谈给你们听哈。桌上供的这对叫东山圣公、南山圣母，他们是两姊妹，世上涨洪水，全部淹了，太白金星就把他们弄到葫芦里，七天七夜水退了，他们才出来。太白金星为媒证，叫他们两姊妹结为夫妻，他们开始不同意，说："我们是同胞兄妹，要是结婚，要遭世人笑死。"太白金星说："世上人都死了，哪里还有人笑你们！"两兄妹还是不干。妹妹就说，在东面山上放磨子，西面山上放磨心，两个同时滚下来，如果相合了，两兄妹就可以结婚。磨子滚下来，确实相合。又考验了他们几次，他们确实该结婚，两兄妹这才结为夫妻。

后来兄妹两个遭人害，被丢到河里。那些望牛仔（注：放牛娃）看到一对神头在河里，没得身子，身子是遭水里的龙王、虾子咬了吃了。有个老太太在河边洗衣服，认出来这是东山圣公和南山圣母。后来，他们被老太太捡起来供在岩心头，那些望牛娃儿天天上山去和他们耍，唱啊、跳啊。我这个手艺就是望牛娃儿出的艺。跳出名了后，玉皇菩萨就请他们上天去跳，去跳了七天七夜，果然，他的龙位就正了。

傩堂戏就是茅山教，有文化的喊叫傩堂戏，我们乡下就叫茅山教。傩艺师就是杠神先生，又喊端公，也是巫师。我父亲就是杠神先生、掌坛师，我十二岁跟着父亲帮农户做法事，驱邪、杠神还愿啊。比如小儿过关，有些到十二岁就要过，过了后，到二十岁、三十岁又要过，就请我们去杠神嘛。

学艺主要学傩舞、傩戏、傩技绝活三个内容。傩舞就是舞蹈，专门是跳排台舞、牛角舞、师刀舞，这是正坛。比如开坛，做一晚上道场，有开坛、传文、判牲、敬灶、搭桥、下傩网、借兵等等，中间都要跳傩舞。傩戏就是尖角将军打开桃园三洞，请唐氏太婆带路，把正戏的二十四个戏子请出来，还有插戏和牛头马面十二个，一共三十六个面具，一个个表演，这就是傩戏。比如这个开山莽匠，他家住哪里，家有几口人，把他的根由介绍清楚："他住鬼州鬼阳县，鬼扑新师我家门，父亲有名鬼百万，母亲堆金借与人，一母所生三弟兄，三人弟兄都有名，大哥南朝去做天子，管住南朝这帮人，二哥山东去当兵，一去三年就没回来。只有他的年纪小，在傩堂里砍杀五方邪魔……"这些人物都要这样介绍出来。像唐氏太婆只有她一个人，"上无三兄并四弟，专生唐氏一个人……"她的任务就是看住桃园三洞。像关圣帝君，就是关公，关公斩蔡阳就出三面面具。还有个周仓配马。还有甘先生，"他家住河南开封府，定心桥上我家门，大哥南朝做天子，二哥东海做龙王，三哥云南开先定，四哥海底管神兵，五哥云中去保马，六哥马上去保刀，只有七哥年纪小，他在家中管田庄，只有我八郎年幼小，玉皇舍我到农户，家家还愿我要去，户户还愿我甘先生，未曾杀猪先信我，未曾杀羊我领牲……"这是甘先生的根由。如果要把三十六个人物都请出来，要介绍他们，要唱三个小时，开山莽匠、引兵土地、押兵先司、仙锋小娘、关圣帝君、九州和尚、十州道士等等。

土地公公主要是添福添寿。土地的根由这样唱:"家住泸州庐阳县,庐阳城里我家门,父亲有名卢百万,母亲堆金借与人。一母所生五弟兄,五人弟兄都有名。大哥分在天宫去,排得好、排有名,排个天人土地神,他在天宫为土地,模仿雷公乱打人。二哥分在河下去,排得好、排有名,受了玉皇亲授命,排个桥梁土地神,他在桥脚桥头为土地,模仿乱板搭桥闪到人……"

引兵土地要带押兵先司一起出来,东方带好多兵,南方带好多兵,边唱边比动作。我们要把衣服穿起,面具戴起,才唱得出感觉。除了二十四个正戏,还有十二个插戏,每一个戏子都要到桃园三洞去把它请出来,一个一个地出,全堂戏要出三天。《尖角将军》《唐氏太婆》《关圣帝君》《周仓猛将》《开路将军》《九州和尚》《十州道士》《引兵土地》《开山莽匠》《押兵先司》《勾愿仙锋》等这些就是正戏,像《柳毅传书》《郭老幺借妻回门》就是插戏。

比如说《关公斩蔡阳》,关羽把十字句唱了,唱完后把刀甩在地下,周仓就出来。周仓要配马,要带刀带马,关羽才和周仓一路,要过八面桥啊、要过玉林山啊、要过歇马台啊。在歇马台,关羽和蔡阳就遇到了,两个要对话一阵,兵对兵,将对将,丢将过去,甩将过来,两把刀就开始打,周仓是哪边打赢他就哄哪边,他是个哄嘴狗儿……这台戏就是过五关斩六将。

戏唱完就表演傩技,农村有些家庭硬是不顺啊,硬是响动大了,就上刀山过关,或者撒五门大推。把磨子放在肚皮上,几百斤啊,推苞谷,三斤或者八斤,顺推二十八转,反推二十八转,要把苞谷推成面面,拿起去给那些孤魂吃,吃了送他们走。

上刀山。在农村小孩长到十二岁,需要过关,意思就是保佑小孩平平顺顺成长。傩艺师要背起小孩上刀山,有些上十二把,有些上二十四把,有些上三十六把,这是属于上刀过关解结。十二岁以下属于十二童关,十二岁以上属于门关,有阴寿关、断桥关、阎王关,就是去问神仙。小孩很啰唆(注:不顺畅,爱生病),一生下来啰啰唆唆,父母亲就帮他许个愿,满十二岁就请杠神先生去给他杠神嘛,驱邪啊,做了以后,到老都不啰唆了、不生病了。小孩过关,傩艺师要背起孩子过,下来就要踩碗、解结、钻甑子,用十二个倒扣的碗排起,就是十二道阎关,遇到不顺的关,就起刀把碗砍了,把灾难给他解了。过了关然后就是解结,要过关的小孩牵起打了结的绳子，傩艺师唱"翻冤解结词"，十二个结，解一扣就剪一点来和钱纸一起烧。最后就是钻甑子，就是从甑子中间钻过去，钻过去了马上就给小孩换上新衣服，以后小孩就会顺顺当当的。

我最高上过七十二把刀。最高的有一百二十把，这个叫舍身刀，这个法事一般来讲基本上没得人做。听我师傅说，做的时候，刀梯下面，柴方、马都是准备好的。竹签子拿桐油炒，炒了后插在土里，要留三寸或者五寸在地面上，横竖要插一丈二，这个刀梯是掌坛师自己走上去，走到顶撑两把大黑布伞从上面跳下，必须落在竹签外，才不损伤。如果掌坛师死了，那柴方子就归他了，做成棺材把他埋了。如果没死，就扶他上马，那个马撞到哪个，就把霉运交接给哪个，走不起好远，就死了。这种法事叫还人头愿，要上面没得老的、下面没得后代的傩艺师才敢做。这坛法事下来，他如果活起，主人家就要给他养老，如果下来死了，棺材就归他了，主人家也要送他。这个法事过去有人做过，现在没得了。

一般七十二把刀是上寿延刀，假如主人家今年满七十岁，要再添两岁就加两把刀，添五岁就再添五把刀。这七十二把刀朗个上呢？中间一根柱柱，左右两边各绑三十六把刀，这边走上去，那边走下来。光脚板走，要洗脚，要把东山圣公和南山圣母请在刀杆下面，拿血山凝粘起，粘不起不能上。

还有下火海，就是刹铧。铧口拿钢炭烧红，然后光脚板上去走；牙齿咬起铧铁在屋头转；再把这个铧口埋在被条里，过几分钟，再抱出来，被条又不煳；埋在稻谷草里，谷草也不燃；或者赤脚踩在上面，咻咻冒烟但是脚板又没烧煳。这就是刹铧，消灾解难的。

还有开红山。整个德江县开红山的，就数我开得好！我要用杀猪刀开就拿杀猪刀开，要用杀羊子的刀开就拿杀羊子的刀开，要用师坛的刀开就拿师坛的刀开。

开红山，因为包爷许下二十四个人头愿，曹洪是开刀的，他杀了二十三个了，第二十四个才找到张孝。张孝是刘氏所生，张礼是李氏所生，两兄弟都很孝顺。刘氏祖婆得了病，倒在床上起不来，有天晚上，神仙来给她托梦，要让病好，就要吃青龙山上的凤凰鸟。张孝就去打鸟，遇到包爷，包爷把守五关，就没有打到，"要我张孝去了愿，实在阴司不解魂了……"张孝、张礼都是孝子，两兄弟很好，都争当封刀人。包爷看到心不忍，就扎了个茅人替了张孝的身，南天门外三大炮，三炮一响，茅人头就落了。从此有了扎茅人打替身开红山，开红山的血滴在九宫八卦上分凶吉，喝了红山酒，百病消除。

我开红山是拜师学来的，二十二岁时拜桶井乡金朝村七十多岁的安国儒先生学的。我看他开红山，乱钉都没得事，我就拜他为师，每年都去给他拜年，带起猪头肉、白酒去，他喜欢喝白酒。三百五百的钱也拿给他用，他儿子媳妇都死了，只有个孙儿。前年他过世了，我在德江做法事，还租了个车去给他送终。他教六个徒弟，专门开红山，五个徒弟没得用，只有我这个徒弟得用了。有的弟兄在往自己头上钉刀过程中当场晕过去，我虽然也害怕，但祖师有遗训：心中有祖师，牢记祖师字讳，一钉就成功。现在会开红山的也有，但没有我开得利索，没有我刀长。刀钉在头顶，我还要拿起牛角师刀跳，开红山后要请在座的德高望重的人抽刀。出师后，我开了这么多次，从来没有出过事。第一次是师傅给我开，看到血流下来了还是害怕。第二次是有一家几口都生病，要扎茅人打替身开红山，我也不敢，我就去把我师傅请来。因为我们开红山有个仪式，要换一身，把讳画好，样样都整好了，才钉。这些都准备好了，师傅给我钉的时候，我还是怕，当时脸就转青了。第三次就是我自己直接就开始钉，一直钉到现在，没出过意外。在农村，请杠神先生去祈神消灾、驱邪纳吉，做这些的最多了。

一般是主人家要求做什么，我们就做什么。假如说我不行，我就去请另一个先生来做。出去演出，去做法事，我们都是师傅带徒弟或者师弟师兄啊，最少五个人。法事做完了，就把兵马收走，帮主人家把香火安了。回来后还有回坛，把鸡毛贴上去。我隔壁房子就是安的坛——黑虎巡坛。我们出去做法事，就是他们在管。杠神先生请职后就可以在家设坛了。去之前要烧香、敬酒、烧纸，要把师公师祖们请到做法事的那家去，这个意思就是下请帖，把文书写好了。在师坛前，钱纸、香、酒准备好，打卦。阳卦是弟子们出去敞开财门；胜卦，弟子出门去得清净，回得平安；阴卦，帮主人家勾愿。把师傅们安慰好，才开始开坛，道场圆满，或者三天，或者五天，又把三师请回来。回来后，猪头、鸡、羊头、刀头肉、豆腐供起，就是说：我今天到某处去做法事，得了这些外水，拿来回奉你，要保佑某某家无灾无难！这是回师。我出门之前也要打卦，看这趟出门利不利，不利又求祖师爷，哪点没做周到，以后补给你。人讲礼，神也讲礼的。如果顺利，是那几卦打了就走了嘛。平时过节气、师傅生日，就要上香、烧纸、供奉。我们茅山教，传法的时候不能家传，要到山上去传，有引进师、坐桥师、弟子三个人。师傅要问你，你从哪里来？来干什么？回答说来学法，又问学法要学哪些法？要哪些秘诀？要哪些讳？手上怎么比？捆鬼法、祖师诀等等都要学。这个叫山上传法。还有是在桥上传法，师傅坐在法王桥上，要一道法、一道讳地传给接法师，接法师再传给弟子。

所谓法王桥，就是一张大桌子，上面有把椅子，旁边还有个小桌子，学艺的徒弟要跪在下面的桌子上，要跪一两个小时，所以都垫了床棉絮，那个坐桥师傅就坐在椅子上传法。这就是坐桥。我们又叫茅山教，是因为过去要到茅山上去过法，传法的时候要问徒弟前面有人没，要没有人才传；又问后头有人没，要没有人才传。所以以前那些先生没得后人，做艺做得太绝了。这个规矩陆陆续续被师傅们改了。现在是传法了，那些关键的、重要的口诀和手诀要到茅山去传，不能在法王桥上传。

只有坐桥师才是我的师傅，师兄师弟就可以当个引进师、接法师。我拿出来的那个牌带，那些手诀、讳、法全部都在牌带里，祖师爷、师傅生于哪年哪月哪天都有。如果卦子打不转，就用牌带拍几下。牌带就相当于毕业证书，牌带脏了，我们也不能洗，裙子法衣脏了都可以洗。

我现在在拜师傅学戴红锅。引丧车这些，我父亲教不了我，我就去拜师。我们杠神先生主要是怕别五门大锤，怕祭门上将军，怕引丧车，怕祭八庙，主要怕这几样。这些魂藏不好，就要取命哦，有生命危险。

门上将军是第一位取命将军，主人家要先给每人准备根白帕子，杀三牲或者五牲给门上将军吃。杠神先生祭的时候要带笑脸，要抬头祭。

引丧车，也是家里有灾难。比如说，迷迷糊糊的，一觉瞌睡醒了，屋头四方亮得很，那就出问题了，屋头有丧车，就要把这几把亮引出去，引出去就没得事了。引丧车，农村就要起丧发驾。比如说我去给某家引丧车，我头天晚上去，我去请神下马后，还要藏身避讳，把我的魂藏在一个碗里，盖起。把法事做完后才起丧发驾，先生睡在板凳上，像发丧一样抬起走一百二十步再抬出去，还有个箱子，扎了个茅人在里面。引丧车也要画讳，要雄鸡开光。那个箱子要抬出去埋了，才转来放魂。先生的魂在碗里的，如果不小心把碗打翻了，先生可能命都没得了。所以引丧车要请两个杠神先生，一个执法，一个招呼那个碗。我们对面有个安先生，就是去引丧车，回去就把命丢了。

祭八庙，主人家许愿，请我们这些傩艺师去做，在大的庙上，要杀猪、杀羊、杀鸡祭拜。这些牲口是替主人家去还愿的，做不好就伤到傩艺师自己。

这四样，我都不怕，我是祖上的手艺，徒弟也得力。傩堂戏中的傩技绝活"开红山""上刀梯"是所有傩艺师的"打门锤"，主人家要求做，你又做不到的话，那就没得人请你了。没有过硬的绝活本领，还怎么给人家做法事呢？

我带的徒弟基本都可以自己掌坛了，今年初一，省非遗中心组织我们去台湾，我去了十三天，我走了，就是我的大儿子掌坛，做了八家人的法事。我们在当地做，半堂戏一般一千五百块，或者一千六百块，如果出了稳坪，就是两千多块，要加来回的车费，就当出去打工。半堂法事就是一天一夜，如果是全堂法事，就是三天，三千块钱。如果要求扎坛，扎个龙天宝驾，要另外加钱。龙天宝驾怎么扎呢？堂屋中间香火案下面安两张大桌子，立一座大的牌坊楼阁，中间挂龙天宝驾，扎三个门，写起对联，左右两边安两张小桌子，挂主将和副将，分左右挂。用彩纸、竹条、铁丝把三座牌楼上端连起来，再编一个空中大龙头、龙口中吊一盏八宝灯，所以叫龙天宝驾。要做几天法事才会扎坛。唐王叫花李龙去要饭，饭和菜要来后，这些傩艺师吃了，酒也喝了，他就装成酒疯子，他拿起刀把坛捣了，把坛拿到岔路口去烧了，这场道场就圆满了。

如果不扎坛，两边的副坛，有的是挂主将案子，有的挂副将案子。香火中间挂三清图，有上清、太清、玉清。这是司坛案子，还有功曹案子，上刀还有个刀杆案子。从许愿开始，到还愿结束，要请判官来勾愿，"判官坐堂"那场法事，好多人在堂屋站起，身上都冷沁沁的，感到惊骇！这坛法事要一个小时。我最怕"判官坐堂"，怕声音唱不出来。

我们这里八九十冬腊正二，这几个月几乎整天都出去做，农村因为穷，许了愿，不是随时都可以还，没得钱，没得粮食，交不起这个愿钱，要等到秋收。因为"谷子一黄，神鬼就忙"嘛，我们杠神先生那几个月就是旺月，其他的几个月就是淡月。现在是淡月，徒弟些都出去打工，等到八月份，旺月开始了，就回来做法事。铜仁地区这几个县我都去做过，主人家还是很尊重傩艺师。我学这个手艺是祖上传的，我们这一坛还没出过事，其他的也有出事的，那个杠神先生出事是因为喝酒，喝酒后去做法事，做不具体。因为一冬一春都要做，我平时不沾酒，哪样酒都不喝，我就做得清清楚楚。在德江县，讲杠神先生，我这坛要旺点，徒弟我也教得多点。做法事，从祖师爷到我的徒弟，从来没得出过事。我十二岁做起，明年就满五十了，这些绝技，我在二十岁前不敢做，出师后我就可以做了。我父亲平时传我一些，我跟到他出去做法事，哪些朗个做，他跟我说了，要用哪些讳、哪些法，但是他不能上法王桥。

我收徒弟是只要你爱好，能坚持就可以来跟我学，我这坛出去做法事，假如说收一千五百块钱，我带了四个徒弟去做，那么我们每人三百块钱，我又不多拿。假如有四个鸡公，那就分给四个徒弟，我不要。徒弟都在附近，煎茶那边有三个。我的手艺我从来不保守，徒弟们都会，传承人嘛，要传承得下去才行。德江县的领导给我说要带好徒弟，我说，你们放心，我肚皮里有好多东西，我全部传给他们！我自己有三个儿子，都会做，最小的儿子才十五岁，都会跳，跳得相当好。大儿子出去打工了，要回来跟到我做。国家级传承人每年有一万块钱的补贴，我就用来置办行李（注：行头），这些东西一年年传下去，也是个历史依据，我置办了好几套行李。

我从十四岁跟着父辈去做艺，那阵儿又不准整，去共和乡凉水井做法事，又没得面具，又没得案子，人家主人家就不干呢，我父亲没得办法，喊我去给我舅舅借行李，这样才把那场法事做了，主人家高兴了。我记得那场法事我出了个（注：扮演）土地，周围的人说我出得太像了。

茅山教分有上坛教、下坛教、中坛教、师娘教，都是太上老君的弟子。我们傩艺师不做喜事，主要是冲傩和还愿。（比如有人）家里儿子年纪轻轻就死了啊，要请杠神先生去"冲傩"；生了病要请杠神先生扎"茅人"，冲灾消难；家里遇到凶事，要请杠神先生"开红山"；老人过六十、七十岁寿辰，要请土老师"冲寿傩"。三五天道场为"冲天傩"，一天一夜为"冲地傩"。还愿是还主人事先许下的"愿"，比如求老人长寿的寿愿，孩子满十二岁许的过关愿，还有一家人四季平安许下的愿。凡许下的愿如愿之后，主人家就要选个好日子，请傩艺师来帮助主人家还愿。做多少天就根据主人家的要求了。现在主人家是出钱请杠神先生，我记得

（早些年）三块五块一堂法事，我都做过。更早的时候，没得钱，就送粮食、芝麻、花生。

省文化厅、县里面组织我们出去演出，我去过不少地方，新加坡、日本，台湾、香港我都去过。我的表演，不管是傩戏、傩舞，还是傩技，大家都喜欢看。

传衍文脉 3

拨动心弦的布依戏

❖ | 黄成珍 / 口述

黄成珍

我是布依族，从小就住在册亨者楼寨的，这里离县城很近，只有几分钟的路，老家就是寨子的。从最早的一辈人到这个寨子多少代不清楚了，就是黄家在这里住了好久。寨子上姓黄的基本上都是亲戚。哪代从哪个地方迁过来的，这个我没有问，也不晓得，也没有听那些老的讲过。我家爷爷辈都在这住了。我从小就在寨子里面长大的，读书是在县城里面。村里面的小学就是寨子里的小学，寨子里面读一年级，二年级就来县城里读，读二年级、三年级、四年级、五年级。我小的时候只会（说）布依语，汉语不会讲，后来读小学开始慢慢学的汉语，不然都不会讲汉语。老师是讲汉语，当时学的是方言，没教普通话。

我们读书的时候没有六年级，只有五年级，读到初三就毕业了，因为家里面穷嘛。读到初中毕业就做农活，做了一年农活我就觉得累得老火（注：太累了）。州文化局的冯景林老师，还有王恒老师、吴连刚老师下来招演员，参加全国少数民族戏剧会演，我就去考，考演这个布依戏，就考到黔西南州去了，招进去后直接去演布依戏。每个动作冯景林老师都亲自教，我就跟着他学，学演这个布依戏就是冯景林老师教的。后来我结婚是结在红旗村，我嫁在那边去一直住在那里。我没见过我爷爷，爷爷奶奶都过世得比较早。父母以前也会布依戏的，会唱，会表演。父母现在都过世了。我家有五姊妹，两个哥一个姐，我是老四，我还有个妹妹。他们也会唱歌，会唱戏，会吹木叶，这些都会。我哥会拉二胡，哪样都会拉。我家大哥以前也是搞文艺方面，跳舞，唱歌，我也从小就爱好这个。二哥不学这个，他不喜欢。现在我哥忙了，年纪又老，他都不参加这些了，忙带孙孙，只有这些嘛，反正儿子姑娘全部去打工，为了生活，只有在家带小孩，煮饭。我哥和我，村里面年轻娃娃，从小都会唱这些山歌，戏，基本上都会唱，但是像我家姑娘这些小的都不学这些，现在他们都不想学，他们以挣钱为主要，要学这些都是我们这种年纪或者再年轻一点的那种。我从小就喜欢这个，我还在读书时，我看人家放《刘三姐》那个电影，就特别想学，我听到人家唱的歌非常好听，我就想，总有一天我要去唱歌，要去跳舞，那时候就有这种想法。那时候看电影是在这里的电影院，就是县城的电影院，从我家下来只有几分钟就到了。那时候就是唱山歌，对歌，有对唱。要是今晚上你上寨子里去，都看到我们也排那个，浪哨、对歌、打糠包这些。浪哨就是男女青年谈恋爱，也是情歌对唱。现在这些年轻的都不唱浪哨这些歌了，以前我们唱哟。以前我为什么来演这个布依戏？晚上不读书了，就去大桥那里坐，想唱歌就唱。男生在那边对，女生就在这边唱。当时我声音还是有一点好，跟他们对唱，对唱一晚上。州里面的那些老师路过，就问哪个声音这么好，晓得是我后就喊我去考。那时候我十七岁，初中毕业已经在家里面了。那时候男男女女去考的有很多人，最后就录取我一个人。男女生都去的，县城里面也去，农村去考的也多。当时学歌的时候，我记不清楚学的具体人数和名字了，这些东西普遍得很，整个寨子一上山放牛就唱，随便唱，随便听。我爱好这方面，听熟了就会唱了，木叶也是乱摘一张，看他们吹我也是拿来学吹。那时候没有正式的师傅，也不兴拜师，反正唱的这些歌普遍都有，就是民间的山歌。山歌跟布依戏还是有区别的，布依戏是又有台步，又有手势，各种各样都有，这个要有老师教，没得老师教不会。我的布依戏是冯景林老师教的，他原来是黔西南州文化局的，专门来教布依戏，我的比较正式的老师就是冯景林老师，其他还有省里面几个老师，我都记不得名字了。冯景林是汉族，他就是教布依戏，所以他对这个布依戏很了解了。那时候我们是一堆人在一起学，我是参加考试了，考演布依戏后参加他们布依戏队的。我参加的这个队是州里面的，当时要发工资，一个月得四十五块钱。钱也不少的了，当时一盒火柴好像要一分钱。当时学戏首先是在册亨学，太热了又搬到安龙那边学，在册亨好像学得一个月吧，就搬到安龙去了。安龙学到九月份，学了三个月吧。接下来就是一直排练，省里面的黄普忠老师、方华琴老师，还有几个老师接着在安龙排，排了参加全国少数民族戏剧演出。演出一结束，我就在州歌舞团又学习一年，在那里练功，各人唱歌，也没有什么老师正规地教你，只是练基本功。真正学布依戏还是冯老师教，学传统布依戏，走台步，还有手法、眼法这几方面。《罗细杏》，我学这个，我也演这个，最开始就学《罗细杏》。他一点点地教，教了几个月。学布依戏是在安龙学的，在这里只是学走台步、唱腔那些。那时候学戏，当时是喊一个来学，学了喊我先在那边看，看他们表演，关键是看那个秦松芳表演，冯老师讲你认认真真地看她表演，反正有你的角色了嘛。我认真地学、认真地看，背那些剧本。背剧本不辛苦，当时我十多岁，一点都不累，我一天跟着排练，一唱一天到晚也不觉得累，也记得到，学得快。吴老师弹钢琴，看你唱好高的调子这种。我是用布依话唱，《罗细杏》都是用布依话唱，翻译好了就直接唱布依话了，就是用汉语翻译成布依话。剧本全部翻译成布依话，台词也是布依话，还有歌词也是布依话。当时没得学什么乐器，只是学唱，学表演，背台词那些。现在懂得弹点月琴，整得马马虎虎；木叶是随便都能吹；二胡乱拉，拉得乌七八糟。那时候也不得人（注：没有人）专门学乐器，演员学演戏，不学什么乐器的。后来，在文工团待了一年之后，我回册亨了。当时我们那帮学员家里面又穷，学完了就让回家了，回家了在农村就结婚了。我老公是读书的时候认识的，那个时候就要朋友了。1997年，县里面要到州里面比赛，搞什么戏剧比赛，他们找不到人表演，我在家做农活，他们去喊，一喊上来，我又重新拿这个布依戏《罗细杏》去比。我觉得做农活这么辛苦，冯老师还有王团长他们又下来喊，我就说我好好地演，认认真真地做，我要做好。他们喊了几个人来学，都学不会，我就直接上，去州里面又得奖，回来就喊我直接在文化馆那里。当时我已经结婚，有三个孩子了，在家里务农。我在家做农活，好后悔，又好想唱歌，那段时间，我做农活累，休息我都想到演戏，想演戏想唱歌，有时候想哭。1997年回来，就在县文化馆上班，两百块钱一个月，反正大大小小活动都一直参加，县里面、州里面、省里面，像今年搞那个"多彩贵州"歌唱大赛，我都一直参加，反正在县里面也得奖,州里面也得奖。现在,他们给我一个月四百块钱,但是我不上班,有事情喊我就来,没事情喊我就不来,像州里面,哪里搞演出喊我去我就去。前几年,我在武警黔西南支队那里专门搞那个八音坐唱演出,我一直在那里参加演出,也是演布依戏,唱歌,在兴义。在兴义是二〇〇几年了,我也记不清楚,我在万峰林万峰观景台景区演出,我又在万峰林景区那里专门搞演出,又在那里一年多,又在(马岭河)峡谷那里,反正我一直都是搞这方面的演出。在那边搞了一年多,后来又回册亨来了。做不成生意,身体不好,一个是不方便,再一个家里面上有老下有小,你东奔西跑也老火(注:辛苦)。布依戏的剧目都是传统的,新编的好像都没唱,传统的剧有《罗细杏》,还有《福喜兰祥》。我在武警黔西南支队那里我都唱《福喜兰祥》,以前在安龙也排过《一女嫁多夫》。布依戏十多年来在内容上面、表演方式上面也有变化,有些自己加、自己改这些。怎么加法呢?加一些手势,像县里面的人去四川学得一些老师教的手势、手法、眼法。唱腔就是以前学的那个,没什么变化的。我们现在成立得有艺术团,但是都是业余的,像我们这种农村的,白天做农活,晚上九十点钟来排练,都很晚,都没时间,忙得很。我现在在红旗村那边有自己组建的布依戏团,有两三年了。平时,像过年、人家结婚,办哪样红白喜事,都要邀请我们去,都收费的。请去表演,一般当天去当天回来,演片段还有演歌舞,不只是演布依戏,样样都有。一个人一百块钱都算好的了,一天一百块钱,服装和道具都要自己带过去。我们去过贞丰,去过兴义,贞丰是祭山节,兴义是搞那个宣传民政方面的,都是政府办的那些活动邀请我们去,也要给一些费用。我们周边村寨的红白喜事,参加也没有多少费用,我们这里的人不像兴义那边的人,要是我在兴义那边就搞到事(注:好)了。在兴义,像陈林珍他们那边,每一个星期都有几次演出。我们这里,人家请你,路费又贵,又不得好多人请,请得很少,不像上方,上方请得多。兴义、云南、广西那边多嘛,我们没得打这个广告,没得宣传这方面,宣传太少了。反正,人家办丧事都请的少,结婚这种请得多,还有贺寿这种也请。贺寿,我们就唱那些贺寿歌,就是喜庆的歌。

  八音坐唱跟布依戏的唱腔基本上相同,像我在武警黔西南州支队唱那个《福喜兰祥》,都和布依戏的唱腔基本上相同。

  年轻娃娃感兴趣哟,像这久(注:这段时间)我们排12号,去平寨搞MV拍摄,我晚上拍，那些小娃娃都看我演那个《罗细杏》，他们也喜欢看哟，老小都喜欢看，排练了好多个月，看了笑，有好笑的地方。《罗细杏》要是全部演下来要一个小时，有四场，演员有十多二十个，群众演员多，最主要是竹筒情歌，人也多，还有那些家丁，家丁武打，主唱还是细杏唱得比较多。我姑娘就是演这个戏的，她是去年开始学的。从去年我就教她布依戏，以前是教她唱歌，唱布依歌和花龙，还有唱这些民间的山歌。去年有这个布依戏大赛，我就直接教我姑娘和万举——亨通艺术团里的一个男生，男主角。也是和冯老师一样，一个动作一个动作地教，还有唱这些，都慢慢教他们，难教得很，但是难教也要教。我把《罗细杏》搞成那种压缩版来参加比赛，二十五分钟，要是全部教有点老火，他们一个人都不会演。演罗细杏家妈、罗细杏家爹，还有唱，还有动作，还有教，全部都是我一个人，还有那些打击乐的，多得很，不讲了，讲不完了。教年轻人好教，你教那些老的，他们简直学不会，教像我这种年龄的，难学得很嘛。一个是记不住，二个呢，全部都是大文盲。要是他们不做农活这种，认认真真地学一个月，我就教得完了，平时忙就老火了。平时都是晚上教，白天都没得时间，做农活，都忙得很，像他们这久忙，我排这些台词都搞忘记完了。我说我教你们这些不是说要用的时候就现来学，教要记住，记不住又让我教一次，这种老火（注：不好）嘛，平时就应该把它记住嘛，平时应该喊他们记起。除了我家姑娘，我教过的还有刚才那个男生，还有寨子里面的那些演戏的，我在（马岭河）峡谷的时候我也教过韦珊珊，教过那些。凡是我出去，这种搞布依戏的人我都积极教他们，教台步，教唱歌，教他们发音。我也没有办什么培训班，实际上都不收费，教这些收什么费啊，不收费。我有两个儿子、一个姑娘，两个儿子读书，他们不学这个。一个在重庆医科大学，学法医的，读得一年了，今年是第二年，从小他就认真学习；另外一个儿子也不学，二十四岁了，在县里面的消防队，也是打工的。县里面没有搞那种文化遗产进校园的活动，让去学校里面教学生。寨子里，小姑娘、男娃娃有在学的，有爱好的就来学，不爱好的就去打工，现在生活老火（注：不容易）。我家姑娘，1991年生的，今年二十二岁了，现在读电大了，没有出去打过工，在多彩贵州艺术学校学唱歌跳舞，也是原生态。在那边学的都是苗族、侗族歌舞，其他民族的也学了的，实际上也没专门学布依族的，毕业之后就分配去开阳南江大峡谷实习。现在我就想喊她来文化馆这里，来亨通艺术团这里，让她学这些民歌、学山歌、学布依戏。学这个布依戏，我不教我家姑娘就没得人学，这就把我所学得的东西都全部丢了。她学会了，让她传承下去。现在年轻人愿意学的越来越少了，我家姑娘也喜欢这个。学这个东西刚开始的时候有点难，因为没接触过戏，只是唱歌，难是难在那些表演要投入感情，眼神、手势，比如说我们平时讲话"你去哪里"，戏里面就要用"你要去哪里"，反正就要用那种口音腔调来讲。这东西要一点点去讲，他们才领悟得到，每一句话、每个动作都要慢慢地讲，慢慢地学，教他们做到位。

现在整个册亨会唱布依戏的有乃言、板万、者术、者弄等，多得很，我想不起来，都有唱布依戏的，现在成立的队都十多支了，唱布依戏的多。我们这个队成立三年了。有时间我要写我们寨子里的一个故事，要是把它写好了，我们就准备排这个新戏。那个故事我已经写了两篇了，四五月份写的，一篇是《蚂蚁坟》。《蚂蚁坟》不好排，还有一个，晓得大概那个意思，短了，还要加七七八八的东西，加一些好玩的，但是都没得时间写，太忙了。《蚂蚁坟》的故事是平寨的一个故事，说是平寨那里有一棵大树，也是那些年轻人谈恋爱的地方，就是把寨子里的那些民间传说改编成布依戏。我是这么想，把民间传说得很好的那些拿来加工，加工了给它编成布依戏，加一些音乐，加一些我们那里的唢呐调子，有很古老的那些调子，拿来编成歌。这个事情要是不忙就好，像我在这里又忙啊，现在又要搞这个拍摄，整完了又要去贵阳比赛，县里面又搞这个布依戏，又由我来演这个老姑妈，还有一摊的（注：很多）台词要背。我们现在打造这个布依戏，我们要拍成一部电影，新的故事，其实也就是布依戏，现在叫作现代布依戏。我当老姑妈，台词也很多。反正我想写这些、搞这些都没得时间，实在忙，忙完一样又是一样。我又写一些剧本，想演这些都没得时间。他们搞这个演出任务，又整一首歌，歌的名字叫《布依儿女心向党》，拿给我看一早上，喊我去唱，我也不会唱啊，又喊翻译成布依话，看了下布依话都整不成，觉得好辛苦、好累啊。特别是去年年初，新华社、中央电视台那些来，开始预定的说只有四十分钟，一整下来几个小时。

今天晚上排的戏也是《罗细杏》，因为他们要拍摄这个MV，搞这个党建工作，规定要这个戏，还有浪哨，还有小打音乐，还有拦路酒，都要把它表演了拍成MV。他们练这个练好久了，练了又做农活，一不演出就做农活，一做农活就搞忘记了。

有时候晚上他们人也来不齐,像昨晚上那个整到十点钟才来排练,排到十二点过钟,每天都这样。今天晚上又有几个乐队被请去吹唢呐了,晚上只有两个乐队了,两个拉二胡。排练演出经费有时候是大家也凑钱,县里面也支持的,他们不支持我们搞不成,买乐器都是县里面拿钱给,现在的乐器贵哟,就是那个板古倒是不贵,两百多。其实我们当时搞错了,不应该用板古,应该用那个竹子筒筒来敲,相当有特色,当时买这个板古都没想好。还有大格胡就要一千多块钱,那张幕布那么久还没做,要四千多块钱。

跳得好就有人喜欢

❖ | 李金英 / 口述

我只读过小学一年级，不太识字。我有两个女儿、一个儿子，大女儿嫁到仁怀去了，已经生了个儿子了。她们两姊妹都会跳锦鸡舞，会吹芦笙，都会刺绣做衣服。小儿子才毕业，以前在排调读书时，放学回来他爸爸都带起学吹芦笙，他也喜欢学做芦笙，现在已经会调音了。他在学校还带一队跳锦鸡舞，得了第一名。他去年到今年在广东惠州一家酒店实习。供儿子和大姑娘读书的费用是家里最大的开支，一年两万多元，读书都是在凯里。希望儿子能找到工作，如果不行就回来接他爸爸的班，做芦笙也很好。对两个姑娘，经济上我们都帮了不少，现在大姑娘家好起来了，就不帮多少了。希望两个女儿都能学好绣花做衣服，把我的手艺传下去。

李金英在制作锦鸡舞的服饰

没结婚之前，我就是在家干活，学刺绣做衣服，还跳舞。1984年结婚时我十九岁。我和老伴是这样认识的：我舅爷到他爸爸那去买芦笙，芦笙送来我们村，他就吹芦笙，我就跳舞。我们两家有点挂亲，挂了四辈亲，会有多点机会见到。我喜欢他吹芦笙，他喜欢我跳舞，然后大人就来提亲。结婚时杀了三头猪，亲戚都抬酒、抬米来。结婚后都和父母住的，起（注：盖）房子起了四年，没得时间，有点时间就起。起房子时我们这里看不到风水方位，有块地就可以。2009年才搬来新房子住。

我家里还种田的，有四亩地，一年能打三千斤谷子，冬天就荒起（注：撂荒）。田里也养点鱼，就是田鱼。还喂了几头猪，不多。我们赶场去雅灰，也去排调。我和老伴从来没有出去打过工，没有时间去。我就去过丹寨、凯里这些地方，去表演和比赛，其他地方没去过，没时间出去。

老伴支持别人很多，去教别人做芦笙没要钱，有时还做芦笙送给别个。一个月他可以做四支锦鸡芦笙，一套卖四千左右。主要是我们（短裙）苗族人买，也有汉族人，也有其他苗族人来买。我们村只有两家在做芦笙。家里收入主要靠我做衣服和老伴做芦笙，做芦笙收入多一点。我做一个月最多得两千块钱，老伴做芦笙最多五六千块钱。养的猪都留着自己吃，不卖。种的粮食也留着自己吃，种得有水稻、洋芋和苞谷。每年能收几千斤苞谷，收苞谷的时候要请马来拉。收谷子时，如果天气好就各家收各家的，如果天气不好，赶着收，就请人来收，一天七八十块钱一个人。插秧也得请人，我们自己干不过来。

我有好多照片，（李金英逐一展示照片）比如这几张是得到国家级传承人称号之后好多记者来采访照的。这是在凯里遇到另一位国家级锦鸡芦笙舞传承人余贵周照的。这是在州政府领奖时照的。这是在丹寨卡拉旅游村接待北京来的客人。这是"两赛一会"在州里比赛，是比刺绣，那次没得名次。这是和省级锦鸡舞传承人一起。这张上面跳舞的都是我徒弟，跟我学跳锦鸡舞的。这是2009年得传承人证书时照的。这是把我的服装给一个学生姑娘穿，帮她打扮好。这是我大姑娘。这是我老伴、他爸爸和余贵周的哥哥。这是2005年在排调参加锦鸡文化节。

我妈妈叫张贵英，我跳舞是妈妈教的，做衣服也是妈妈教的，在原来村子里她是技术最好的，还有别的姑娘跟她学。我七八岁就跟妈妈学跳舞，学刺绣和做裙子。刚开始学做衣服最难。以前我们穿的裙子基本都是黑的，也绣不出这种花，大概三十年过后就改成这种棕色，绣的颜色更多。

大概在1995年就开始做裙子来卖了。那时丹寨设立有文工团，他们晓得我老伴做芦笙，就让他做了抬去，还问他我们有没有服装，他说有，开始就是借给他们演出，后来就买我做的衣服。做给他们有百把套，县文工团的要，凯里歌舞团的要，学校学生也要。要这个衣服裙子的不那么多，所以有人要的时候就做来卖，其他时候都基本是做来自己家用。

（李金英指着正在折褶皱的裙子）这裙子是做给别人的，要卖掉的。（卷褶这一点）要一天，一天能做三层，捆在木桶上两三天时间就可以成型。布是自己织的，是棉的。以前自己染，现在没有栽菜（注：栽制作蓝靛的植物），就到别家去染，十块钱染一斤布。一般我拿一二十斤去染。裙子卖到丹寨、凯里、贵阳，还有北京，北京博物馆的有来买。晓得我做得好，都是他们来要。现在一条裙子两百块，绣的短围裙五百块，花带一根两百块，一般要七八根。整套加上戴的项圈，要两万多块钱。戴的项圈头花，现在都是白铜的，没有银子。一些人家有老人留下来的银子，我有一些。项圈要戴两三个。绣前面这一条短裙要一个多月。我还做着其他活路的，家里的地里的活路要做，这一条绣裙要卖到五百块钱。现在是用丝线绣，以前是用毛线绣，丝线要绣得慢些。绣都不用先画图的，直接绣，图案都在手上，颜色都在心里。衣服是买布来做的，有绿色的、蓝色的、黑色的。裙子的布是自己做的，一天能织大概一米。有些人是整套衣服、裙子买，这些我都做的。

我们民族喜欢跳锦鸡舞。老人说我们祖先从江西来，有一对夫妇从这条河上来，穿山来，撞到锦鸡，打那锦鸡，剥开来看到锦鸡肚子里有谷子，他们就用谷子在这里开田种，种田得吃了，就高兴，芦笙就吹起来，锦鸡听到芦笙响就跳起来，女人就学锦鸡跳舞，传说是这样。现在我们都不捉锦鸡，坡上都还有。我们裙子后面的花带就像锦鸡一样，头上挽的头发也是像锦鸡的头。祖先多久来的，我不晓得，只晓得很久了。我们这里与世隔绝，住在这里有几十代了，千把年是有的。

我们这里过节，哪家办红白事，都要跳锦鸡舞；还有别人请去演出，有时去比赛，都要跳。春节、大年十五、吃新节、三八节、苗年这些节日都要跳，在寨子里跳，跳的那天不定时间，吹起芦笙，妇女就打扮好去跳，吹芦笙的人最少有四个，跳舞的不限人数，越多越好看。

这里短裙苗有十几个寨子，搞比赛、搞活动的时候就会聚在一起，比如跳舞比赛、唱苗歌比赛，每年都有，主要是在过年那时候。哪个寨子得钱支持，哪个寨子就主办，钱主要是用来发奖品。有以队来比赛的，也有个人的。跳舞比赛我总是得第一，所以就得了国家级传承人的称号。

跳舞可以找对象，一个看一个，还比赛，看哪家的花绣得好、衣服做得好，看哪个的舞跳得好。做得好、跳得好，就有人喜欢。吹芦笙也一样，看哪个吹得好。寨子里大概百分之三十的年轻人会吹芦笙，不是家家都有芦笙的，一个寨子也就五六套，分在五六家人家，过年过节吹芦笙的时候就拿出来，大家用。一套芦笙最少有四把，把把都不一样，声部就不一样。现在芦笙比以前多了，但是对吹芦笙有兴趣的人少了，主要是年轻人——吹芦笙的主力，基本都出去打工啦。

现在学跳锦鸡舞的主要是学生，读书放假时学，大部分小学、初中的都学。其实不难学，都学得到，还可以参加学校里的活动。小娃娃也有服装的（跳锦鸡舞的传统服装）。锦鸡舞以前跳的动作少些，现在多了，吹芦笙时的跳法也有变化，主要是步法多了，半步的、三脚动的、两步一走的，都是新的步法。

等以后姑娘出嫁后，我老伴想找几个徒弟来跟他学芦笙，几个来跟我学锦鸡舞和做衣服。我想吃得好点，穿得好点，电器再添一点，家里整好点，就可以了，其他也做不了。如果能找个轻松点的活来做就更好，如果只做衣服就轻松点，没抬没背重物，开开心心的就好，希望多了怕做不到。我老伴以后想养鱼来卖，就养田鱼，米打苞时（注：稻子开始灌浆结实时）就可以吃，一年可能能养两百斤。

跳锦鸡舞和吹芦笙会传下去的，但是现在年轻人打工的多，学跳锦鸡舞和吹芦笙的比以前少。我带的徒弟多，有七八十个，跳舞的、刺绣的，跟我学的都有，不用拜师，想学就可以来学。有传承员，定期来我这里，我打电话约她们来学，主要学做衣服、裙子、花带和刺绣。一般她们外出打工回来就约着来学，一次过来十几个。如果多数出去打工了，一次就七八个。一起学比一个个地学要学得快些，哪个想学的自己就过来。锦鸡舞主要是年底过年跳舞的时候教，平时也教，但要少些。我的学生外出表演比赛好几次得第一，一个队有几百块钱奖金，还发毛巾作为奖品。一个队伍一般十来个人。排调镇有两个学校有教吹芦笙和跳舞的老师。我们老了，不会请我们去教。

我们苗族的东西都要传下去，不能忘掉：女孩子都要学会刺绣、做衣服、做裙子和花带，要学会跳锦鸡舞；男孩子都要学会吹芦笙、跳芦笙舞，有喜欢的要学会做芦笙。我自己要把家里支持好（注：家里的活儿做好），对学生也支持好（注：教好）。如果能有点钱给学生的话，或者提供学生吃住这样，学生就可以少出去打工，可以学得更好，来学的人就更多。如果给我五千块钱，我要办锦鸡舞跳舞比赛，要组织刺绣做衣服的学习，然后也比赛。

满足新的文化需求

❀ | 梁秀江 / 口述

梁秀江

我家是布依族,祖籍是山西太原,但是从哪个朝代迁往这里的就不清楚了。家谱里面记载的,被追杀就避难,先是躲到河北邯郸,再就躲到福建,然后就躲到广东,在清朝的时候我们家老祖又犯事了,发配充军到云南,又躲在广西,慢慢地就躲到巴结。原来巴结是属于百色行署管理,以后划归为贵州。巴结那里风景比较好,四面环水环山,水环绕山,比较好看。梁家有好多代了没有记载,因为布依族没有文字,没有文字就没有记载。我们小的时候,在寨边挖得一个铜具兵器,后来他们就卖给收废站,后来公社发觉了就去要回来。这个铜的兵器可能是三国以前的,反正有很多年,三国以后用的就是铁了,所以肯定是因为巴结那个地方那个时候已经有人居住。

我是1950年8月出生的,就是出生在巴结镇的田寨村,田寨村边上有几个寨,但以巴结这个寨比较集中,人口比较多,达到四千多人。我在巴结读书时镇上只有初中,然后又到云南读高中,高二就没读了。布依族和汉语两种语言我都会说,因为巴结的人在外面跑的比较多。因为土地少了,经商做生意嘛。我老爹梁德超十五岁就参加土地改革,十七岁在巴结乡当乡长,就是解放初期,那时他年轻,当时处理那些土匪恶霸,所以得罪的人多了。以后他在巴结的一个厂里先是当副厂长,后是当工会主席。后来因为我母亲得瘫痪病,他只有四十八块钱一个月的工资,养不活一家人，所以他就跑回家来。他是1965年就跑回农村的，因为我家妈还有我家奶奶在农村都有土地的。我有四弟兄，有两个妹。我们太小了，我父亲一个人养不活我们姊妹。我有三个子女，两个姑娘，大的一个姑娘在当地，结婚了，娃娃都有两个了，小的这个嫁到菲律宾去了，儿子是老二，在香港，在洪金宝国际影视公司。我是布依族，我老婆是汉族，我大的那个姑娘也是嫁给汉族，小的这个姑娘又嫁给老外。

关于八音坐唱，我父亲母亲都不会，爷爷也不会八音，只有表爷爷（我爷爷的表弟）会。我是跟着本家的伯伯还有这个表爷爷学的，还有一个我们喊表大爷的，叫王朝什么，这个想不起来了，是父亲这一辈的长辈。八音一起有十多个人，乐队的打击乐器就有十多个，反正你跟着学嘛，就一样一样都得摸，每一样都要学。那时候是大约1965年或1966年，我十五六岁了嘛。1966年"文化大革命"那个时候，正是正儿八经学的那段时间，冬天在自己家火炉边，夏天晚上热了就在院坝那里乘凉，就学点。当时村子里面有个八音队，但最主要的是跟着家里面这些亲戚，跟着伯伯、表爷爷他们学。"文化大革命"时不准学，悄悄地学的，这些八音唢呐，还有唱布依山歌这些，当时都不准学了嘛，自己悄悄在院坝里学，反正也不可能大张旗鼓地教学。我父亲他们这辈当时都没学过八音，没有学，因为他没有机会学，他十五岁就参加土地改革，十七岁就当乡长，忙了根本没有学习的机会嘛。学习八音，我们这辈没有举行仪式，我伯伯那辈就举行仪式。举行仪式就是拜师，开始的时候就杀鸡，杀鸡后就洒鸡血，然后就拜师，跪起磕头，大家就磕，就这样就可以教了，如果你不拜师就不教。我们这一代就不兴这个仪式了，不拜师也算正式的师徒关系啊。

那时候八音的所有的器具都是一个一个地来全部教完，还有唱，主要是唱，唱也要教。因为就像京剧那样，你要把它的音等各方面都会唱，你不会唱，你光是乱唱就不好了。它也是曲艺型的。也有光拉琴不唱的，因为他嗓子不行，他就是跟着混那种，跟着混嘛，反正会拉一样就行了。如果你想把它全部学完，也没有几个。当时学唱的内容就是祝词，就是祝人家什么年生好了，好日子了，接媳妇以后子孙发达了，就是这些祝词，其他没有。最开始教的时候教的都是祝词，祝词内容可以变换，之后也有创新嘛，你自己添加点新鲜的语句进里面，不一定按以前老的那个，但是曲谱哪时候都不能更改。曲谱不能改，词是可以变的。以前我去云南纳西，有一个老者，他就不允许篡改他的曲谱，当地的文化主管部门就讲，你不准篡改我们就不篡改，就在京剧里面演，比如这里有八音，那里也有八音。那个老者自己有个队伍在演，大家就跑去听那老者的，不管他的音调好不好听，哪个都愿意听那个原生态的，就不愿意听现在改编的。我们也有这种感觉。

我觉得布依的八音和他们那个纳西古乐大部分都是相同的，它的韵律平稳，它不是高亢的那种，差不多一样。在以前，我一接触这个八音的老辈子，他们就讲，这个八音，我们布依族以前并非就喊叫八音，以前喊叫八大行，它只是吹敲，没有弦乐。后来因为我们布依族的山歌非常丰富，唱三天三夜不睡觉也唱不完，三天三夜坐起对唱嘛。比如说你要上厕所你就要唱首歌邀请，上厕所不是这样讲的，是讲喝水，喝到肚子里，胃怎么怎么样，会撒成尿，他不直接讲撒成尿，然后又讲急，急呢又想去方便，所以布依山歌三天三夜绝不重复。每唱句山歌，不直接讲。比如你要找哪个姑娘玩，你唱个山歌去逗她，不直接讲她怎么怎么长得漂亮了，和你玩，不是这个意思。他讲的是那座山怎么有棵树子，什么树结什么花，这么漂亮，他想拿手去摘，想怎么怎么样，也就是像诗词里面那么含蓄，像杜甫诗词里面那么含蓄。所以我发觉这个布依族虽然没有文字，但是有智慧。汉语来唱这个不丰富，没有真正布依语唱得丰富。八音主要是在这些场合唱，比如说新房建屋，还有嫁娶，还有就是满月祝贺这些方面，还有就是人家哪家孩子考取大学，请八音去祝贺，是这种意思。老人过世不唱，布依族老人过世了，就喊这个……我们喊叫老摩，老摩就是道士。老摩他们念那个经文，用的也是汉字，但是有标点符号，他在唱的时候嘛，像和尚念经那样念出来，但是跟八音这个完全不一样。

开始学八音的时候，也不感觉难度大，比如说像这几天天气热了，天气好,（大家）都坐在院坝大树底下乘凉，乘凉都聊天，一吹就唱歌了。唱山歌了，一句句地教，今晚上教句把，明晚上教句把，教你一段一段的几个音节，几个音节几个音节地教你，这样就容易记了，也不难。那个乐具一般都是很容易学的，比如说拉二胡、弹拨，弹拨比二胡还要难点。这个弦乐用拉的，用拉的就不容易了，它没有像弹拨一样有卡，你按在那里按死了，音就准了，这个由你指拇自己去找，挨着听，听起来黄不黄（注：音准不准），哪个音在哪个位置，你就挨着去听了，听准了然后才行。就是一起去学的有十个八个,别个拉不黄,你拉这个就拉黄,所以这个二胡好几年才学得会,要拉好几年。

我伯伯、爷爷那辈有谱子,但不是现在的简谱,是那种斜角斜角打个标点,就两个斜角凑在一起,然后哪个打个标点标音高音低,现在的这些人看不懂。到我这一代就用简谱来记,以前那个谱就看不懂了,那是少数民族自己创造的谱。在"文化大革命"的时候,所有的乐器道具被拿去放在院坝里,由那些红卫兵打砸,喊什么"牛鬼蛇神"这些旧的东西,就全部拿来堆在院坝里,还有穿的这种衣服道具全部放火烧。烧了之后肯定是没有时间弹和拉了,中间空白了好多时间没有接触这个东西。1972年以后,又开始整来拉,石蚌的皮子一蒙,然后扯马尾做弦又来练嘛。但是那个没人教的话也不好做,没得人教,自己想象。被烧烂的那个东西都是蒙的,听老辈子讲是拿蛋清揉那个石蚌的皮子,揉了以后就使劲地绷下去,拿个箍给它箍紧,它一干就粘好了。弓子就去扯马尾捆在一起,洗干净以后就拿松香擦,那些松香山上多得很,去抠,那个时候就是这样弄的。

那时候,我跟着梁卜盖学八音,还有罗卜英。罗卜英是班首,八音班的班首,当时这个寨子里八音就是他的技术最高。当时还有一个罗卜欢,他们当时都是八音水平最高的。当时跟着他们一年学一点,断断续续跟着学了好几年,恐怕有个五六年才能和他们去演出。最开始学的时候是不能参加演出的,你还没学好人家就不要你,怕你把人家(的演出)整砸了。以前就是帮人家,哪家请我们去演奏就去帮忙,人家会请吃饭,就是比如明天去哪家祝贺,今晚卜请你来吃一顿就去那家了,一般要唱几个小时。然后到我伯伯那一代,人家兴拿钱给了。最远的到广西马街,有二三十公里,基本上周边的寨都走差不多了。"文化大革命"以前,经常有人请,"文化大革命"时就没人请了。1978年那个时候开始又有人请了,请了嘛,就去演,就到安龙这边练,还请去广西隆林那边练。那时候一个八音班子,如果是去远处,十六到十八个人,在近处是二十几个人,因为远了,带这么多人就不方便了嘛,走路不方便。

以前没有女人参加,我表爷那辈就没有,伯伯这一辈就有了,就开始有女生唱了嘛。原来是不用女生唱,是男生唱,男生就假嗓,到女声的时候他就升八部唱,到男声的时候他就原唱了嘛。现在的八音队一般都有女的了。

现在的八音和以前的八音有哪些变化呢？服装倒是没变化的，但是这个唱词有变换，还有现在的节奏比原始的节奏快一些，现在因为要赶现代人的节奏，慢慢腾腾的人家就会觉得累，所以就把它调整下，有些不应该要的部分就不要了嘛，从简。旋律就给它改得欢快点，以前慢慢悠悠的。词也可以改，因为根据现代人的需要，老的词现在的年轻人不一定听得懂讲的是什么意思，以前那个讲的是绕山绕水概括性的，现在直截了当地讲。

现在的八音嘛，有部分年轻人不感兴趣，有部分还是感兴趣的。最主要因为现在的小娃娃嘛，他老的（注：长辈）怕他读书读不进去，怕成绩不好，所以老年人不让他来学，因为对学习有影响。但是有部分年轻人学着玩，他不是以这个为生。现在我们那地方，你去演唱，哪个都不愿意要钱，比如说我们村里面哪家办喜事，那家人就请我们这个八音班去吃顿饭，去帮忙。人家拿钱给你，你也不好意思，所以现在不要钱，但是现在（不要钱的）范围只能是在本寨。另外有一帮喜欢搞这方面的，又是吹唢呐，又是八音，把唢呐吹够了，吹得感觉没气了又来演这个八音，白天是吹唢呐，晚上就来演这个八音嘛。所以现在那帮人你喊他们去哪里，好远他们都去，你给钱他们就去，一个人给个五六十块钱，一天赚个二三十嘛。

我高中毕业之后就回到寨子里务农，后来建设电站淹了寨子，寨子里的人就移民了，移了有几百家。1995年，我们搬迁以后，有部分人在顶效，有部分人在纳录，有部分人在坪东，还有曲山这里，所以每召集大家来演出一次，打电话都打够了。以前都不爱出门打工，现在几乎都出门打工去了。搬过来都十八年了。每一年，市里面，就我们兴义市嘛，还有黔西南州搞什么活动，我们都参加八音演出，当时整个兴义市演奏八音的没得几支队伍，现在多了，现在有七八支队伍。现在他们自己在巴结老寨子整了八音队，顶效那里自己在整了。我们搬来兴义市，我自己又整了一帮嘛，现在有二十四个人，成员都是我们移民搬上来的，搬到这个地方又重新组成新的八音队，现在年纪最小的只有九岁，最大的有六十一二岁。

因为我们布依族过少数民族节日比较多，过节就要演八音，要演就要排练。有时候闲着没事，怕手生（注：生疏）了嘛，也集中在一起排练。一个月有个两三天排练嘛。年轻小娃娃现在都是去学校学，艺术进学校，但是你不能占用他学校里面的课程，只有课外时间，一般一个星期上两节课。现在我只有一个正式的徒弟，以

108

前那几个也可以，但是他们为了生活又到外面去了。以前的徒弟现在有三十岁左右了，现在这个徒弟有二十五岁了，从2003年到现在，学十年啦。他哪样都可以，他又到云南省师范学院艺术系读书回来，回来后他去了甘肃那边参加比赛，就是唱八音啊，拿民族的东西去参赛。有些东西他自己弹唱嘛，他在我那里学唱音韵，歌词怎么转换，装饰音怎么转换，都学了嘛。他开得有个酒吧，酒吧还有个乐队。

我现在在这里开了一个农家乐，这里是景区，然后又在这里开个化妆品店，卖化妆品嘛。两个姑娘都嫁出去了，还有一个儿子在香港，儿子还没结婚，我只有外孙。两个外孙都在学八音，他们家就在新寨这里，每次我都喊他们来学。大的一个孙孙有十二岁，小的一个十岁了，他们没学多久，几个月，光是学唱，别的乐器还没学，乐器以后要教，现在只是拿起那个牛角胡来。以后我再给他们讲这个指法要怎么按，弓怎么拉，吹功拉功都要练，小娃娃对这个东西感兴趣。什么东西都是多了就不行，少了就行，少了就喜欢嘛，比如现在听新的歌多了，又来听这个土的，感觉有点想听。

再说我们寨子里有这种想法，我们布依族的东西拿得出来了。八音是我们布依族的，不是别人的，可以在别人的面前炫耀了嘛。去年是在中央电视台《我要上春晚》，我们去表演，我组队的，当时是中央电视台和贵州电视台都来的，我们州电视台也来。还有我们贵州的"多彩贵州风"，我们去贵阳四十二天，就在北京路影剧院那里，四十二天，将近一个半月了嘛。八音队就跟着省歌舞团、省艺大还有省话剧团。我们民族就是布依八音，还有黔东南小黄村的侗族大歌，两个民族队，还有纳雍县的那个芦笙队。从我们这里挑了两个人和我姑娘参加其他节目，参加省歌舞团的舞蹈节目，其他的就单独演我们的八音。每天只演一次嘛，每次演八音就是五分钟，不忙的话我们每晚上跟省歌舞团、省话剧团演一个小时零几分钟。省委宣传部给每个人一天一百块。2005年9月底到10月，我们是先去参加那个黄果树瀑布节，瀑布节结束以后回来还没有一个星期，就去参加"多彩贵州风"。

原来我们在下五屯这个民族博物馆这里专门演给游客看，但是导游心狠，宰人宰得太厉害了，他们报价报得死（注：高），要游客六十元，给我们一人才二十元，砍去了四十元，你不同意他就带队走了，他一天就得到两三千块钱。要么就把一部分作为基金，哪个演得比较好点、突出点，导游就多发点了嘛。这个旅游表演活动没得好长时间，还没得一个月，我们就被喊去参加黄果树瀑布节了。

这些小伙子、小姑娘过了春节后，一个二个又跑去打工了。以后要组队的话，一个是资金问题，还有个就是要能达到一定水平。你组这个队不光是在国内演，也要到国外去演，要达到能够出国去演的水平，最起码里面的这个音韵都要修改，还有各方面都要进一步地把它调整好，才能出国去演，要不然就不能。能够出国去演，原来我就有这种理想。有个老板喊我来成立这个演出公司，成立过后他不出钱来整，他不出钱来整就没办法，就摆起（注：搁置）了，公司已经注册了，也挂牌了的，后来整不起，因为人员跟不上，你去要人的时候就推三阻四。广西那个地方有支队伍，他们是壮族，唱的是壮族山歌，就是刘三姐家乡那一带，还有就是壮族舞蹈，是中央总政歌舞团的导演来帮他们编排的。我组队呢，必须要达到一定的水准，国际水准。但是现在好多观众也不是特别想看经过专业改的，还是想看原生态的。我们觉得原生态的好，但是原生态里面的有些结构，还有表现的形式、表演的技巧得改，不改不行，表演里面的技巧要跟国际搭档（注：接轨），一脱轨就不行了。所以去国外演也得地道，如果不地道，老外就不想听嘛。

跳花灯就是我的生活

❖ | 刘芳／口述

我是侗族。爸爸是铜仁的侗族，在航道处工作；母亲是思南本地人，土家族。我是1962年出生的，读书读到高中，是思南中学毕业的。我虽然是侗族，但是对侗族文化我一点都不了解，对土家族就非常了解，因为我妈妈带给我的东西比较多。我妈有九姊妹，家庭是比较大的。我妈也喜欢花灯，不会唱，但是会跳的，我从小基本上都是她引导，所以说我才爱好这块。小时候，地方上有个人自发组织的那种花灯表演，一有哪样活动，就自发地组织起。我们一天就跟着他们去跳啊，去看啊，但是大人又不准跳，要上学，不能跳。到读高中的时候，正因为跟着妈妈她们学跳，高中有哪样文艺活动，自己都积极地参加。就是这个时候，文化馆的馆长就从学校里把我们调过来，要把我们喊起来参加表演。那时候我是参加表演者中年龄最小的，就拜刘朝生老师为师，经常跟着刘老师下乡，走乡串寨的。那个时候，可以说是没得车子，就是乡镇早上发一班车，不像现在这样。（我们下乡都是）走路，从这个山翻到那座山，去找那些民间的表演。人家唱一句，我们就写一句词，就是去采风。我经常跟着他去，慢慢就爱好这个了。那时候就爱琢磨，看到人家表现的这个东西是哪样，我就要去想，慢慢就懂起来了。刘老师的师傅我还不晓得是哪个。他是馆里的老师，他喜欢收集，自己学，这是他的工作。年轻的时候他是搞编导这块，我就是慢慢跟他学转为编导

刘芳

的。为哪样我们学得全面，当时刘老师收集了全县各个地方的东西，包括打击乐、二胡，包括唱，还包括跳，以及它这东西表现个哪样东西，比如那个金鸡独立，单只脚起来，就像只鸡一样，立起那个形状，就把这个动作命名为金鸡独立。当时刘朝生老师是馆里的馆长嘛，收集民间这些东西啊，他走的地方多哟，经常都在乡下，下乡的时间比在家里的时间多。刘老师收集过来，各方面都学到了，就来教我们。像附近的印江、石阡、德江，当时他都去的，去互相交流，因为这花灯都是以我们思南为主题，包括印江的花灯都是我们这边过去的多，包括德江的傩戏都是从我们这儿过去的。

刚刚学花灯的时候，乡镇里面那些老艺人都是男的，那时候没女的跳。我跳舞我们家里面都是反对的，我们那个年代总觉得你出来跳，抛头露面，不允许的，经过好多磨难。那时候都是男扮女装，搭张帕子在头上，穿个裙子花衣服，就是男生装扮成女生，男生和男生跳。有些东西就是互相搭档。那时候思想还是封闭，哪家都不准自己的女儿、自己的爱人去跳，所以说男生和男生跳，包括有些二人转都是男生和男生跳，是现在才普及到女生比较多。我读初中的时候，就爱这个，一直都跟着这些民间的学，你要是说跟哪个民间艺人学，也没有具体的，主要是街上这些自发的啊，跟着他们跳啊，一直到拜师，就是读初中的时候拜的刘朝生老师。那时候拜师没有仪式，没兴磕头，就是端杯茶，敬个礼，叫一声老师就行了，他们都觉得没必要搞仪式，反正就是说跟着我学，收你这个徒弟就行了。我们现在收个徒弟，就是来了，来跟我学就是我徒弟了。那时候跟刘朝生老师学的，没有几个，可能就是我，还有一个姓刘的，叫刘国兴，现在都将近六十岁了，在区里头。还有一个就是刘利芳，她是跟着他学的。现在学舞蹈这块基本上就是我一个人，花灯戏这块基本上就我一个人，刘利芳学的是作曲这块。刘朝生老师是多面手，他哪样都能。当时拜他的就只有我们这三个，三个姓刘的，他觉得姓刘嘛，家族似的那种传承，实际上没有亲戚关系，就是都姓刘。那时候我们读书不像现在的负荷大，回去没多少作业，在学校里就把作业做完了，吃了饭就跑来学，基本每晚上都参加，刘老师就自己拿起二胡拉，我就跟着跳，就是这样。当时学习就在剧团这儿学，当时我们就在这坝坝头，住得不远，就是再远都要跑起来。饭还在喉管里吞起，心里就坐不住了，就要往这边跑。作业都是在学校里赶快做了，回去把书包一放，吃了饭就跑过来学。那时只有晚上来学,只有晚上有时间,暑假时间就多。刘老师就是拿晚上义务来教。这个肯定是义务,那时本身哪个家庭都困难,没有像现在(能拿出)好几百几千元钱让孩子学这些。我们读初中的时候是"文革"过后,还是对文化要尊重点。那时学的花灯,就是这个乐诀、这个乐段,翻来覆去都是这一段,但是你晓得这个音乐的,哪个都可以编,自己唱起这个调子就可以。随时都可以唱,就是说随时编个词你都可以唱出来,就是原生态的那种,不复杂,它是很易懂的那种调子,都不算太难。

学习当中只要得跳就觉得愉快,就在坝坝头跳,最高兴的时候就是跳的时候。那时跳的人多,专业学这个的就不多,后面吃这碗饭的更不多。那时候又没什么娱乐的,又没有电视,二胡一拉起,就只有那个用来娱乐,没得其他,崽崽这些来跳的多。

当时学习当中碰到过困难和苦恼,说句老实话,我也不想提,提起来家里不支持。因为当时我们这个单位成立,是县里头那个书记说要成立个民族文工团,就说要招人。我就是那时候去的,高中一毕业我就来考这个,到这里工作好找点。我考其他单位的工作也能进,包括法院,哪儿都在招,但是我喜欢这个东西,就考了这个。但是考进来后有很多心酸的事情,为哪样呢?一考进来,当时县里头就说,每年转正两个人,帮我们转,但是后期起就没转了,就把我们搞成大集体,属于编制外。县里拨两三万元,一年就是那些工资,这么多人分,三十块钱一个月,四十几块钱一个月。最初我们在这儿集体吃饭的话,(只能)拿到九块钱,吃饭相当贵,一直没转正,我就一直坚持……说老实话,所以当时我家爱人反对嘛,就说你当时出来做哪样都比这个强。我们当时第二批招了三十多个人,最终留下来还不到十人,都走了。人家现在出去的,当老板的有,现在搞发财了的也有嘛,都出去了,这里养不活人。我因为爱人有单位(注:工作),生活上还没有多大压力,就是能吃碗饱饭嘛,说富裕不富裕。你看到我们一天到晚都在这儿跳,家庭孩子也不能照顾,所以说家里就有点反对。一直到后面,县里帮我们解决了(转正的事)。我们这些人确实能坚持,县里头的哪样活动我们都完成。我们是2000年转的正,那时我们都是三十多四十岁的人了,招进来是1984年,过了十六年才转正的啊。所以说这个坚持很不容易,是很不容易。我爱人不准我来,我又要演出,我非要来,他倒不是说要哪样你，反正他就是拦你。但是哪怕就在家里吵了，出来一上台，马上就笑起来表演，完成自己的工作。现在我们的家庭关系解决了嘛，他还是比较支持我们的工作，而且不管屋头家务还是哪样他都做，他还是觉得我们辛苦。当时还是那个思想转不过来，反正就是说这个地方小了，搞这些文艺，一个女同志抛头露面的，他觉得面子上不怎么过得去，还有这方面的原因。

那时候我们的日常工作就是排练、演出、下乡，还有去采风，还有收集民间的这些歌舞。我们是天天排练，就是说哪怕你没下乡的任务，你都要排练，就是练功。这个扇子的基本功和表演这块是必修课，我们又没在外面学习过，就是和其他老艺人一起互相学习，就是他跳了我觉得他这个动作要怎么来表现，要怎么来升华更好，互相和老艺人讨论，你这块要怎么样表演才最好。我们经常下乡，那会儿困难啊，我们都是打起背包下乡。有时是在农家住，有时底下是牛棚、上面铺板板那种条件，我们都住过。我们那时虽然没什么钱，但下乡的任务多，一两百场任务。如果说我们到这个村来，或者到这个乡来，我们这个队唱了，走过去了，那个队来也要唱，就是一场戏必须要带到农民家嘛。那时唱的内容也是跟着形势走嘛，县里头有哪样政治任务，用花灯来唱，编词嘛。比如说计划生育，下乡去搞计划生育这场，我们就把计划生育那些词编到这个唱词里，边跳边唱。那时候收入不多，衣服基本上年年都是那套衣服，就不像现在这样丰富，根据这个节目来选择衣服。那时候那套服装就要穿出头（注：一年到头），扇子是粘了又粘，补了又补。我们单位那时没得车，自己走路。我们打算早上坐早班车到哪个区去，这个就要坐车去。当时县里头拿点钱给我们，但是也不多。我们到哪个乡镇去，乡镇就接待吃住，我们只要坐第一班车过去，去到那个乡镇跳了过后，那里就有领导派人带起我们走乡串寨。那时到村子里面都是走路。有时我们演出完了，那些寨里没得灯，我们是顶起马灯跳。一般到某个乡或某个镇的话，要把所有的村全部跑完。在乡下有时候甚至半年都没有回来，有一次是两个月都没有回来，除非是我们这边排完了，还要排那边，那就回来休息两天，所以你说家里咋个不反对嘛？又没得两分钱……时间精力又全部在那里头去了。

我只有一个姑娘，那时才岁把两岁（注：一两岁）。那时候我们是可以生两个的，但没时间去生，没得条件去生，自己也喜欢这个工作，天天都在外面跑，没得时间来照顾。我们那些同学基本上都生二胎，但是我们就一个姑娘。我爱人他们这一代家里七姊妹，就他一个儿子，他叔叔家两个姑娘，我们这边又是一个姑娘。但是后头他还是支持我的工作，说不生了算了，你自己去搞你的工作。我1986年生的姑娘，全是甩给他照顾。有时候搞不赢（注：忙不过来）的时候，他就把孩子抱到演出地点这儿来。有时候孩子是这个抱会儿，那个抱会儿，反正我一上台就拿给别个抱，我下台我就自己抱，有时候排练的时候别个抱，领导也帮我抱一下。我们团里的领导说，来，我帮你抱起，你上去跳，快点。就是这样。说老实话，这姑娘从在我肚子里，怀起她三个月我都还在台上跳，一直走乡串寨地跳，一直到最后七八个月才没走的。可以说她在娘胎里就已经传承了这个，所以她对这方面也非常有天赋。我家姑娘在读大学的时候就是学生会文艺部的部长，我们这个花灯她都传到学校去了的。她有时候会说妈妈你快帮我整音乐，有一回打电话，问我怎么整，起码打了个把两个（注：一两个）小时的电话。我也跟她说你该怎么做怎么做，排啊排的她又打电话来，又帮她讲。她是中国地质大学研究生毕业，毕业分在郑州中石化工作，是去年才分的。她在读研究生的时候也是把我们这东西都传出去，她这个人比较踏实嘛。外头那些人看我们这个玩得转，就觉得惊奇。她也会唱，每年她放暑假寒假回来，我们这些大型的活动她主持节目、跳啊，都参加。

　　谈到徒弟，我的徒弟可以说遍天下，老徒弟、小徒弟，这街上老的、少的，看见我都叫刘老师。反正包括艺术节那些崽崽基本上都是花灯徒弟，这些崽崽跳得好。包括这个花灯进校园，舞蹈编排也是我整的，包括那个四、五年级的教材，七、八年级的教材，也是我参与编的。教材里的插图上就有我两个徒弟。正式收的徒弟可能有二三十个，跟我学花灯的就更数不清了，就太多太多了，包括这个花灯培训班，就是大批量的培训都搞了几期。第一期就是第一个花灯艺术节，我们那个余县长当时还和我们照了张相，各个乡镇都抽得有人来。第一个花灯艺术节搞得闹热，乡镇抽人来，各个社区也抽人来，各个单位也抽人来培训花灯，培训花灯了以后他们又去闹花灯。那时候是我家女儿正在考大学的时候，考大学了后分数不怎么好，她就不愿意去，又要返回来补习。在二中那边补，在那边租房子，在那种情况下我爱人去照顾她，我还是来搞我的工作——后期他确实支持我的工作。可能当时培训人数将近两百人，分了两期培训的，乡镇培训了一期，县城里机关社区培训了一期。那次的广场舞音乐是张老师作的曲，我编的舞蹈，基本上是各个乡镇都普及了的，普及率还是比较广。我嘛，花灯培训这块要广点，就是只跳不唱的那种。在思南的乡镇里面那些老艺人他们跳的都是传统的、原生态的，而且传统的、原生态的我们都跳了好久的。根据这个形势的变化，根据国家的发展，我们就要跟着这个形势走，就跟着这个发展嘛，现在就朝这方面，就说我们把这个花灯加入形体这块，把它融入进去。我们群艺馆基本上都是花灯，我们出去比赛也是花灯，也是我们地方的东西，因为它哪怕是船工号子也是我们地方的特色。只有地方的东西才拿得出去，洋东西我们是比不赢别人，我们只有比土的，只有比花灯了嘛。拿奖太多了嘛，每年都拿奖。说实话，我在我们地区来说还是挂得有名的，一说起都还是晓得思南刘芳跳花灯的，所以说那回我还得到地区的表彰了。当时我们思南表彰五个先进工作者，我就是其中一个。

  社区这种没有任何报酬的辅导培训太多太多，都是义务的。还有我们县里面的活动也特别多，系统活动也比较多，请我去教的也多，反正一找到我都晓得是花灯，花灯说唱、花灯表演、花灯戏曲、花灯曲艺。培训班都是自娱自乐，花灯培训是绝对不可能收费的，像我们这个乡镇你真的收费就搞不起来，好多年轻人现在不愿意来跳，说老实话，传承这块还有点困难。现在为哪样老婆婆跳的多呢，要不就是小的跳的多，中年人就不跳了。你看我那些徒弟，除非是你搞到这个工作，没搞到这个工作，他觉得不好意思跳了，他就不跳了。像孩子，你逗他上去他就跟着跳了，但是他一长大他不一定好意思，就不一定跳了，不管你收费不收费，他都不愿来学。

  我们到乡镇去还是受欢迎的，喜爱这块的人多，因为本身乡镇这些人也是喜欢跳的，他们那时也有花灯、龙灯、狮子灯，不光是我们城区这些玩花灯、龙灯、狮子灯，乡镇也玩。农闲的时候就是在哪家一集中就自娱自乐，吃了饭没事就坐在这里唱、敲、弹、拉，自娱自乐。有些爱跳的就开始跳，就是这样。喜欢怎样跳就怎样跳，喜欢怎么表现就怎么表现，觉得怎么表现能把自己的心声反映出来就去表现。除非是把它规范化，如果不规范就是自娱自乐。

  思南县乡镇的花灯多得很，每年的冬月十二、正月十二的民族民间花灯比赛，报名的人太多，有些不太合适的，我们刷了，不然的话人太多。我们思南花灯，我觉得不可能失传，喜欢的人多，有些人还能带出去。就像我女儿那样，从小跟着我学，这种就属于是内传，她跟着我学，那么她出去就把学到的东西带出去，带到她们学校里去表现，就教她们学校里的人学，就那样。而且，我们这个不可能失传，因为我们已经开展花灯进校园了，四、五年级和七、八年级必学，每个星期有一节课，我们还去上课。还有他们现在拿我们思南的花灯唱的那种《花灯姑娘》，拿这些歌曲来编成花灯操，原生态的这种花灯操，在课间除了做广播体操以外，还跳一遍这种操。所以说这个花灯失传是不可能的。我们有个群艺馆，我们文化馆的这批人去研究它，去发展它，这批教了又要教下批，就是我们这批人不在了，还有后期的人来教来带。现在我那个徒弟，这两天都在这儿来帮我，二十多岁了，刚刚生小孩，她也在这儿来帮着我教他们。编导这块是我带她起来的，她现在就是专门研究这个花灯，她有专业人士来带，那么这个就不会失传。

我的师傅刘朝生老师，他的那些曲本都有好厚一本，有人整理，我们馆里在整理这个东西，所以说这个东西绝不会失传。现在那帮孩子，他们8号要到贵阳去比赛，就是我照片上这帮孩子，从三四岁、四五岁带起来的，现在有些可能有等十岁（注：十多岁）了，就是花灯娃。现在这些家长相当支持，不像我们那时候那么困难，你要说做服装，马上就拿钱来，支持得很，所以说现在的工作好开展。星期六、星期天，他们把作业做完了就来学，一般都是早上的时间，我们这儿早上凉快点，早上跳两个小时。我们现在条件好了，馆里条件好了，局里也大力支持，你看我们局里大厅都铺起木地板了。以前让孩子们在坝坝里跳，人家大人也心痛，所以说馆里无条件支持我们，局里在楼上八楼专门给批一间房子出来，也装上了空调。因为人家到这里来学就是相信你了嘛，所以要爱护这些孩子，领导为了推广也支持。我们一天基本上都是教两个小时，有时候三个小时，开展基本培训，教基本功这些。有一次班上达到两百多人，我们就分早上两个小时、下午两个小时换班，我们这个培训一般暑假培训要多点，寒假基本上没培训，因为寒假要准备春节的花灯表演，就忙那块去了。如果说是开学了，在校园的培训比较多点，如果我们进校园去了，我们就没集中，除了馆里带了几个徒弟，星期六、星期天教一下，一般都是这个花灯，花灯是不可能丢的，可以说是爱得如痴如狂的……因为没有喜爱的话也不能坚持下来，因为坚持四十多年才那样，几十块钱拿起，拿到两百多，其他人工作拿到七八百、一千多的时候我们还是两三百块钱，你看这个相差好大。

我本来是2012年的元月份退休，但是我一直带些学生，馆里一直搞花灯编导这块，所以说一直搞到年底过后才休息的，正式休息我是今年才休息的。说句老实话，说休息也没休息，还要忙点。人家打你电话要（找你）帮忙，你就要跑起去，必须要去，所以我爱人说，你上班忙了，退休还要忙点。是要忙得高兴点，因为孩子毕业自己工作了，没有负担了，也轻松了，一天就在外面跑，精神也要好点。

古法造纸面对的现代语境

❖ | 刘世阳/口述

刘世阳

我家从民国十几年就开始用古法造纸，我所知道的我们家族的事情是从我老祖父开始的。老祖父读书很多，清朝时在安南，（也就是）现在的晴隆，在那里读师范，是清政府办的一所高级学府。他的书法相当好。在我们那里能读书的很少，能读得那么高，在当地是非常少有的。所以当地的大事小事都要请他，他是当地的名士，教过书，还做过有名的地师（注：看风水的先生），非常有威望的，是我们家族的骄傲，老人们都爱摆他的故事。老祖父能读那么多书，是老祖父的父亲造纸供他读的。但是那时候造纸能做起来的很少，因为造纸户大多数都吃鸦片烟，赚来的钱也就够敷生活。老祖父有两个儿子，孙子十几个。2008年时，中国科技大学的陈博士，专门研究中国传统手工纸的，来我们那里，发觉一张老地契是我老祖父执笔的，是我爷爷做中，给别人家写的一个地契。我不认得，是陈博士给我们说的。还有一个王教授，书法很厉害的，（他们）都说这个老人家如果现在还在的话，是个书法大家了，写的书法相当好。我家都没有保存到老祖父的东西，听说有些人家还保留了一些，我们从来没有去问过。

我大爷爷是有名气的，曾经是民国时李小炎部队里的一个连长，后来在县里做总务，还创建了我们那里的第一所学校。从兴义到安顺，大爷爷都很有名气。

我爷爷读过两三年私塾，书虽然读得不多，但是造纸技术很好。那时我们的纸基本销往云南，昆明有个（商）号，专门收购这个纸。我爷爷还请了关岭这边的三四个人帮着一起造纸，造好的纸用马驮到云南卖，先到宜良，再坐小火车到昆明。卖了纸后又买点烟土回来卖，家庭就渐渐富裕了，买了很多土地。我记事时爷爷已经不造纸了，但是还在卖纸的。解放后分土地，当时我们寨上只有我们刘家等两三家有土地，不拿我家的土地来分，那要拿哪家的？我家土地有些远，在者相的、在双乳峰那边的，都佃给别人来种。那时我家有百把两百（注：一两百）亩地，但是荒山多，都是我爷爷买下来的。王支书家爹以前帮我们家做工，他爹还没死时说过，我们龙井寨子，我家爷爷虽然是地主，但是日子没有他好过，这些地主没有哪个的日子有他好过。他帮我们家几年，我们家没有嫌弃人，吃是在一起吃，不管是不是帮工，大家在一块儿，不分开。他还说我爷爷是福分好，家里的土地都是买回来的，其他有钱的都没有他福分好。就像对面家有钱，但是他家人不用钱，不吃不喝不玩，我爷爷是样样都吃归一（注：尽）了。爷爷一直和我们住，奶奶和我叔叔住。我学造纸时，爷爷奶奶都健在。爷爷在1988年八十四岁时过世的，那时我姑娘刚刚满月。解放以后，我们生活紧张，粮食不够吃，晚上又睡不着觉。经济困难时我记得爷爷身上浮肿得很。大概是20世纪60年代，集体干活路，我奶奶背苞谷，饿得都背不起，不久就死了，主要是吃不上饭死的。那时苦得很，惨得很，不想再想那些东西，谈起这些心头酸得很。看当今这个社会，生活太好啦，那个时代和现在简直不能比，太困难了。

我父亲是1927年生的，1998年七十一岁时去世的。我母亲现在还在世，八十三岁了。我父亲在者相读的小学，在贞丰读初中，在兴仁读高中，有高中文凭。他性格比较固执，昆明有家商号让他去，他不去。解放之前他都在教书，就在我大爷爷创办的学校教书。解放后发通知来让他去农场教书，他没去，让给别人去，那人现在还健在,都九十多岁了。我父亲性格很撮(注:耿直),遇到不三不四的东西、歪门邪道的东西,他是一点都看不惯的;遇到真理的东西,他就很坚持。有美国人在者相那边当部队教官,我父亲会说一些英语,可能是帮了一下忙,美国人就送了他一件美国的军大衣。解放后,我父亲被整了个"地主"身份。1952年开始搞手工业联社,四五十户人家参加手工业联社,参加手工业联社的人家就不分土地了。但是一两年以后就做不下去了,大家又来分那点土地,再开点荒,大家就勉强维持生活。我还记得我好像七岁时,晚上我妈妈背我到地里,大人们去挖土翻地,就弄个草窝窝,放我们娃娃在那里面睡觉。1959年,我父亲又被请去教书了,后两年就把我和我幺叔一起带过去读书。那时我八岁,班上只有两三个女生。学校离我家有四公里路,我就住学校,父亲晚上要走回家,家里还有小的妹妹弟弟要照顾。后来父亲回到家这边还是继续造纸的,也教会了我全部造纸工艺技术。

我们家族造纸都八九代了,一直造得很好,而且延续得也很好。我家有一本老书,到现在一百二十多年了,是我家祖上老人用自己造的手工纸制作的。这书的纸质相当好,一直保存着原样。黑笔落在白纸上,字迹到今天都很清晰。纸质很柔和,像猫毛一样,可以想象我们祖上的造纸手艺有多好。

1962年,我才读小学三年级,搞土地下放,大家自由发展,就是"三自一包",我父亲就带我们回来家里,我就在离家不远的龙井这边接着读书到五年级,那时班上有三十多个男生,女生只有五六个。"文化大革命"开始了,我就没再读书啦。那几年种地的种地,造纸的造纸。纸由供销社来收,九块钱一捆纸。"文化大革命"(开始)后不让做了,说是地下工厂。记得我和父亲找到一百斤料子,挑回来拌起,听说不准做了,那些料子放着不行,就让我来做。父亲先起垛造第一张纸,挑得头十张了,剩下就由我慢慢做。起垛考(验)技术的,就是第一张纸不好弄。做得两天,第三天我做得二三十张时,别的队的大队支书来看到,幸好是我在做,我还小,如果是我父亲在做被看到,就是犯法了。大队支书把我们造纸的工具收了,让我进公社学习班去学习,遇到大队长,是我舅,我才得以回家。把那点料子做归一(注:完)之后就没做了。那时候我才十多岁,到现在我已经造纸快五十年了。

2005年贞丰县申报非物质文化遗产皮纸工艺,2007年我就进了国家级(非遗传承人)名录,那年搞"多彩贵州能工巧匠选拔大赛"也喊了我,在兴义搞选拔。

下半年选国家级非物质文化遗产皮纸传承人，乡里发了十八张申报表，三个村来分，我们龙井村有十四张，后来县里审查后就留了我一个。听说留下我是因为我是四十五岁以上的，造纸工艺都熟，家族造纸技艺一直很好，而且延续得也很好，都八九代了。2007年我就获得这个（非遗传承人）称号了。

我的纸进入贵阳花鸟市场卖，好卖得很，今天我去那边，卖纸老板说都卖光了，让我再弄几千张过来。但是好卖也没办法，我现在做不成，县里不让设工厂，还没找到其他可以搬去的地方。

手工造纸传统手艺是从明末清初传到我们小屯乡的，已有三百多年历史，但是古法造纸的工艺是有快两千年历史了。在我们这里一直都是父传子，子传孙，一代代延续到今天。老人告诉我们，造纸是我国四大发明之一，我们的手艺是蔡伦祖师爷传下来的，我们作为后人，是要一代代把手艺传下去的。每年我们那里都有蔡伦庙会，要供蔡伦祖师爷。以前我家旁边就是蔡伦庙，阴历三月十日是蔡伦的生日，凡是造纸的人家，每家筹点钱做仪式，要杀猪杀鸡来供奉蔡伦。我家有个堂祖父不信神，就把蔡伦庙拆掉了。解放后连蔡伦的塑像都被打烂丢了。直到改革开放后，我们才重新用木牌做了一个位来供奉蔡伦老人家。

20世纪50年代去昆明卖纸，就在宜良坐小火车，宜良离昆明还是有个七八十公里吧。老人些（注：老人们）去昆明一次最多带三几十捆（注：三十多捆），要请挑夫，一个挑夫挑八捆纸，有八十多斤。到宜良要走八天。我也去过昆明卖纸的，走罗平、师宗、宜良、呈贡，到昆明。这纸以前多是卖给学生用来订成本子，写毛笔字。

"文化大革命"时不让造纸，1970年以后可以造了，纸慢慢就没交给供销社，都自己做自己的。我们村开始做捆钞纸，销往贵州其他地方、云南和四川，银行里用。捆钞纸要厚一点，拉力好一点。到改革开放，大家都跑销路，跑云南多，做火炮纸。那时云南起码有上千家火炮厂，我们光是（注：仅仅）跑江川、玉溪卖火炮引线纸，一年都要销三几万（注：三万多）捆纸。后来大概在1995年，火炮不给做了，我们就在昭通、水城、盘县、六枝这一带十多个县里做丧葬纸，也都供不应求，一年要销五六万捆纸。全省丧葬的手工纸百分之八十都是从我们小屯乡出来的。在盘县、昭通这一带，丧葬用纸是很多的。在那边，办一场丧事要用数万张纸。我们一捆纸是一千张，也就是要用掉一二十捆纸。这个纸用来烧，用来垫棺木，垫得很厚，还要用来盖尸体，要垫得和木头（注：棺盖）一样平。丧葬烧的纸，贵州是用黄色的那种纸，云南从古到今都是用我们这种白纸。黄纸是用竹子做的，成本低得多，但是制作更辛苦些。原料就是用嫩竹子，用石灰渣（注：沤）好，要渣半年，再用钉耙把料搂起来用碓舂，以前独家独户做，就是用碓舂，后来几家合起做，就用碾子碾，碾子用牛拖、马拖，或者用水流来带动。然后来造纸，要把纸垒得高高的，用石头压干了才好晒。以前我们小屯那边也有人做这种黄纸、草纸，但是都好多年没人做了，舂起来太费劲。听说现在整个贞丰县，还剩一家在做这种纸。

20世纪80年代后，有外国人来我们这里观光旅游，发现我们的手工纸，有几个品种就是那时开始发扬光大的，不但销到全国，有些还销到国外，甚至有销售到美国白宫使用的。80年代做书画纸的，我们村只有我一个人。现在有做老本子纸的，用来抄写的；有生态皮纸，纸里含得有自然树叶，用来做风筝、灯笼、窗户装饰。黄筋纸，主要是做装饰的，也可以绘画，纹路很精美，每张纸都不同。黑纸，做装饰多，被欣赏的是纸里面含的黑点，黑点其实是树皮。还有书画纸，更白一些。

改革开放后，各家做各家的纸，销路都很好，那种18寸乘18寸的丧葬纸，六盘水那边每年都要用几万捆，一直到现在都是供不应求的。1995年以前，一家要做千把斤料（注：沤好的造纸原料），到前两年，有些家一年要做万把斤料，翻了十倍。万把斤料造纸，除干打净（注：净利润）有五六万块钱。我们龙井村有百分之十的人家可以一年做个万把斤料，百分之十的可以做个七八千斤料，剩下百分之八十的做到五六千斤料。造纸的人在增长，经济也在增长。去年一捆纸卖一百三十元，现在都涨到一百八十元了。造纸多是累一点，但是有经济收入，有钱挣，心里是舒服的。

我们的手工纸现在没有哪里的纸能代替，识货的是不会用机械纸的。比如打青（注：丧葬）用的纸，机械纸是撕不了的，会撕断，用作烧纸的话也烧不透，灰还是黑色的，手工纸烧出来是白色的。机械纸数量是有，但是质量不如手工纸，所以说国家要保留我们传统的手工纸，这个不能灭掉。

改革开放三十多年来，手工造纸发展是非常好的，但是现在不让造纸了，原因可能是有些人家在造纸过程中造成污染。实际上用传统的方法造纸是没有污染的。

我们小屯做纸的人家，老人说的是"腊肉骨头"，丢了可惜了，吃起来又没有什么肉，还得慢慢啃。就是说造纸赚又赚不了大钱，但也饿不死，一百块钱里有个五十块钱的利润，全部是手艺活、体力活。到2000年后，有新工艺后，才增加了产量，效益才提高。

我们造纸寨子的治安特别好，大家都有事做，生活没问题，寨子里这么多年来偷摸抢的事都没有。造纸户的人家都不愿意出外面去，尤其我们这一代人，现在四五十岁了，都没有读过什么书，也没有想过到别的地方去发展，所以就困在寨子里啦。遇到突然变动，就没办法对付，比如现在不让造纸了，我们都不晓得咋个做。我姑娘也只读到初中，想着有手艺，能造纸，不愿意读书也没关系，而且那一年（注：2002年）我摔倒，腰椎压迫性骨折，中枢神经受损，她说在家照顾我，就没去读高中。现在觉得读书少还是不行。

从申报非遗成功到现在，已经七八年了，传统工艺都传承得很好。我作为一个国家级的传承人，古法造纸的七十二道工艺都传授给儿子和女儿了，他们也都是熟练了的。我的侄儿和几个徒弟对白棉纸的制作工序也是非常熟悉的。

姑娘现在在贞丰，都有两个娃娃了，女婿在外面打工。儿子还没结婚，朋友都还没谈，二十三岁了，在金华一个手套厂打工。我是想让他去安徽学学徽纸的制作，他们那种工艺比我们这种省力，抬来甩去就成一张纸了，我们的要更用力。料上的秘密学不到，去学点工艺是可以的，这样我们还可以开发一些新产品。等政府措施下来，如果又可以做了，就可以做些新的。儿子对造纸还是有兴趣的，也想搞，但是这个赚钱不多，所以他现在在外面打工。

有个老总给我讲："刘老师，做这个纸，大脑要清醒，不要再抱到你们那个纸做，不得意思。你一张纸三几毛钱，我们一张纸最低是两块，最高的上百上千数。你们还是抱到老框框，不行。我们工人一个月要开四五千，你们自己做自己卖，一个月能得多少？"这个老总说得是。我们早上五六点钟开始做，要到晚上八九点钟，才能得那点钱，太苦了。但是我们又做习惯了，如果突然没有了，心理上还是舍不得，毕竟是千年的文化，是祖宗留下来的。

唱古歌的人越来越少

◆ | 刘永洪 / 口述

我是1936年出生的,现在七十七岁。有两个娃娃,孙子有八个,娃娃都在外面工作,这里就我和老伴。我读过小学,能认字。我家人口多,有三弟兄、四姊妹,我伯伯家是四弟兄。我的两个兄弟都会唱苗族古歌,都在凯里。

我唱古歌是跟母亲学的,她也是歌师,唱飞歌唱得很好,我都跟她学。记得我小时候,每晚都有好多人来我家跟我妈妈学唱。跟她学是学不完的,太多了。开始学时主要是不懂那个歌词意思,觉得有点难,后来给我讲每一句的那个意思,懂了后就学得快。以前干活路,累了休息,大家就唱歌,不停地唱,就不会忘记。

我们唱的歌除了民族历史和家族历史的歌,就是吃酒的、爱情的、喜事的歌,而丧事上不唱丧歌。我年轻时都喜欢在外头唱,结婚后在屋里唱得多。在外头唱得多的是游方的情歌,屋里唱的主要是酒歌。酒歌就是老朋友来吃饭喝酒,大家就唱歌。酒歌也唱爱情,比如:"年轻时我合意你,你没同意,现在唱唱以前的事,夫妻不成朋友在,我们这代没得,我们的男女娃娃邀个亲。"就唱这些。

古歌十二部我都会唱,一首有几百节,唱一天两天都唱不完。古歌内容很多,有神话故事,有劳动,有生活,很多很多。二三月间开始做活路,就要开唱(歌谣内容包含劳动经验和粮食作物种植等信息)。

刘永洪

九十月间唱的内容包含粮食收成过程中的劳动经验。其他还有生活中娶媳妇、产妇接盆（注：生孩子）等等的生活经验，都在古歌中唱出来。

（刘永洪唱了十三分钟的古歌）这一段歌讲了开天辟地，zhang gu lao（注：神话传说中的人物）造人，人做活路才得吃，要买牛耕田。还唱到榜香郁（注：苗族神话传说中的女性人物）死后到天上，又下来把古歌传给下面的老百姓，下面的人为纪念她，用仪式来唱她的歌。还唱到以前都是晚上，没有白天，有个虫叫"yao ma la"（音），小雀鸟一样大，或说是蝉，叫了才有白天。白天就可以干活，然后可以娶媳妇了。

我大概十五岁的时候就开始跟着学唱歌，游方时就经常唱。游方不会唱歌，姑娘们看都不看你，不和你讲话。不会唱歌，个个都认不到你，会唱歌走哪里都有饭吃。游方要会唱爱情歌，以唱歌的方式一个问一个答，唱合心了两个人就在一起。我们这个寨子去别个寨子唱，去小河唱，离寨子有十多里路。唱得好，姑娘家都给你送饭吃，不会唱的，张都没张你（注：不理你）。比如我和你唱，我唱得好，你家里会问："和你唱歌的后生是哪个寨子的？还没搞饭吃啊？"然后就搞饭吃，说明姑娘家也喜欢你唱得好。但是饭不能在屋里吃，是搞好了拿到外面吃。还送你被条，歇的时候用，可以找间牛棚、草棚子歇一晚。第二天，喜欢就又在这个寨子，不喜欢就到其他寨子去。我年轻时候，施洞镇的寨子基本都唱完了。隔河两岸的，包括施秉都去唱过。那时是过年一个正月间都没回家，七月间也是出去一两个月，到打谷子了才回来，都是到处去游方。我和我老伴就是游方唱歌时认识的。在家学古歌是打个基础，主要还是游方时练出来的。先是听别个人唱，学来就自己唱。听到不会的就学，不懂的回家问我妈。

（刘永洪唱了几分钟的游方情歌）这一小段是游方时唱的情歌，歌里有唱："我翻过山头去对歌……夜晚是爱情的白天。"刚才说了我游方时找到我媳妇的，她是巴拉河的，离我们这里有四公里，那时是一路唱歌去巴拉河的时候找到的，我二十二岁，媳妇十九岁。唱歌，相互喜欢了，一周去两晚上，就挨着唱歌，大概一个冬季，就结婚了。我媳妇是"跑嫁"的，就是自己跟我跑来我们寨子的。我们这里的规矩是新媳妇一进家，就要杀个公鸭子，然后杀猪办喜酒，还要送些（食物）去女方家。办酒要办三天，有的家会办五天、七天，都是单数天，还有九天的。办完酒新媳妇就回娘家。我是办了三天的，亲戚朋友都来，整晚唱歌喝酒。

结婚时唱的是结婚歌，我也唱得很好。（刘永洪唱了几句结婚歌）这几句唱的是："晚晚上我去看你，晚晚上你来看我，我们在屋前屋后，在坝子上，在湖边唱歌，唱赶场的歌，我们是合心的，你就跟我来。"在女方父母面前会唱："隔壁的邻居会给你们说，白天，她没在，她不是去犁田耕地，不是在家招呼你们老人家一辈子，她应该（嫁）出去的。黑天，有她的哥哥嫂嫂照顾你们。她去咯，你们就算了，别撩心了。"结婚歌结婚的人可以唱，其他人也可以唱。还要唱"讨人亲"的歌，就是新人进家后，第二天一早，自己和请来"讨人亲"的年轻人会一家家地去"讨人亲"，一家家地唱歌，就是"求钱赎亲"，也是"讨嫁衣"，因为我媳妇是"跑嫁"的，没有嫁妆，讨来钱、衣服等，就请酒唱歌。我们这个寨子，一百户都有，八十来户都讨不完。后来我唱歌讨来钱和衣服，媳妇的父母高兴了，才拿了嫁妆。"跑嫁"的都是这样的，女方家父母会来吵架，男方会唱歌"讨人亲"，并且唱歌道歉来说服他们，还要向他们讨嫁妆，这都有不同的唱词。尤其讨嫁妆，讨衣服、讨项链、讨耳环、讨七七八八的，一样一样地唱着讨。

我是一次就讨到了的，有些年轻人，女方家父母不中意，没讨到的，会来请我去帮他讨。（可能是）我唱得还比较好吧，所以有时候会弄得女方父母反而中意我。到中年时我也还是唱得很好。一个老奶奶，七八十岁了，那时我四十多岁，她说从来没听到哪个唱歌唱得这样好，喜欢听我唱，说我声音亮得很，跟我坐了一晚上，我也唱了一晚上。

老的规矩仪式基本都保留下来的，没多少变化。真要说到变化，结婚上有点，一个是以前是女方新婚后回娘家，从娘家回来之后才能和新郎同房，而现在不讲究了。第二个变化是以前不讲究经济，不会讲价钱，哪怕是富裕的人家也不讲，就是不以经济程度来说亲。现在讲经济。丧事就没有什么变化，也不唱丧歌。丧事要请人看日子下葬的，自己会不会看都要请人来看，请他上山。寨子选出来的四十岁以上的男人才能被请去看。他们有历书，按照死者的生辰来定下来的日子。

能唱古歌的老人家，我们寨子除了我没有别人了，其他寨子还有。我的儿子们会唱的主要是游方情歌等，他们的媳妇也是这样讨来的。他们虽然外出打工，苗年都回来的，回来就学唱。我还有十多个徒弟，都是我们寨子的，后来有些女的出嫁到其他寨子了。现在徒弟们也都三四十岁了。那时吃酒的时候，大家就找我教唱古歌，爱好的，就学得多一点。现在出外打工的多了，学唱古歌的就少了。不过学酒歌、情歌这些的多，古歌就基本没人学。酒歌、情歌好学，教一些，他们就会自己编唱。

我们古歌没有文字记录，一个大家族里传下来的古歌与自己家里发生的事有关，传着传着，加油添醋的多，也不晓得是真是假了。歌词都自己编，唱词就和说话一样。曲调也可以自己编，有些调子是传下来的。比如唱"扒龙船歌"是有曲调的，年轻的都不会唱。祭龙船是比较大型的祭祀活动，肯定是要唱歌的。（刘永洪唱了两句龙船歌，意思是：我天天念天天念，终于等到了五月二十五这天。）遇到大型活动要唱"感谢歌"。（刘永洪唱了两句感谢歌）去年搞百家宴，邀我到河坝去唱，就要唱感谢歌。

我现在老了，没有收入，教唱歌从来不会收费的。庄稼种得不多，家里自己吃。儿子要给我点生活费的，每年回来两次。没有学校让去教古歌，年轻人过节过年回寨子时才来家里吃酒，学唱一些。古歌虽然唱得少，但是还是有懂的人。现在四十来岁的人有点会唱的，我觉得古歌不会失传。你们也说说？（刘永洪转向两位参与访谈的翻译。）

田宗明： 我叫田宗明，多声部苗族情歌州级传承人，在台江文体管理局工作。现在乡里有三四个多声部传承人，我们多声部队伍有一百多人。我家有四姊妹，都会唱。我最远去了香港、澳门演出，参加反排木鼓舞和多声部情歌演出，我还会吹芦笙。多声部苗族情歌不会失传，现在学习的人多。

邓东风： 我叫邓东风，在台江县非遗办工作有一年半，是台盘乡人，家里有三个姊妹，她们都在务农。现在年轻人多出去打工，很少人学古歌，处于失传的边缘，目前我们在抓紧挖掘抢救，措施是把老人们唱古歌的全部过程记载好，留下来，把全部录音翻译出来，做成书。下一代也要学会唱，只要爱学，我们给补助来弥补其不打工的经济损失，几个月把老人的古歌学到，这些是我们计划保护传承古歌的措施。我觉得把快失传的民族文化延续下去，是我全力要做的。面临的困难是没有非遗专业人员，工作得边学边做。

做好每一支箫笛

❖ | 刘泽松 / 口述

玉屏箫笛的来历有个传说，箫笛制作的手艺与一个叫鹿皮大仙的道人有关。明朝万历年间，鹿皮大仙去镇远赶集，玉屏的郑之山也去镇远赶集，碰到了鹿皮大仙，他们谈得比较投机。这个郑之山对人也比较热情，就邀请鹿皮大仙去他家玩。道士都是云游四方的，鹿皮大仙就跟着郑之山到玉屏来看看。到了郑家后，他生病了，郑家对他很热情，熬汤送饭，照顾他、安慰他，很周到的，慢慢地他就康复了。病好了后，郑之山就带他到我们周边山上风景优美的地方去玩，因为我们玉屏有很多优美的风景。他带鹿皮大仙到飞凤七桥去玩，这个桥是石头做的拱桥，有七个孔，从这个桥上往南边看，有座山像个凤凰，中间突出，两边就像凤凰的翅膀，这个景就是玉屏的奇景之一，叫飞凤七桥。鹿皮大仙看了这个景、这个山，很感动。这里小桥流水、青山绿水，山上又长了很多竹子，他想，这不就是做箫的好材料吗？因为他云游四方嘛，见多识广，他对音乐也很懂的。郑之山说，那砍两根回去做做。他说，好吧！他们就在山上砍了几根水竹。我们现在做箫笛用的竹子，就是这个山上产的，离我们这里也没多远，几公里路就到了。

刘泽松

竹子带回家后，鹿皮大仙把它做成了箫，吹出了很动听的音乐，郑之山听了说，真好！怎么一个竹子钻几个洞就能吹出这么美妙的音乐？郑之山家也是大户人家，对音乐这些方面也是很懂的，就向鹿皮大仙请教怎么制作箫，这个内径多大啊，圆孔多大啊。那时候大概还不知道怎么雕刻，就是照尺寸平均开孔的。然后郑之山就慢慢学会了做箫。第二年，鹿皮大仙就带着自己做的箫云游四方，据说他到了北京，住在紫禁城旁边的一座道观里。晚上，鹿皮大仙就在道观里吹，悠扬的箫声特别引人入胜，由于这个箫声音很低，传得很远，传到皇宫里去了，皇帝听到后觉得很舒服。哎呀！这个音乐听了以后好像能治病一样。皇帝就问，这个音乐是怎么回事啊？这么动听！就叫手下的大臣去打听到底是怎么回事，大臣打听了几天，正好那几天鹿皮大仙没有吹，就没有找到他。过了几天，又听到在吹，皇帝就又派大臣去找，果然就找到了，就把鹿皮大仙请进宫里，吹给皇帝听。哎呀！皇帝越听越好听，闭上眼睛听箫声就是一种非常舒服的享受，就问这个箫是什么地方出的？鹿皮大仙就说，我是在玉屏郑之山家里养病的时候，他带我在飞凤山上去玩的时候，发现这个山上有水竹，这个水竹非常适合做箫，然后我用这个竹子做成箫，带着它云游四方。皇帝说，我想在（宫廷）乐队里面增加一支箫，怎么办？鹿皮大仙说，那好办嘛，我给玉屏郑之山他们说说，我已把做箫这个技术传授给他们了，他们也可以做得很好的。

这个郑之山非常有心计，商品意识非常强，考虑这个东西是不是能做成商品啊？能不能进入市场啊？他就请了几个人办了个作坊，开始做箫笛。鹿皮大仙听说他们已经开始在做箫，而且在销售了，那就更好了，就叫郑家进贡一对箫给皇帝。那时还没有笛，只有箫，就做了一对龙凤扁箫，扁扁的。它的制作工艺现在也还留传下来，箫上有雕花，比如兰花、梅花，还有蝴蝶、蜜蜂这些图案，而且上面的孔和现在的也有些区别。现在的洞箫是四个洞嘛，上面两个，下面两个，斜斜的；当时是在一面打四个洞，两个洞是圆的，两个洞是桃子形的，很有特色，雕的龙凤也非常好看。制作给皇帝的东西肯定要做得很好，这个责任很重大的。把箫带到皇宫里去，皇帝很满意，就说，那么每年就进贡一对，以后乐队里面需要箫就去玉屏采买。这个惯例就一直延续下来了。现在故宫博物院还珍藏了一对大概是明朝时候的（玉屏）箫。

这就是玉屏箫笛的来历。郑之山家也是玉屏最早开始做箫的，他们家祖上是江西做官的，好几代都是做官的。他们家的箫笛早些年很有名，2005年，玉屏箫笛艺术节，天津有个教授带来了他们家的一对箫，刻的是"宣统元年郑之山制"，并且有个盒子装着。不过，到现在，郑家已经不做箫笛了。

我们家从曾祖父开始就制作玉屏箫笛了，曾祖父叫刘万清，懂道教文化，对音乐也了解，家里有时候也会演奏。爷爷就受到他的影响，也学会了制作箫笛。爷爷建立刘昆山箫笛社，到现在有一百零五年了，后来我父亲受到家庭的影响，也学会了做箫笛，因为当时交通不发达，就业也不容易，有这个家业做，也是很好的，这也是玉屏的传统手工艺。一开始刘昆山箫笛社也招了不少人，父亲也跟着做，那时候规模就很大了。后来父亲接管箫笛社后就做广告宣传，父亲那时候已经有商品意识了，自己又跑到武汉、重庆去推销，慢慢地生意就做大了。不过，当时玉屏也不是只有我们家在做箫笛，已经有很多家在做了。

我家祖上是从江西过来的，很多代了，做箫笛的话，到我这里是第四代。最早的时候，大家都到郑之山家学做箫笛，要学三年，帮工三年，才能自己出来开店。我们家做箫笛才一百多年，他们家有四百多年的历史了。后来这个技术慢慢就公开了，做的人也越来越多了。有的徒弟们也出来开厂啊，也学到了。加上我曾祖父他们也懂一点道教的音乐，慢慢地，他们就自己干了。道教音乐里面很早就用到了箫笛，传到玉屏来已经很晚了。因为鹿皮大仙嘛，箫笛制作才传到玉屏，也因为他云游四方，玉屏箫笛才传到外面。为了纪念鹿皮大仙，我给自己取的网名也叫"鹿皮大仙"。为了纪念他在这个飞凤山上砍了竹子来做箫笛，所以每家店铺名字都取个"山"字，你看，我们家叫"刘昆山"，还有"王金山"，郑家叫"郑之山"，现在还有"紫金山"，最早注册商标的是"刘金山"，我们"刘昆山"箫笛社成立已经有一百多年了，"刘昆山"注册成商标有八年了。

我的曾祖父刘万清，我只稀稀拉拉地记得祖上说了点关于他的事。他原来是道观里吹箫的，回家里也吹。那时候玉屏街上已经有箫卖了，他们就在家里试着自己做，听家里的老人说，曾祖父他们为了做箫，家里不让上山砍竹子，就自己饿着肚皮去，扛不动了，还倒在路边，家里还派人去找。爷爷也跟着曾祖父学吹箫。这个东西啊，现在才领悟到，做箫做笛啊，一定要先会吹。曾祖父会吹，对爷爷的影响是很好的，因为要会吹才能调音，调准音。以前我做箫笛，走了弯路，没学吹就开始做，结果很可能是音不准，现在才知道是错的。我爷爷会吹了，才有了兴趣去做。后来家里面就想，这个东西能不能当成商品卖啊？那时候，玉屏已经有很多家都在卖箫笛了。清朝末年，家里就开始做箫笛来卖了。

我们一直都住在这个位置，以前是老房子，现在改修了。以前这里是个水码头，我们山里的桐油、五倍子、粮食、木材都是从这个水码头运出去，外面的食盐、布匹就从这里运进来，玉屏是黔东门户，靠近湖南，是进贵州的必经之路，人来人往很热闹。我爷爷眼光也是很准的，知道这是个商业的黄金地段，所以把房子建在这里。地段好，爷爷刘昆山做的箫笛质量也好，人又勤奋，箫笛生意自然就不错，当时家里还开了个小旅店，有三间房，来来往往的人也很多。后来就专门开个小作坊，请了几个人。这样过了很多年，我父亲他们也跟着爱上这行，跟着做箫笛了，再加上父亲有点文化，虽是小学文化，当时已经是很不错了，会认字，会写字，写点小文章。父亲叫刘文中，（他）开始想到要做点广告了，那时候国民政府也举办什么展览会啊，我父亲很有眼光，争取到里面去搞宣传啊。父亲还到重庆、武汉去做过广告，他就把玉屏箫笛的历史编成了故事，我们箫笛的介绍、联系地址，写好了，拿到几十公里外的湖南新晃去印刷成小单子，再拿到武汉、重庆去散发，慢慢地规模就扩大了。我祖父做的时候，乡下也有人在做，附近的踏坡，还有湖南地界的两个地方——陡七、倭曼，他们是做成半成品，然后再卖给店铺，解放后，不准单干了，就没做了。那会儿已经形成了两种生产方式，一种是店铺生产，一种就是半成品再加工。爷爷他们做的箫笛经过中间商，已经带到全国各地了。远征军到滇缅作战的时候，经过玉屏，有个将军用的拐杖还是玉屏竹子做的，现在被玉屏箫笛博物馆收藏了，上面还刻什么"路行万里……"鼓励远征军上前线杀敌。以前我们的产品不仅仅是箫笛，还有拐杖、烟袋和一些小的工艺品，现在好多都没生产了。那时候产量也不大，毕竟都是手工做。

后来就解放了，不准单干了。刚解放，各方面的秩序还没理顺，商业、机构还没建立起来，后来就走合作化道路，工商业改造，把一家一户组织起来，成立一个合作社，利用我们家的店铺，工人在这里住，在这里生产。当时取名叫玉屏箫笛合作社，有照片的，他们在店面门口拍的，照片上的五个人就是创始人，我父亲是其中一个。成立合作社后，管理上比较混乱，不久又散了。我父亲对这个又非常热爱，他又重新组织，工人们就住在我们家，也不收租金。那时候还很困难，家里养的猪也卖了来做资金，又动员大家入股，一个人凑二十、三十块钱，又成立起来，慢慢就好起来了。父亲有点文化，管理也还可以，不过也只干了两年多。20世纪50年代，政府又要成立玉屏箫笛厂，拨了一块地，修建了厂房，我父亲就进了厂，管理业务，当会计。郑之山家的子孙郑飞真在那里当厂长，当时玉屏做箫笛的很多人都进了厂。本身玉屏箫笛的名气就很大，当时也没什么工业，政府对这个很重视，最多的时候厂子有一百多个工人，生产的箫笛还出口了。那是20世纪60年代的事了，我父亲专门写了回忆录。

父亲很忠厚，比较讲职业道德、讲诚信。他说，学做笛、学做箫，首先要学做人。这一点我是很重视的，我教徒弟也是这样说的，首先要学会做人，要诚信，要对质量负责，要有道德。比如说我们的网店，顾客都是全国各地的，甚至有海外的，那隔着千万里，要你来做箫笛，要求怎么做，要仔细看，要像做自己的事一样，踏踏实实地做，人家用了我们的箫笛，满意！诚信，这就是我们的生存之道。我一直都坚持诚信二字，顾客是衣食父母，自然要全心对待。箫笛是乐器，不是玩具，要认认真真做好每一支笛子才对得起自己、对得起客人。要箫的人希望能拿到一根好箫，我们做的人也希望能做一根好箫，大家都满意，这就是个美妙的过程。我教学生也是这样要求的，如果粗制滥造的话，人家说，恶有恶报、善有善报，你做得不好，很快就会垮台。

网店竞争特别厉害，成也萧何，败也萧何，你要是有两三个差评，你这个网店就垮掉。我们刘昆山箫笛社网店的评论还是可以的，我们都是认认真真做，他们有什么要求，我们都尽量满足，有问题都尽量解释清楚，不满意就重做。

我是1946年生的，我小的时候，家里面的人都在做箫笛，那时候玩具也很少，又没电视、又没戏看，只有箫笛可以玩，还可以学吹歌曲，学会吹了就越来越有兴趣，就跟着做。我们家三个孩子，就只有我学会了做箫笛，最开始是传男不传女，后来就打破这个禁忌了。吹箫笛，要吹响就不容易，以前也没什么好方法教你，不比现在，现在有专业的老师教，那时候父亲很严厉，我吹不好，他要骂人的。我是先自己偷偷学，后来父亲才教的。父亲看到我能吹，也很高兴的，那时候我十岁吧。现在知道，要先吹响，至于"哆来咪发唆"是下一步的问题。笛子上的孔有吹孔、膜孔，还有音孔。首先这样拿着（刘泽松一边说一边做示范），不按孔的时候，先吹响，吹响后才能按孔，我当时也是花了很多功夫才吹响。学校里面上劳动课，也学做箫笛，还参加劳作产品比赛，回家也跟着父亲学。那时还不会刻字，锯料、打孔这些会的。记得在上小学时，老师叫我做了一对箫笛参加铜仁地区展出，制作过程中，我不小心还把一个指头砍伤了，幸运的是获了奖，心里特别高兴，到现在还记忆犹新。

我上过初中一年级，"过粮食关"期间，不准在家里生火做饭，要吃食堂，学校、工厂、农村都是这样。当时食堂里的饭菜真差，很可怕，吃不了，就回家吃点。但在家吃要被开除的，我们也冒着风险。我记得有天，我实在遭不住了，就和两个同学跑出来，人家就喊：抓住！有三个人跑掉了！我们就拼命地跑，跑到一个烂房子里面躲起来，就没被抓着。第二天，学校说，他们三个打饭时跑了，怎么处理？干脆开除！我们一听要开除，就没敢去学校了，父母亲也没去说，就这样再也没读书了，就读了初中一年级半年，所以现在说话啊，写字啊，要差些。

父亲一直在玉屏箫笛厂干，干到20世纪80年代退休。鼎盛的时候，箫笛厂的产品还出口，很红火的！那时候国有企业是响当当的，不简单的哦。工人的待遇很好，外面开会啊，学习啊，上北京啊，受表扬、表彰啊，很好！后来因经济困难受些影响，退了一些工人，那时候没吃的，国家经济调整，很多人受影响。

我没上学后，箫笛厂还很红火，也招学徒，1961年，我就干脆进厂当学徒，能进厂工作已很幸运了，人家会说：哟，他家仔还是不错的！能到厂里工作啊！本身我也喜欢箫笛，也心灵手巧。当时我爸爸是箫笛厂的会计，管业务。当年我进厂当学徒，每个车间都要学一年，共学三年，学完就评级。当时我的成绩还可以，厂里说：哎，这个小伙子还可以，给他评两级吧。

我们也很主动地、谦虚地跟老师傅学，自己也刻苦钻研。厂里有三个车间，制坯、刻字、成品，包括上颜色、包装。制坯就是到山上砍来竹子后，根据竹子的大小、生长的年份、材质、节的长短，等等，然后下毛料，下好了以后就烧，用火烧，用工具给它校正。以前老祖宗烧制还不是用火烧，是用山上长的一种草来烧，慢慢地一根两根地烤。烧制还为了防止生虫，竹子里有糖分，烤干了，虫子就没得吃了。烧制很讲究，火大了，要烧煳，火小了，烧不透，控制好火候才能烧得均匀。还有一个几乎失传的工艺就是压扁箫。1913年在英国伦敦举行的国际工艺品展览会上，玉屏箫笛获得银质奖；1915年在美国旧金山为纪念巴拿马运河开通而设的太平洋博览会上，获金质奖。获奖的箫就是扁箫。这个工艺就很考究，技术含量就很高，既要扁，又不能压爆，一般的就是烤直了后放在库房里，分一年、二年、三年库房。下好的毛料不是当时烧了就可以做，要放三年以后才可以做，第一年只能干，第二年由于热胀冷缩，太嫩的竹子因为收缩得厉害就做不了了，太老了的呢，又会裂开。三年后，既不裂，又不收缩的，就是好材料，可以做箫笛了。竹子至少要有三年竹龄，嫩竹子结构松弛，吹出来音色很差，没有分量，要长得结实的竹子，而且要长得很好，圆圆的，锥度，还有椭圆度，还有竹节，长了多少节，还有厚度，很讲究。砍竹子的时间也很讲究，每年寒露以后、立春以前是砍竹子的最佳时间，立春后水分就渐渐多了，烧制不容易了。采购的人要上山去看，这个竹子长在树林里半阴半阳的地方，这样长高了，树林可以做支撑，太阳来了，树可以遮一遮，风来了，也可以挡一挡。我们玉屏箫笛之所以有名，选料就是很讲究的，一对好的箫笛，每个节都是要对上的。原材料决定做出来以后的箫笛的音色和外观。现在这些爱好者也很懂的，都知道要三年的老竹，要放在库房里三年哦。所以好的箫笛要上千元一支，不容易啊！

　　三年后拿出来，看是什么竹子，看是紫竹，还是水竹、山竹。水竹、山竹一般都做笛子，紫竹是做箫，也可以做笛子。做笛子的竹子一定要圆，做箫呢，扁一点可以。锥度上下差不能超过一毫米，椭圆度也不能超过一毫米，笛子的要求要严格些。选好后，根据内径大小定调，内径十四毫米做F调，十五毫米做E调，十六毫米做D调，十八毫米可以做C调和箫的G调……这个有个规则的，内径多少，下多长的料。现在的箫有六个孔、八个孔、九个孔；笛子有七个孔，八孔的也有。以前有个计算方法，百分比，每个孔占全长的百分之几，有公式，但在生产中不适用，很费时间。你要掌握这个技术是怎么做的，然后就照尺寸做成架子，比如F调，就用F调的架子，确定音孔的位置，然后在机子上打孔，以前是用手工打孔。我有个绝活——手指测量法，用手指伸进孔去，摸一摸，就知道有多大，不会误差0.1毫米。我这三根指头很管用的，我的这个绝活，徒弟都没掌握，主要是凭经验嘛，我看看眼孔也知道。手艺人嘛，手上的感觉，眼光的准确，摸一摸、看一看就知道了。

打眼以后就要调试了。如果是笛子的话，首先要把吹孔搞好，膜孔可以暂时不打，然后调音孔，一般是从最下面的音调起，从"唆"调起。以前还有一种方法，就是水测量法，就是打下吹孔，把竹子放在水里面，横着吹，水路就是音的位置，这个很难掌握，现在几乎不用这种方法。以后就用钢琴、校音器调音准。其实最关键的是吹，如果不准，再用校音器校正一下，现在的学徒也很方便了，有校音器嘛。不过，用耳力听才是真功夫，电子仪器校正的是标准音，笛子在演奏时，"哆来咪发唆"要同时出来，那个平衡的问题还是要靠听力来调，这是调动平衡，校音器是调静平衡。还有个问题，温度特别影响音准，天热的话，音要高出五十个音分，"哆"到"来"之间，有两百个音分，半音就是一百个音分，夏天做的时候要比标准音低五十个音分。做笛子的环境温度要求在18摄氏度到20摄氏度之间，我们的工坊都挂有温度计的。做箫笛国家有标准的：温度在15摄氏度到20摄氏度之间，湿度在60%，箫笛的音的误差不能超过十个音分。

在实际操作中，打的孔是圆的孔，调的是椭圆的孔。通过把这个孔从圆磨到椭圆来调音。每个音都要调，很麻烦的，演奏用的箫笛都要这样调。调好了以后呢，还要看八度准不准，三个八度之间准不准，在误差的范围内，就可以。音调好了后，每天还要吹，微调，调平衡，这个刀就动得很小了。吹一首曲子，高音也出得了，低音也下得去，这就行了。这是专业演奏的箫笛，要求制作人有娴熟的制作技术，还要有演奏的技术。这不是一件容易的事。

接下来就是刻字，表面装饰，有的雕点山水，有的刻几个字，专业的一般都不做浮雕，这个对音准有一定影响，就刻几个字，有的不上漆。现在的人觉得生命很重要，健康很宝贵，上漆有污染，要么就打打蜡、抛抛光啊。要是做成工艺品，或者收藏，就要复杂些，用雕刻装饰，有各种字体，行书、草书、篆书，图案有多层次，立体、半浮雕、全浮雕，等等。上色，有的要上仿古色，有的要上棕色、黑色，有的还要绕线。包装有木盒、竹盒。一对箫笛最贵要卖到三千元。

玉屏这个扁箫是小小的，现在他们叫琴箫，口很小，吹奏难度比洞箫大很多。马上用扁箫吹的话，不一定能发声的，所以要修正口风，要改变口型，要加强气流控制，这个音才吹得出来，但是这个音非常的优美。扁箫的音听上去就像回到了远古时候，韵味特别悠长。现在演奏的人少，因为它的舞台表现能力要差些，就是那些文人雅士自娱自乐吹一吹。它讲究环境优雅，材料要用水竹，内径在十四毫米。

以前玉屏还有人组织雅集，这边有人在吹扁箫，那边有人在写书法，还有人在弹古琴……这种情景啊，一般人很少见到，更不要说亲身体验过，想一想这个画面和境界。有时候吹箫就是吹境界，吹这个意境，真正是享受，说不定那些不高兴的人、害病的人，到这个场景啊，马上就会好很多，真的！现在不是说有音乐可以治病吗？

扁箫是要在冬天用手工压，用火烤，一边拉直，一边慢慢压，最后要压成像鸡蛋那样的椭圆形，里面要打通，不打通要爆，现在能做这个工艺的人不多了。

我进了箫笛厂后，当时的厂长郑辉丞把我送到上海、杭州、苏州等地学习。在师傅们的指导下，我很快掌握了箫笛生产技术，回来后成为箫笛厂第一任技术组长。我还开发了很多新产品，像三只套、龙凤礼品配套盒装、长短三口箫笛等。还有像过去音高了、低了没法调，后来发明了个铜套，这个是在广州闽南乐器厂学习的。大概三十年前，我们去闽南乐器厂学习调音的方法。那时候技术还是比较保守，（人家）不太欢迎我们去，我们就在那里闲逛，问人家，也不太搭理我们，看也看不出什么名堂。我们就积极给人家干活，很勤快，人家慢慢就不讨厌我们了，慢慢就熟悉起来了。当时看到一个设备、一个焊枪、一个油桶、一个皮老虎，看着他们用脚踩踩踩，就把这个铜管给焊接上了。铜管怎么套在笛子上，回来我们都可以慢慢琢磨，但那个机器很关键。那时候又不像现在，什么东西都买得到，那时候很难的。我就尽量靠近看，帮师傅干活啊，慢慢地我就知道是怎么回事了，他们不在的时候，我就踩了几下那个设备，知道油桶里装的是一半汽油、一半空气。回到玉屏后，我就自己做成功了，我们可以自己做铜套了，就可以调节箫笛的音高音低了。这就是玉屏箫笛的一大进步。现在做这个铜套简单，直接拿到外面请人定做，打个电话，工厂就给你生产了。

箫笛厂有一段时间不景气，就叫我管创作发明，多种经营，我就去管做木（材）的机器，做纸箱，就远离了箫笛。改制后，这个厂分成了纸箱厂和箫笛厂，把我分到了纸箱厂，觉得我脑袋瓜子要灵活些。我就说，国家花了好多钱培养我呢，送我去北京、上海培训，毕竟我还是掌握了一定的制作箫笛的技术。那时候我三十多岁，正是干事的年纪。我到县里面去反映，要求把我留在箫笛厂，但县里不干。一九八几年我就干脆回家自己做了，那时候政策开放了，允许单干了，到现在已经差不多三十年了。那时候我父亲已经退休在家开始自己做箫笛了，我就回家和他一起干，开始收徒弟，成立"刘昆山箫笛社"。人多的时候，我家楼上楼下都住满了。2007年、2008年、2009年发展最好，那几年我们还搞春节晚会的，十多个人都要演节目的，吹箫的、吹笛子的。还组织大家出去旅游，每个月发工资都要发两万多元。那时候招人也好招，不像现在，年轻人都不愿意待在家里，都跑到外面去打工了。开始我不知道要先教徒弟学吹，结果做高档产品就感觉困难，现在知道了，徒弟来以后，制坯的要先学吹奏。现在在这里做工的徒弟就是经过专业老师培训的，已经学了一年了。我给专业老师说，我们是培训专业制作箫笛的，你一定要多给他传授音乐知识，还有听音准方面，多训练哈。现在他还可以，就是工艺上、手艺上还差点，眼孔的椭圆度、斜度、形状，等等，还要多练习，只要他喜欢做就好办，慢慢锻炼嘛，熟能生巧嘛。他还是很刻苦的，其他徒弟都走了，不过他们在外面，也在给我做，要不然，我一个人做，维持不下去的。他们每个人的技术情况、思想情况我都是清楚的，他来交货，我只要抽查一下就知道了，再说他们出去后，对质量更加重视了。他们也可以给其他人做，灵活点嘛。

手艺是我传给徒弟的，但有的东西是由市场决定的。我的感觉，这个非物质文化遗产，一个是要靠生产性传承，一个是靠媒体传承，还有就是靠市场传承，如果没市场的话，这个非物质文化遗产真是个麻烦事，国家能有多少钱进行补贴？能补贴一年？两年？一百年？这是长久的事情。我们玉屏箫笛制作人传承还有个最好的方面就是音乐，音乐是全世界相通的，"哆来咪发唆"是世界语言，所以箫笛这个技艺是不是可以传到国际上去？你看，这个箫有八个孔，只要解决了半音问题，就可以演奏外国的音乐，箫笛的音色是外国其他乐器做不到的，管乐再好，它怎么也吹不出我们中国箫笛这个韵味，如果半音解决了，就可以吹吹外国的曲子，让他们尝尝我们的韵味是什么了！

要做好箫笛，首先必须培养人才。我认为这是最为重要的一点。做箫笛的人一要爱箫笛，二要刻苦勤奋，三要有优良品质，就是三个字：爱、勤、优。其次靠市场传承，把它创新，保持这个核心技术。创新，可以变种啊，扩大形式。市场承认，有效益后，大家才有兴趣继续做，这样就可以传承下去了。比如我，我基本把我父亲的那套绝活都学会了，并且我还发挥了一些，像手指测量法，父亲就不会。还有这个眼孔用刘氏刀法来校，左右开弓，别人挖孔和我们不一样的，这个刀法我都传给徒弟了，左边校，右边校，不抽刀，左边右边，左边右边，很快。当然，徒弟们在实际操作中还要去体会，这个需要时间。我带了十多个徒弟，有的是县管专家了，并且还获得专利，大部分都自己出去独立了。要有利于箫笛的发展，不能把他们固定起来，拿破仑不是有句话吗，"不想当将军的士兵不是好士兵"，我说，不想当老板的工人也不是好工人，让他们去发展、去壮大，这是好事！

我的小女儿也在跟我学，基本上能做了，但要做到我这个程度还要一段时间。她在北京搞了个办事处，卖箫笛啊，组织箫友会啊。2005年，我女儿回来探亲的时候，有人问她，你是玉屏的？她就说，我家都生产箫笛嘛。人家就说，现在这个网络销售大得不得了，你们怎么不在淘宝搞一家店？我女儿刘莉对互联网也很熟悉，她就决定去搞一搞。到现在店铺经营八年了，还不错，已是四个钻（信用）的卖家了，真不容易啊！你想想啊，要卖几千根箫笛啊，都要好评啊！我这辈子争取做到皇冠卖家。做箫讲究要有好的心情、好的境界，也不是随随便便就可以做好的，心要清净，要专一，就好像信佛教一样，如果做着做着被打断了，就继续不下去了。一般做的时候都是晚上做，九十点钟以后，比较安静，情绪也比较稳定。这不是迷信，真是比较讲究啊。白天可以做拉直、搞通、抛光这些事儿，校音必须晚上做。做箫笛是个长寿的职业，吹使肺活量大；吹音乐的时候，沉浸其中，心情也很好。我喜欢做箫笛。

我能做多久就做多久，现在国家也很重视这个非物质文化遗产，把我们的地位抬这么高。这次去香港，没想到这么多人喜欢箫笛啊，全部卖光了！还接了一万多块钱的订单。当时没考虑到运费，从玉屏发过去，运费都要七十元！算了算了，也不要计较了！最终的目的是人家能说个"好"字，说还可以！这样我就很满足！我做的箫，卖一千五百元一根。这个东西你不能只朝钱看，也不是很了不起的东西，人家能出一千五百元买根箫，我认为还是可以的了。

以前一根箫最便宜才卖一块多钱,最多的时候一年可以卖三万多根,现在产量下来了,营业额上去了,这也与政府宣传和国家重视有关。我们也把质量搞上去了,共同努力,大家才认可。

我做了几十年的箫笛,体会到箫笛的好坏关键在音准上。有的玉屏箫笛偏重在雕刻上,雕刻超过了制坯、校音,所以现在还有个不好的名声,认为玉屏箫笛只好看,不能吹。我这一辈子的目的就是要改变人家这个印象,现在玉屏箫笛可以了,基本上音准了,但这个印象已经根深蒂固了,专业演奏的市场好像给玉屏箫笛"判刑"了:好看不好吹。因此要通过很多很多的努力,不光是我一个人的努力,还要其他做箫笛的一起努力,把这个音准搞准,改变大家的印象,这个是最根本的。如果玉屏箫笛可以上舞台吹奏,那销路是很广的。演奏的箫笛要求高,不是每个人都能做,一个人没有三四年的功夫,真的是达不到这个水平,不是开玩笑。最终做好了,能演奏了,还得要看看工艺。

传承嘛,我觉得第一是生产性传承,要在保持核心技术——雕刻的基础上,有创新地开发新的产品,争取在市场上有销量。再就是要培养接班人,家庭培养、学校培养、工厂培养都可以。还有宣传也要跟上,现在玉屏吹箫笛的人很多了。还有就是要和国际接轨,解决半音问题,能够演奏外国乐曲。

我们做的箫笛有好几十种,长短不一、调门不同、雕刻不同、材质不同,等等。雕刻的名堂很多,雕刻出的作品中有很多故事,比如"张良吹散八百子弟兵"、"玉女弄箫",红楼梦里的故事、场景,还有毛主席诗词。我收藏的玉屏老箫上,通过篆刻字体的变化,也可以看出箫笛的发展。搞研究的人就需要这些。"文化大革命"时期就喜欢刻上松树、太阳,刻上毛主席诗词,现在的人喜欢的又不一样了,喜欢一些清雅的词句,什么"上善若水"啊,"厚德载物"啊,显示他的品位。

2005年,我开始出去展演,北京、上海、深圳、重庆、香港、澳门,都去了。我们出去了解了市场的供需情况,知道了箫笛在大家心中是个什么地位,大家认可不,爱好的是什么群体。外国人也有喜欢我们箫笛的。所有的媒体来我都特别欢迎,宣传我们玉屏箫笛,这多好啊。台湾和国台办联合录制了一百个非物质文化遗产传承人的节目,我和他们录制了三天,从上山砍竹子开始,一整套,很详细,整个过程全部录下来。

　　家里的这块"祖遗平箫"老匾有一百多年的历史了,以前挂在老木房子的。每次看到这块匾,我就想,一定要把祖传的手艺传下去,让更多的人了解我们玉屏箫笛。

传衍文脉 3

继承上的创造

❖ | 姚茂禄 / 口述

姚茂禄

我从学校里出来后，就跟着我叔父学做箫笛。我叔父在玉屏箫笛厂工作，他在绘画、雕刻、设计各方面技术都可以，尤其在音色方面有丰富的经验。玉屏箫笛厂是1955年成立的，叔父是1957年进厂的。20世纪50年代时五个人成立了箫笛合作社，后来扩大到二十多个人时，我叔父就进厂了，他一进来就搞设计、搞制作。

1961年，我十六岁时进厂，到现在有五十三年，没出去过，一直到现在。进厂后学习了十年，到1971年，我就负责厂里的生产和销售工作，1982年任副厂长，1997年担任厂长，直到现在。干了这么多年，在箫笛制作和箫笛销售上我都有丰富的经验，我们生产的箫笛和上海的、苏州的、浙江的对比，用他们的长处来弥补我们的短处。我进厂不久就有这个决心了——把玉屏箫笛厂搞好！到20世纪80年代，我就把原来的二十多种产品扩大到现在的四十多种产品。特别在改革开放之后，我看到旅游业特别发达，就决定一定要把箫笛做成旅游产品，只有这样，我们才有生存之路，所以我就着手开发新产品。玉屏的短浮雕箫笛、袖珍箫笛、短箫、尺八箫，等等，都是在我手里开发的。

日本的尺八箫、韩国的箫笛、新加坡的箫笛，我都研究过，也都制作。这些箫笛在国际市场上很有销路，我们的产品卖到了日本、美国、澳大利亚、新加坡和我国的香港、台湾等地。我记得2002年2月，德国就购买了我们五万多元的产品。

韩国向我们订箫，但出价太低了，五块钱一根，我给他们要八块钱一根，他们都不干，还要求我们每个月发三万支给他们，我就没给他们做。第一，我们没这么多资源；第二，他们的价压得太低了。过去我们是以数量取胜，靠卖材料来取得低额利润，一支箫利润仅几元钱。现在我们生产的不仅是乐器，更是工艺品和收藏品，注重以工艺提高品牌含量。现在，我们十万支笛子的产值相当于过去五十万支的产值。现在我的想法是这样的，资源少，箫笛要做好，价格要提高，这样既能保护我们的资源，而且我们厂里的利润也能够提高。

就算这样，我们生产的箫笛还是便宜，我到苏州、上海去看，同样的箫笛卖八百到一千元一支，我们才卖五百到六百元。有一次，有个客户到我们厂里来，当时我以为他是喜欢吹笛的广东人。他在厂里选笛子，左挑右选，吹一支后便放在一边，又吹一支又放一边。最后，他问多少钱一支，我说二百四十元一支。他问一共有多少支，我说有两百支，他便说我全要了。这时，他拿出他的名片，一看才知道他是台北市民乐团的指挥。他对我们厂的笛子给予很高评价，他说我们的笛子制作很精致，音准很好，98%都很准，质量不亚于上海、苏州的，甚至还要超过他们的产品，而这种笛子在日本市场要卖八百到九百元一支。

玉屏被誉为中国箫笛之乡，所产箫笛举世闻名，"仙到玉屏留古调，客从海外访佳音"就是对玉屏箫笛的赞誉。自古以来玉屏箫笛的名声很大，国家大小会议，好多都用我们的箫笛作为赠送的礼品，国家领导人出访，或者外国友人来我们国家访问，都用我们的箫笛作为礼品。当年陈士能任贵州省省长的时候，我到北京，送了一套给他。省领导也用我们的箫笛送给友人，所以我们的箫笛前途是有的。现在主要的困难是技术人员少，我这么大的年纪了，县里不让我走，说是我走了后，影响品牌，所以我还留在厂里。我们有个副厂长，他在这里干了七年，后来调走了。作为国家级非遗传承人，我有责任和义务要把箫笛传承下去，一代代发展下去。

玉屏箫笛过去一直以外形的雕刻工艺见长，音准是个弱点，包括我自己进厂工作后，很长时间都不知道音准的重要性，只知道按照师傅比好的刻度去开孔。我当厂长后，发现这个音准问题很重要。后来我去上海跟陈振声学习后，才知道根据内径的大小和孔之间的距离来定音，有个很好的计算方法。比如F调的，十四毫米

传衍文脉 3

的内径竹子做最合适，但是不一定每根竹子都是十四毫米的，这就需要计算孔的距离。

这个笛子中间的铜套是上海音乐学院的一个教授教会我们做的，主要是解决天热或天冷时，音不准的问题。笛子越长越粗，音就越低，相反音就越高。如果天气很冷，音高会比正常天气高一点点，就把铜套拉开一点，音就降下来了。我后来把这个铜套技术用在制作上了。

我当了厂长后，一天十多个小时泡在这上面。为了定音，我花了很多功夫。箫有多少调，笛子又有多少调，我计算好，根据内径的大小编成尺码表，比如十四毫米的内径，做成A大调，开孔从哪里开，然后下面的孔隔多少厘米打一个，我专门做了个表格，我这个表格很好懂。我又按照内径和调的不同，用竹条做一个刻度条，按照这个刻度条开孔，可以上下微调，做出来基本都是准的。做好了再用校音器校下来，一般相差一两个音分。管乐器在十个音分之内，都是好乐器。现在玉屏做箫笛的人个个都用我这个办法。广西的一个客户，他要C调的，但只要六十厘米长的箫，正常的C调人的手是够不到的，所以我们没做过。客户提出这样的要求，我头痛了，搞了两天，才算出来。

玉屏箫笛原来是平均式开孔，所以音不准，但雕龙画凤，好看！可以说九十年前的产品，98%的音都不准。我们现在是根据消费者的需求来定制产品，现在我们哪些产品音不准呢？旅游产品、工艺品、普及型产品等等，高档型的产品音一定要准。市场上有些笛子，卖一千多元，还赶不上我们这个三四百的笛子的音准。

我当了厂长后，还开发了好些新产品，比如玉屏尺八箫。我到杭州学习时，见到日本人用尺八箫演奏，觉得很有韵味。尺八原来也是从唐朝传到日本去的，日本保留了制作工艺，我们后来反而失传了，近些年才又从日本传回中国。后来我考虑这可不可以成为我们厂的新产品呢？我从杭州乐器行购买一支尺八箫带回玉屏，经过反复推敲之后，终于掌握了它的基本规律，并考虑用本地竹材做到那种效果。我选上好竹材，做了几支，效果不好，经过多次的试验，终于在一年之后，研制出了具有玉屏特色的尺八箫，达到声音浑厚、低沉，音域宽广的标准。我们制作的玉屏尺八箫，卖到香港去，卖了四五万块钱。美国的旧金山博物馆也收藏了我们的玉屏尺八箫。

埙箫的发明应该说是灵感之作。一次，我无意中翻到中学的历史教科书，其中谈到了埙箫，我抱着试一试的心态，将教科书中提到的（知识）和自己在制箫过程中的经验结合起来。经过认真推敲、比较、计算，终于在半年后制作出了第一支埙箫，它不仅具有教科书上所说的那些特点，有的甚至超过了教科书的描述。

竹根箫的发明也不是特意去制作的，有一次送材料的人给我送来一堆材料，其中有一些还带着竹根，开始不太注意，后来我越想越觉得如果箫带上竹根，是不是在声音方面就有所不同呢？我交代制坯工人先不要锯去竹根，经过一年之后，竹材干燥能适宜做箫了，就选取一些来试做。我留下竹根做箫，锯去顶部不规则的部位，留下比较平整的底部，通其孔，按玉屏箫的方法制作。不出所料，留有根部的竹子，因其竹材厚实，音色更佳，从而制作出了独特的玉屏竹根箫。

二节笛是我从杭州学习回来，根据竹材的需要，量取竹材的长短，内径的大小，音孔的大小适宜，精密计算，再经过不断修正音孔、校准音位制作出来的，它达到了专业用笛的标准。

我们生产的二节笛、尺八箫得到了吹奏家的一致好评，香港中乐团箫笛演奏家陈鸿燕老师使用了我制作的箫笛后，对其音质给予了较高的评价。

2002年，我们又重新研发出在明清时就是贡品的箫中珍品——扁箫，此箫在1915年的巴拿马太平洋博览会和1913年的伦敦国际工艺品展览会上，分别获得金奖和银奖。这是我国乐器在世界上首次获得的最高殊荣，但是扁箫在1977年停止生产。现在经过改造后的扁箫，既保持音准，又使低音更浑厚，声音又明亮，外形更精致美观，更具有艺术收藏价值。

我制作的箫笛，音准、音色要求都很严格。做得多了，我也学会了吹。上海全国乐器博览会对我们的箫笛赞不绝口，每年都向我们要很多货，特别是箫，第一能吹奏，第二可以收藏，第三有观赏价值。现在我们有校音器了，可以保证音准，演奏箫笛必须要通过校音器的调音。一般旅游纪念性的箫笛，好看，但是吹出来，音就不一定准了。现在买我们箫笛的人，98%都是用来观赏、摆起好看的，买来演奏的还不到两万人。你想想整个贵阳市，上百万人口，真正懂得音准的还不到三十人。

要做好箫笛，首先选料是关键：第一是要选三年生的竹子；第二是竹子要圆；

第三是上下两头要一致，管型要一致。如果用不是一节的竹子来做箫笛，一百根箫笛当中，只有十根是准的；如果用一节的竹子来做，一百根中有九十根都是准的，因此最好选没竹节的。我们做的箫笛只取材产于玉屏侗族自治县的太阳山和飞凤山两个地方的竹子，竹节长而均匀，竹壁厚薄适宜，质地坚实，其他地方所产同类竹子，制作出的箫笛都没有这种神韵。其次是制作工序必须严谨。箫笛的制作从选料到成品，一共有几十道工序，箫的制作还要增加"开叫口""开花窗"两道工序。再次是雕刻，箫笛雕刻分刻字、刻图。传统产品最初只刻店铺字号、日期。1930年起，有龙凤、花卉、山水雕刻，雕刻内容之后逐步丰富，现在雕刻的内容更加丰富了。雕刻大致分为脱墨磨字、粘贴图样、雕刻、水磨纸屑四道工序。首先应该是学会传统的雕刻，并在继承的基础上创造出一些更具时代性的图案，更贴近人们的生活，适合现代人的观赏水平、生活习性等。最后是成品，经过烘烤上镪水、水磨洗涤、填色、揩去颜色、上漆等几道工序。在这些工序中以打磨工艺为主。早先的打磨用骨节草，擦去箫笛表面尘垢，再用玉钏子打磨光亮。1958年后，改用水砂擦笛、寿珠子打磨，这个工艺现在也还在用。只有经过取材、制作、雕刻、成品四个精工细作环节，才能制作出工艺精美、音色纯正的箫笛。制作是最关键，尤其是演奏的箫笛，如果拿起来不能吹，那就不行。

现在我们厂的产品一共有五大类：收藏型、礼品型、旅游型、演奏型、普及型，共四十多种产品。我们产量不大，一年卖十五万根，利润一百多万元，有十五个人在生产，我主要是把把关。我去台湾，台湾"清华大学"的一个老师，对我的箫笛赞不绝口。国外也有我们的产品，如美国、日本、韩国、新加坡等地。

我当上箫笛厂厂长以后，就把箫笛厂的传承工作放到首位。我经常给职工们敲警钟，当今社会，是要靠质量取胜的年代，不仅是要把产品生产出来，还要把产品质量和外观做好。我经常给本厂的职工讲解箫笛制作，首先，让职工们认识材料，知道什么季节买竹，竹材多少年的最好，做笛子需要哪几节，做箫哪种材料最好，哪些竹子做下来中音比较准，哪些不行，哪些竹子能做到高音等，都一一讲解。在制作竹笛或箫时，我们要根据竹材的需要，观察内径大小，估计竹材内径更适合于制作何种调号的竹笛或箫，这些都要职工们不断进行实践、不断实际操作摸索出其中的规律。我们把有技术的职工抽出来，作为本厂的技术人员加以培养，使他们逐渐成为制作箫笛的专业人才。我带了些徒弟，有些走了，其中有我最喜欢的一个徒弟，他不喜欢箫笛制作，走了！现在还有一个在跟着我学，学得还可以。现在喜欢做这个的年轻人少了，坚持不了。我现在在厂里当厂长，一个月四五千块钱，如果我在外面做，早就发财了。我都六十八岁了，想退休了，但县里面不放我。

这个箫笛，要学做，一个月就学会了，但要做得精，十年都不一定做得精。有的人即使按照要求做了，但是音准达不到标准。

现在我们做的高档箫笛，音准、音色、音量、音质都要达到要求。中国乐器协会有个箫笛分会，每年都要开会，专门研究如何才能把这个乐器做好。当年我叔父他们那一辈能够吹，能够制作，也能设计，但是他们不晓得音准，黄不黄（注：音准不准）不晓得，那个平均式开孔很难得准。那时候只知道一样就行了，那个年代和现在有很大不同。

玉屏箫笛出名是因为雕工，最出名的时候是20世纪40年代，就是日本投降的时候，很多人来买，很早以前在巴拿马得金奖的，和茅台酒一样啊。1991年，玉屏浮雕和微刻龙凤箫笛又荣获北京第二届国际博览会银奖。

做芦笙既是木匠活又是铁匠活

❖ | 莫厌学 / 口述

莫厌学

我是跟父亲学做芦笙的，我喜欢做。讲个笑话，以前年轻人哪个吹芦笙吹得好，你带芦笙一上场，姑娘都喜欢你，你要是不会吹芦笙，你再漂亮姑娘也不喜欢你。以前我们这一带就是这个样，现在的年轻人就不是这样啊。我老婆就是看我吹得漂亮才喜欢我啦，我又会吹又会做嘛。我家两个儿媳、两个崽，还有两个姑娘、一个女婿，还有我老婆和我，九个人都在做芦笙。两个姑娘嫁出去了，她们各自在她们家做。一个姑娘一个女婿，他们自己做自己收；还有一个姑娘她做一些半成品，然后星期六、星期天拿回来到我这里组装。

我从十五六岁就开始做芦笙了，我父亲说你看我怎么做你就怎么做，你自己做，做满一百二十个芦笙你就成师傅了嘛。到现在我是第四代，孩子是第五代。我们这里叫排卡寨，以前有三十家都在做芦笙，现在只有莫外强、莫杰、莫应光等，还有我家，差不多就六家在做了。我们村大约有一百户人家，有四百多人。苗家是子列父名，我父亲的苗名是"xiangb"，就是师傅的意思了，它翻译成汉文的"学"字，谐音嘛，差不多的。我的名字是"jeb"，翻译成"厌"，谐音。所以我的名字就是厌学，厌学就是"jeb xiangb"的意思。人家说你怎么起这个名字哦，有意思嘞，我开玩笑讲我就是不想学习才搞芦笙嘛。

我的房子是2000年修的，搞这房子花了十万元，工程全部包给其他人做。这房子现在外面人喊叫"爬坎"，我们这个芦笙就叫"坎"，这个"爬"就是斜的意思，所以叫住在斜坡上的芦笙村!

　　做这个芦笙有六十多道工序,从山上采竹子开始一直到做成一个芦笙,要两天两夜才做出来,大概是三十个小时吧。竹子小的有二十厘米高,大的有六七米高,从广西、贵州榕江买过来的,拿到这里卖三块钱一斤,大一点的五块钱。砍竹子也是要分时候的,砍得不是时候就有虫,要在九月间打米的时候砍,它就百年不生虫,要是在春节过后农忙二三月间砍嘞,它就要生虫,我们是交秋以后过春节以前砍,放几十年都不生虫。芦笙里面有铜片、有木炭、有银漆,还有手工艺,所以一把芦笙二百四十块钱。是做了两天两夜,三十个小时才搞出来的,二百四十块钱,人家说贵老火了,其实你按打工一天早上七点搞到下午七点,他们就可以得一百多块钱,我们是早上六点搞到深夜十二点才得一百块钱。

　　调音要一个音一个音地调,装在一起就能吹出效果,簧片厚的话就是低音,薄的就变成高音。竹管的点到点有一定的比例才能发音,如果再加长那就发不出音来啦,如果把它剪短了,那发出的"呜呜"声就像人感冒了似的。各个师父做的时候基本上相同,有些师傅做得长点,有些师傅做得短点,各有各的,都是根据自己的经验,搞到多长发出的音才有最好的那个效果。现在都是用这个电子调音器,以前是要用耳朵听,耳朵再好的师傅也只能听到百分之七八十,电子调音器就是百分之百。芦笙的声音比较大,所以有些人叫我做芦笙的时候,说:"莫老师你把那个芦笙孔做小一点嘛,你这个芦笙声音太大啦,跟那些乐器一起演奏时把其他声音都压倒起了,他们都不要我们跟他们在一起演奏。"我讲:"哪个都希望芦笙响一点,你们又要求我把芦笙声音调小点,你想搞小声一点,你就拿个塞子把那个洞洞堵了,一堵,声音就小了。"

　　这个多管芦笙好卖,它音域宽嘛,能演奏外国歌曲,这个芦管只在芦笙场上吹,吹去吹来还是那几个调子,跳去跳来还是三步三步停一脚,没多大意思,现在年轻人都不会吹芦笙了,只有老的才会吹芦笙。

　　现在芦笙订单太多咯,有些人怕过年过节时候没得(货),现在就开始要。一千多块钱的芦笙下面是红木的,红木的可以用几十年,不朽,它又不受这个天气变化影响。竹子晒多了太阳就要收缩,收缩了就会变音,红木不会收缩,不受这个天气变化的影响,所以它很少变音,用得又久,但价钱贵,一般正式歌舞团才要这个，初学者就要竹的，收藏的、表演的各有所需。

芦笙有六七米高的，它越长声音就越低，年轻人吹那个大的，小的是六七十岁的老人吹。歌舞团用的要上油漆，上了油漆，舞台上灯光一照，反光就亮，民间的就没要那个。上漆是好看，但是也不好，就是吹多了有一层油，不透气，竹子容易发黑。像这个不上漆的，用放大镜来看，它有那个细细的小孔孔，口水能蒸发出去，用了几十年还是这个样子。所以那些歌舞团用上漆的演出一次就丢一次，演出完了就不要了。这样我们有活路干嘛，他们丢啦下回出去的时候又要做一批新的。你看我现在忙都忙不过来了，我说你拿来我给你修一下不是能用吗？他说莫老师你不晓得那个托运费比买新芦笙还要贵，所以就不要了。所以现在我们搞芦笙的也是活路多得很啊。

芦笙的簧片是铜的，是我们自己去废品公司收购那些铜锣来搞的，废品公司一斤铜卖五六十块钱，你去买那个新的，一斤要卖一两百块钱，簧片自己做，没有卖的，师傅好不好就是靠这个簧片发音来区别的。竹子山上有，都可以去采，最重要的就是这个铜片了。看做得好不好，打个比方，你我两个都是师傅，你做一个簧片一秒钟振动五十次，我做的才二十次，这个五十次的发的音就柔和些，就好听。

做芦笙全部是手工，没得什么机器，又是木匠活又是铁匠活，搞铜片就是铁匠，搞这个竹子就是木匠。你不要小看，如果弄不平铜片，扭了就不响了。

现在用手电钻打眼，以前没有手电钻是拿个铁条，从小到大十几根铁条，烧红了就拿来通，整个房子都是烟雾，我们的炉子要搬到屋子外头去，要不你一通整个屋子都是烟。辛苦做出来，一吹，那个烟气呛你嗓子，马上你就咳嗽起来了，现在有了手电钻就没得这个问题啦。手电钻也快，一个手电钻大概五分钟就全部打通了，铁条烧红来打通起码得半个小时。

以前做芦笙只能从七月份以后到春节以前这一段时间做，平时就不准做芦笙，也不准吹芦笙，现在有些地方有些村寨还在执行这个规定。这个没有文件规定，是民间自己形成的一种约定。像我们这个寨子一般都不是小队长、大队长、村主任来管你，而是那些寨老来管你，你要吹芦笙，你又搞这个（做芦笙），庄稼长不好大家都要找你麻烦，你要杀猪杀鸭请整个寨子来吃。

我是读小学的时候开始跟我父亲学（做芦笙）的。那个时候学的人很少，因为

—— 做芦笙既是木匠活又是铁匠活

老人他们还要抢工分，搞大集体的时候，大家要出工，男的一天十二个工分，女的一天十一个工分，没得工分就没得粮食吃，所以那个时候学得不怎么样。

刚才我们讲是七月份以后到春节以前不准做芦笙也不准吹芦笙，一直到现在有些偏远地方也还在遵守这个习俗。我们这些地方发展旅游业，搞旅游的现在都吹芦笙了，吹起来也有个过程，像郎德以前也是不准吹芦笙，现在一年三百六十五天都吹芦笙，县长去给那些寨老做工作，寨老们才同意吹芦笙。像我这里也一样，1986年，中央民族歌舞团的金老师要做五十把芦笙到日本去搞演出，那个时候我还没有出名，他先走凯里舟溪去问，凯里舟溪有名嘛，舟溪的师傅就不做芦笙。我们这点还没有出名，我父亲一辈也还没有名气，到我这一辈以后才出了名。舟溪的师傅说现在不合时间做芦笙，做了要被罚款，要杀猪赔礼道歉，所以他们不敢做。后来县文化局的唐飞来找我做，讲做这个芦笙是整个中央民族歌舞团的一件大事情啊，你不做，舟溪也不做，咋个搞啊？我讲我也不晓得咋个办，你想叫我做你就去喊队长、支书、寨老们过来，他们叫我做我就给你做，他们讲不做那我也不做。他讲我喊县长行不行啊？我说你去喊县长那最好。县长是西江人，叫李玉任。县长就带起二十几个县里面的干部，又喊起大队长、支书、小队长，大家都过来。县长讲我现在要五十个芦笙去搞演出，舟溪不做，难道莫师傅也不做啊？从今天开始，莫师傅家三百六十五天都可以做芦笙，三百六十五天芦笙都可以吹。从那个时候起，我三百六十五天都做芦笙。有这个故事嘛。

还有一个故事，是在我父亲做芦笙的时候。"文化大革命"的时候不准做芦笙，那个时候芦笙属于"四旧"之一，但是又有一个要好的朋友想要芦笙，咋办呢？我父亲只好深夜悄悄地来搞，搞好了就约到那个朋友，他俩找个走十二个小时才能到达的深山老林，到深山老林把这个芦笙的声音调好了以后，一人开一条船，把这个芦笙拆了包在柴火里头，不让人家看见。那个时候做没要钱。如果活到现在我父亲那就是九十多岁了，1980年分田到户，分得田还没得吃他就去世了。

做这个芦笙啊，我父亲是传男不传女，传内不传外。到了我这一辈，你不传不行，都打工去了，没人啊！为哪样现在传女又传外呢？是中央民族歌舞团的金鸥来了以后，跟我要了好多芦笙，一个人忙不过来。他讲一个芦笙做两天两夜才做好，五十多个芦笙要好多时间才能做出来，光凭你一个人起码做一年，所以莫师傅你传给你家姑娘、老奶她们,一起来搞才快点。我讲我父亲讲的"传男不传女,传内不传外"的。他说你不要管这个啦,现在是改革开放了不管这个,你搞了以后他们个个都跟着你学,发扬光大好,你父亲在天之灵肯定也同意的。所以我才教姑娘们、小孩们。我大姑娘现在都四十多将近五十岁了,现在姑娘都跟到我做芦笙。她嫁到西江,在自己家做,做了以后她又拿回来这里组装,我给她发工资。还有一个女婿、一个姑娘他们各在自己家做,钱各做各收。两个儿子和两个儿媳他们各做各收,我一分不拿。

现在我收的学徒我也这样告诉他,芦笙要多少厘米长,这个铜片要多少厘米长,我教他怎么把一颗铜打成那个薄片,然后做出这个发音的片。这些活做多了,你才有经验,才能做好,不是一下子就做好了的,这个是师父领进门,修行在个人。四川有个苗族老师厉害哦,我教了七天他就搞出一把芦笙啊,给了我一千二百块钱,还有一只公鸡、一只公鸭、五斤猪肉、两升糯米饭,如果是他来搞芦笙恐怕以后比我还厉害。他说莫师傅不是我学这个,我当老师有工资,我来跟你学,学好了以后我回家去教我哥,我那个大哥想做芦笙卖。文化局讲最好不要教外边的人,教了以后本地的芦笙就不好卖了,但是本地的又不愿学。

那个时候一个年轻人起码有两三把芦笙,一个寨子起码有上百把芦笙,不光我这个寨子的人要芦笙,附近的村村寨寨都要。生意当然好啦,好得不得了啊,我做一天芦笙得的钱就顶他们打工一个星期。特别是改革开放以后,大量做芦笙,一直到现在,以前也好,但是那个时候你还要出工抢工分。1980年分田到户,一开放,所有村村寨寨都要芦笙,以前没有电影看,我们白天、晚上有跳芦笙的活动。打个比方,就是今年的节日,他们要跳十三天十三夜的芦笙,师傅也要陪着十三天十三夜不睡觉做芦笙,吹坏了他要过来拿新的去吹嘛,所以十三天十三夜不睡觉啊,搞得人都瘦了,眼睛都发黑啊。人家讲你咋个搞得那么瘦啊,我讲坐着不走动啊,搞好了一个还没走,另外一个又过来,没办法啊!

儿子他们现在是搭到(注:跟着)我的,因为全国各地都来要芦笙,订单多就分给大的搞好多支、小的搞好多支、我搞好多支。他们就担心以后我死了,吹芦笙的人也死了,就没人要芦笙了。他们担心这个,其实我担心的也是这个。我两个儿子都申报了非遗传承人的,去年他们也申报了,去年没得,凯里舟溪的得个州级非遗传承人，雷山的没得。

"非典"的时候生意有点不好，全国不流通了嘛，所以那个时候要差一点。现在主要是外地歌舞团和学校的来要，广西、湖南、湖北、四川、重庆最多，还有省内要的也多得很。农村年轻人基本上不会吹芦笙了，要的很少。1983年的时候，县文工团有个人讲，你芦笙做得好，能不能给我做一个八管的，我就给他做了一个八管的，他说还能不能做个十五管的，我讲你画图纸我照你的做，他就画了一个十五管图纸让我按照他们的要求做。做好后，他们讲你做得还可以哦。就是从那个时候开始做多管芦笙，一直做到现在，现在都做到二十五六管咯。

多管芦笙最初是省歌舞团1964年做出来的。当时省歌舞团有个姓董的，搞芦笙改良，还有贵阳的一个师傅、舟溪的一个师傅，都到省歌舞团去搞芦笙改良。那个时候多管芦笙已经搞出来了，好像又怕几个师傅搞得不大好，他们又到上海民族乐器厂、苏州民族乐器厂去搞。后来可能是师傅的技术不好所以都不搞了，后来他们又来我这里做，现在舟溪也搞起来啊，广西也搞起来啊，到处都搞了嘛。

（现在一些地方）会搞芦笙的都跑啦，年轻人哪个愿意搞这个？没市场，他们年轻人都不吹芦笙，都是我们六七十岁的老者在吹。寨子里的人都出去打工了，没得年轻人了，都是老头、老奶在家，年轻人全部跑外面去打工啊，所以有时候要立新房子没得人立啊。这个打工厉害得很啊，只有我们家人口齐全。小孩他们讲打工得钱多，让我们也到外面打工去，我讲不需要到外面打工，国家给我一万块钱补助啦。虽然搞芦笙一个人一个月得到一千五到两千块钱，到外边去打工除掉七七八八的开销也不见得得到好多嘛。

小儿子比我做得还好，大儿子为了多得点钱，这个质量方面就搞得有点差。小儿子说只有做得好以后才有活路，钱少点不要紧。各有各的想法。他们年轻眼睛好，我老了眼睛不好了，所以我做得不如这个小儿子。

现在学做芦笙的不多哦，以前我还不是传承人的时候都教了二十几徒弟，现在全部跑光光了。文化局跟我讲你们找徒弟嘛，我讲你们找来，我教，他们也找不到嘛。我这两个儿子都操心他们这一辈没有人吹芦笙了，他们想改行。我们现在活路多，名声大啦，网上都有我们家的信息咯，全国各地想要芦笙的，一上网查就晓得这点，一个电话过来把订单订好了，把钱发过来，做好了，距离近的搞邮寄，距离远的要搞托运嘛。如果说光是靠附近这些老百姓购买，那早就改行了，我也不做这个芦笙了。

开句玩笑哈，就像他们现在学校毕业了如果要考工作，首先考你会不会吹芦笙，你会吹芦笙了然后再考你文化，像这种，每一个从学校毕业后要到我们县里面当干部的，第一个就考你会没会吹芦笙，像这样才有发展嘛。还有学校，学校现在都有老师教，但是我觉得那些老师就教这么几句，有哪样意思？要把民间的、多管芦笙的那些全部都教才有意思。我觉得要请民间的芦笙手，还要请艺校、民院芦笙班毕业出来的那些学生，去教吹芦笙，这样才能发展起来。但是很多人一毕业就打工去了，过春节才回来，回来几天又不会去吹芦笙，专门搞聚会。哎，以前我们是哪个会吹芦笙哪个得个好姑娘咯，现在不是这样。现在都不像以前了，吹芦笙的人很少了，我觉得这个芦笙要传承下去啊，很困难。

我搞芦笙，如果是像现在还没弄出来，我就不开心。弄出来吹几十分钟，如果那个芦笙特别好吹，吹半把个小时我才放下，这个是最开心的。有一回最开心咯，贵阳龙洞堡机场开业的那一年要好多芦笙，一共要七千支小芦笙，拉起一个大汽车过来点数啊，七千支小芦笙我发动整个寨子二十几家做，做了二十多天。那个时候一支十五块，七千支就是十多万块钱。那个时候十多万块钱是拿那个编织袋来装啊，钱多得不得了，大家都开心哦，搞这个还得钱哦。我们家起码也是得万把块钱，我们家是主要的，因为我们家先拿出这个活路再分给他们的嘛。虽然是我接的活，我也不收他们一分钱，都是整个寨子的哥兄老弟，如果收钱人家要骂你的。有时候我还倒贴，我的哥兄老弟来学芦笙，我还赔那些木炭，赔那些做芦笙的簧片、木头这些，有时候他们还在我家吃饭哦。

学了老书，知道人要做善事

❖ | 潘老平 / 口述

我有十个孩子，四个儿子，六个女儿，都在家干活路，没有工作。我有过两个老婆，都死了。第一个老婆生了一个男孩、三个女孩，第二个老婆生了三个男孩、三个女孩。

以前交公粮时要由一个人来验收的，我读过私塾会写字，就被派到另外一个寨子去负责验收。验收的过程中认识我第一个老婆的，后来通过很多次对歌，就好上了。（潘老平唱了几句情歌，歌词大意是：我看到你很喜欢，想和你在一起，如果你愿意的话，我们就白头偕老。）我家送了一只公鸡、三斤多肉、五斤酒到女方家，一起选结婚日子后就可以结了。我的第二个老婆是榕江那边的，赶场走亲戚时认得的。在民国时期，富有人家结婚要看八字的，建立新中国后就不看了，我们都没看，相互喜欢才是比较重要的，还有双方父母同意。

我们这里不管是富人家还是穷人家，送去女方家的东西里一只公鸡是必不可少的。公鸡送去就杀来煮稀饭，如果鸡眼睛有闭着的、有破了的，那婚姻就不行。鸡的两只眼都睁着好好的，婚姻就行，就可以选日子了。我们水族结婚很有规矩的，男方家先找人去提亲，如果女方家父母没意见，女方也没意见，就看煮的鸡的眼睛预示得如何。如果女方家父母不同意，那是一定不成的，所以请去提亲的人很重要，要说得女方父母同意。结婚时有伴娘，一个是女方家姐妹，一个是男方家姐妹。现在结婚习俗比以前简单太多了，过去第一次登门去提亲，要鸡一只、肉一刀，要打糍粑，请媒人上门，杀鸡看眼。结婚前要登七次门。现在年轻人在外

潘老平

打工或者在外读书认识了，就回来结婚。

　　我十四五岁时断断续续读了两年的私塾，有过两个老师。一个是本地的潘廷儒，一个是外村的潘御书。那时家里活路多，必须得有个小孩放牛，之前是我哥哥读私塾，后来我长大了，就让我读了私塾，哥哥做活路。那时家里一年最多收成两千斤谷子，读私塾每年要交两百斤谷子作为学费，每个月还要给一斤肉，农忙时候不上课就不给。读私塾学了《三字经》《百家姓》《论语》《孟子》《中庸》《大学》，同学最多的时候有二十多个。那时读书，早上学，中午回家吃饭后又回来接着学，很喜欢，很开心的。迟到、背不得书要被老师打手心，我小时候跟爷爷学水书，记性好，私塾老师要求背的我都背得，所以从来没有被打过手心，我也不怕老师。每次上课前都要先大声背几句，再开始读书学习，就是"上大人，丘乙己，化三千，七十士，尔小生，八九子，佳作仁，可知礼"这几句。说完这几句就到桌子上读自己的书，不会的、不懂的就问老师。读了差不多两年就没读了，同学也都基本回家干活去了，其实我心里还是想读书。因为我读过书，认得字，所以队里让我做记分员。学了老书，知道人要做善事，不能做坏事，要用道德文化教育小孩。

　　上私塾学的都是汉文化，水书是跟家里人学的。我们那里种苞谷，开始打苞就要整天去看守，我家是我公和我去田里看守。白天还可以睡一下觉，晚上要防野兽，整晚不能睡，公就教我水书，启蒙水书，那时我十二三岁。我跟我家几个公学习过水书，有亲公和堂公。

　　我是正式拜了师的，仪式很正规，需要找一只杂色的鸡，杀了供六道公（注：水书的创始人），要上香。还要六条鲤鱼、一刀猪肉、六方豆腐，摆上六双筷子和六个碗，摆六块银毫。传说水书的一个始祖要找五个人和他一起学水书，他从都匀独山到三都这一带，一个地方找一个人，一共六个人。六道公实际是指这六个人，所以后来都是这个传统，要用六份礼来拜。六道公形象像老人，长长的白胡子，我做梦常见到，问我要不要继续学水书，要学就好好学。

　　我开始学的是水书的《亥子卷》朗读本，也叫初始本，先学了基础本，又学使用本。基础本就像学乘法口诀，使用本就是做练习。我专门学择吉。水书分白书、黑书，白书专门用来找好日子，为了办好事时趋吉避凶，比如结婚嫁女、建房造屋、出门远行等的选日子。我觉得用指头掐算是比较难学的，读书容易，真正用、真正算比较难。

水书是什么时候传出来的，年代我不清楚，只知道水书从广东广西传过来。我家祖上从江西到广东、广西，再到三都、荔波这里。没数过水书有多少个字。水书里有很多倒装句，比如水书叫"lai shui"，"lai"就是书的意思，"shui"是水，是倒着说的。

学了水书后，有很多人找我看日子，寨里的寨外的都有。主要是生小孩算八字，起房子选日子，也退怪退鬼。还学了些解梦的事，很有意思。根据水书，人死之后找好日子和好地势安葬，灵魂住在老祖宗的灵位里，保佑后人。择日子要用天干地支，今天是甲子，月破日，不太好。这个月是水族的五月，支日都不好。（潘老平运用水书，以唱歌形式背诵了天干和地支，唱了约四分钟，内容大概是什么天干地支用于什么日子，就可以吉祥如意。）水族歌谣的大部分内容水书上没有，全部是口头传承，书上的文字内容具有隐藏性，只有条目，大量内容靠心记。水书文字并不多，教你很快就会认得，但是你却不会使用。会看的人，家里都常常用水书来算哪天能做什么和不能做什么。以前水书在生活中的用处很多，现在减少很多。关于水书的传承，我感觉很有危机。让小孩空闲时间去学习水书很困难，小孩每天背一大堆作业回家，不完成作业第二天上不了课堂，成绩跟不跟得上，影响他终生。目前没有水书教材，缺乏水书教师。现在有三个小学可以教唱一些水歌和一些天干地支，真正的水书先生的东西没办法推广。

我现在帮着翻译水书，标注目录，一天最多标注二十多本。看了水书内容，告诉别人来记录。我希望好学的人能来学习，只要有人学，我就愿意教。小学以上的文化就可以，但是人心得好，品德要好，人要勤快，要为他人服务。现在也还是有优秀的徒弟可以教的，还是有希望传下去。希望我的东西传给后人，后人像我一样学得水书帮助别人。

传衍文脉 3

唱一辈子侗歌

❖ | 潘萨银花 / 口述

潘萨银花

我就是小黄寨子里的人。我家里有七个人，三个小孩，两男一女，他们都成家了。老伴不在了，过世有三十年了，我四十岁时他过世的，现在我跟二儿子住。大儿子也在寨子里，我们都在这里。我的孩子们也都上过学，但是也没念几年，只有我的老三念到初中毕业。女儿嫁出去了，嫁到小黄村那边，我们寨子有三个村，那边就喊叫小黄村，现在并村了都喊叫小黄村。寨子里现在有三四千人，以前大部分人都会唱侗族大歌，个别不会唱。现在，我们的侗族大歌每个人都会唱，男的也唱，女的也唱，大人会唱，小人也会唱。

我是1943年出生的，1949年的时候我就跟我伯妈、妈妈、外婆她们学歌。我爱唱歌，记性好，声音也特别高，我母亲只要一哼歌我很快就能学会，听别人唱，有哪一首好听的我心里就记着，记大歌要依靠头脑。学歌学到出嫁时就不学了，我就开始教别人了。我十九岁出嫁的。

我十三岁的时候，就在歌队当"赛嘎"（注：大歌队中唱高声部的），后又拜当地的老歌师吴哈常和他的徒弟吴萨库为师。

1961年我到黎平肇兴"吃相思"，在鼓楼与腊汉（注：小伙子）对歌，当时好多人，我们唱了三天三夜，把他们来的那些高手都唱败了，后来他们都晓得我们唱得好，周边侗寨的那些歌手经常前来对歌，大部分都唱不赢我们。

我喜欢唱歌，也喜欢编歌，我唱的大部分都是我编的，好像二十岁的时候就开始编歌了。

我爱人是怎么认识的啊？因为他是一个有文化的人，所以我喜欢他。假如他现在还在的话那该多好啊，他去世的时候整个寨子的人都感觉可惜。现在这个板壁上的文字是他去世前写下的，当时他是快要死了。他不喜欢唱歌，他当过老师，当过民办老师，又当过卫生员。他叫潘显文，他写的不是侗族大歌，是诗。他比我大五岁，他如果活到现在有七十四了，去世有三十年了，在我四十岁时他去世的，现在我都有六十九啦，唉！

我爱人不唱歌，就算他的歌队在与我们对歌的时候，他也只是跟他们歌队的人来坐坐，因为他不喜欢唱歌，他的心思不在唱歌这方面。当时这里有学校，我的爱人也没在学校里念多少书，只是出于对书的爱好，自学得多，小学都没毕业，好像是念了七个月的书。以前念书不像现在，那时候念书想去就去、不想去就不去，随便得很。他当过民办老师，因为他没有毕业所以没有正式的工作。他当民办老师有一年多，后来他又当卫生员有一段时间，没有固定的工作，再后来又当大队会计。我唱歌他不反对还很高兴，我的女儿还小的时候去对歌，都是我们做母亲的去帮唱，我经常叫潘刷粒籼（注：省级侗族大歌传承人）她们去帮女儿唱歌，那时我的爱人就把歌写到本子里，在我们背后指挥我们唱。

我的爱人很喜欢做文艺工作，但是他没唱过也没跳过，他只喜欢写东西，他还是侗戏的戏师。后来他死了，这里的人都很可惜他的才华，都说他死了把侗戏也带走了。他写文章，在当时我们寨子里没有一个比得上他，他是一个天才。他的长相不出众，也不唱侗戏，他就只是教别人，这也就只是他的爱好。当时他还是新黔村的男青年的青年头，他是带头的。他跟吴世雄（注：省级侗族大歌传承人，已逝）都是青年头。

以前就是很爱唱侗族大歌。老人唱侗族大歌，也传给小孩，一代一代地传下去，如果不传就可惜了。侗歌好不好学？要看学的人，有的人爱唱歌就好学，不爱唱就不好学，就好像我们读书一样，爱读书的人就好学，有的人不爱读书就不好学，学歌也是一样。我不认字，不会写字，都依靠心里想、依靠头脑记。

我的徒弟很多，可能有七八代人了（注：指七八批学生），外地的我也去教，但出去教的很少。以前是到黎平的坪天村那里教，是哪一年我现在记不起来了，我到那里，是去学校教学生。不是他们请我去，是我到那边去看我的亲戚，他们就问我：你会唱歌吗？你会教歌吗？他们老是问，我就说侗族大歌我也会唱一部分，后来我就留在那边几天教他们唱歌。在坪天那边，我教都不收费的。现在我老了，有接班人了，我就不教小学了。

1990年的时候，贵州省艺术专科学校的杨宗福、吴定邦两位老师听到我唱得好又会编歌，就请我到贵州省艺术专科学校侗歌班教了一年的侗族大歌，待遇跟他们老师一样。其实他们都会了，但侗歌有很多声部，他们还有几个声部不会唱就请我去教。我很高兴啊！

我的学生多啊，从江县的吴文泉、石单都是我的学生。榕江有个叫爱桃的，还有杨江山。我妈妈教我们唱歌是先教词，词教会了就教高音低音，然后再教音调。我跟着我妈、我伯妈从四五岁开始学歌，到出嫁时就不学了，我就开始教别人了。别个寨子的年轻人经常学歌，中年人我也教，小孩、姑娘我也教，我当妈妈了也教，哪一首歌她们不会唱了我都可以教。

行歌坐夜[①]好久开始的我也记不得了，以前我经常出去，唱歌、学歌，都是在鼓楼。我们这边鼓楼的腊汉请那边的女生来唱歌、对歌，就是这样。在鼓楼对歌、唱歌，好玩，好开心啊！

一般到鼓楼了我们什么都不说的，坐下就开始唱歌，一个歌队一个歌队地唱，一个歌队就是十个人、十二个人这样，男生、女生人数一样。如果他们要请我们去唱歌，就吹芦笙和敲锣打鼓来请，我们听到了就去他们鼓楼唱歌。我们到了，开始

---

① 行歌坐夜：即走姑娘，是侗族男女青年以对唱情歌方式相识相恋的一种习俗。在侗寨里，姑娘三五人聚在某一女伴家中纺纱、刺绣、纳鞋垫，互相做伴等待腊汉来访。腊汉则结伙来到姑娘们聚集的地方，侗语谓为"鸟翁"，"鸟腊簋"即"闹姑娘""谈情唱歌"之意。这种男女交往活动，婚前人人皆可参与。男青年去走姑娘时都带有自制的琵琶或牛腿琴或者侗笛子，当到姑娘家门口，有时是敞开大门以待，有时也要经多次央求才开门，这只是善意的逗趣。入室后双方均以礼相待，姑娘让座、寒暄，之后无所不谈或打闹逗乐，也可互叙衷肠，或操着琵琶、牛腿琴对唱情歌，往往鸡唱五更而不散，黎明才依依惜别。

唱歌了，芦笙和锣鼓就停了。

现在我老了，可是年轻人还是一样，我们这个地方还是一样，到过年了，年轻人也敲锣打鼓去那边村请姑娘到这边鼓楼来唱歌。

我会多少歌啊？我也记不清了，大概有两三百首歌吧！编了太多的新歌，但唱的大多是传统歌曲，也很少到外地去教歌。我去过坪天教了几天，还去我们小黄的自然寨归修教了几天，还去黎平芩告教了几天。以前我们的老师怎么教我们，我们也就怎样教学生，没有什么不一样的。

潘刷粒籼是省级侗族大歌的传承人，潘刷粒籼也跟我学。以前整个寨子都不敢唱侗歌，我和潘刷粒籼都爱唱侗歌，上山劳动我们都唱侗歌。潘刷粒籼的歌队比我的歌队平均年龄要小几岁，当时还有吴奶安玉，整个侗歌之乡就是我们三个人来带头的。现在传承人名单没有吴奶安玉的名字，不知是为什么。

在"文革"期间，当时整个侗族都没有人敢唱侗歌，只有我们三个人因为都爱唱歌，就只有在山上劳动的时候偷偷地唱歌，种地、插秧、折禾我们都唱，相互交流，唱到声音歌的时候，她俩不会了或忘记了，我又提醒、教她俩。

那时候没有什么好玩的，当时人人都很穷，哪里还（有闲心）唱侗歌。改革开放以后才恢复唱侗歌，就是生活好了之后，当时别人还是不喜欢唱。我刚才说了，就是我们三个爱唱，上坡做农活也经常唱歌，她俩总是在问我：姐，这首歌高声部怎么唱啊？在坡上大家总是谈论歌曲。那时候我们在唱歌时，那些不爱唱歌的人总是在嘲笑我们："这几个有什么觉得开心的？还有心情去唱歌？"

侗族大歌有什么特点啊？就是侗族什么好的语言都在侗歌里面的。这侗歌啊，就是心里喜欢，总是喜欢唱。

改革开放之后，北京音乐学院李文珍（音）教授到我们小黄村来采风，通过从江县文化馆老馆长陈春园的介绍我们认识了。我们三个人当时是小黄村唱侗歌唱得最棒的，所以李文珍教授很认真地听我们唱歌，相互交流、学习、沟通，我们成了好朋友。李文珍教授到小黄来采风就只找我们三个人，她先后来了三次，每次她回去之后都做了不同程度地宣传，我们小黄侗族大歌也就慢慢有了名气。"小黄侗族大歌节"就是李文珍老师出钱给我们办的，前几届都是。

整个小黄侗族大歌就是我们三姐妹开始打出来的名气。故事的细节还很多，只是我不善于用语言来表达。

我没讲假话，宣传侗族大歌当时真的是我们三姐妹，为什么非遗传承人会没有吴奶安玉的名字？之前不说了，现在假如非遗传承人还有名额的话，吴奶安玉应该是传承人，这样才合理。因为当时是我们三个人开始做的宣传，我和潘刷粒籼都是传承人了，只有她不是。不知道是不是她的女儿是传承人了所以才没有她。

在李文珍教授来小黄之前，就有两个北京的音乐人到过小黄，当时我的老伴刚去世两三个月，我伤心过度，小孩又还很小，我真的不要提有多辛苦了。潘刷粒籼和吴奶安玉叫我一起去唱歌给那两个北京人听，我当时就拒绝了她俩，然后她俩就说：假如你不去就我俩，那也唱不成，你必须要出来的。再加上陈春园的劝说，我再没办法推辞，擦着眼泪答应了她们出来唱歌给那两个人听。唱歌之后我们还合影了，当时不知道是怎么回事，本来我的头发盘结是在左边，后来洗出来的照片头发的盘结到了右边，我还在怪当时他们不会洗照片，到现在我都还记得。

以前还没出嫁的时候，我是小黄村的姑娘，潘刷粒籼是新黔村的姑娘，而吴奶安玉是高黄村的姑娘，后来我们三个都嫁到新黔村，又是同一个村民小组，农田都是在一块儿的，又有唱侗歌这个共同的爱好，所以在坡上做农活的时候经常有机会在一起唱歌。别人不爱唱歌，就我们三个爱唱歌，我们三个上坡做农活的时候都在唱歌，边劳动边唱歌，在田间啊、在地里啊，都唱。

侗族大歌每一种类都有它的特点，内容有爱情、亲情、友情等，所以大家喜欢。声部就是怎么好听就怎么去唱，原来老人们就是这样传下来的，有几个声部我就去学几个，歌师们怎么唱我们就怎么学，怎么好听就怎么唱，发现不好听了就纠正，就是每个声部都要相互去听，怎么和谐、怎么好听就怎么唱。我高声部也能唱，低声部也能唱，只是我的声音没有潘刷粒籼那么好，所以我不唱高声部，潘刷粒籼唱高声部就很好。我一般是唱低声部，但是哪个声部她们不会唱了就可以问我，每个声部我都会唱，高声部就用一个人来唱，每个歌队只用一个或两个人来唱高声部，其余的都唱低声部，一般低声部八到十个人，一个歌队就十个人以上。

寨腊片区由二十八个人临时组成的中年（四十一岁以上）女歌队现在唱得也还是很好的。现在她们差不多是三十个人了，我都在教她们唱歌，我跟她们是一个片区的，联系也很方便，就一起唱歌。"侗族大歌传习所"的牌子是县文广局2010年3

月给挂的。

我们不在鼓楼教学，她们爱到我家就到我家，不爱到我家她们叫我去她们家教我也去。吃晚饭过后就去，白天如果她们不出门干活的话，有时间我们也教歌。如果白天没有空我们就晚上教。不要钱，什么都不要，都是我们的亲戚，是我的朋友，总的来说是我们自己寨子的人，我们从不收费。

我去过外省，我和潘刷粒籼去过广西的龙胜那里教过歌，也在那演出过，还有前几年我也到过雷山县千户苗寨那里去演出过，还有去年我们也到北京去表演了。有一点点钱，也没有多少，他们包吃包住了，那给我们的就少了。

我没有出去打过工，我们那年代的人都没文化，都没有哪个出去打过工，也不敢出去。直到最近两年，这里的人才出去打工的，以前我们那年代想都没想过，现在老了就更不想了。我的爱人也没有出去过，以前的人都没出去。

我们农村就是依靠种田谋生，我的田地很少，三亩左右，我们村的农田本来就很少，都是自己种的，现在是孩子们去种田，我老了就不去了。他们有时出去打工，有时在家。现在有两个孙子也去打工了。小儿子没去，女儿也没去，女儿有四十多岁，小儿子快四十了。女儿会唱侗歌，小儿子不爱唱歌，他是会唱歌的，今年出去"吃相思"的时候他也唱歌了。

我们侗家人对歌就只是为了好玩而已，跟比赛不是一回事，以前在我们村唱歌就是一种男女的交流，大家会的歌曲都很多，要唱到比出胜负那得几天几夜的事情，没有唱到谁输过，就是唱到大家都感到困了、饿了就休息了。以前没有电视、电脑、扑克牌、麻将牌，唱歌就是当时农村唯一的玩的方式，到了晚上就只能是行歌坐夜，学唱歌。现在的人们就看电视、玩纸牌、打麻将，哪里还有时间唱歌、学歌。现在的侗歌比我们那一代内容就少了很多，主要是他们都没时间去学，也没时间来唱，有的要念书，有的又要出去打工，还有的要外出演出，都没时间来唱歌。等到我们这一代的人死去了，侗歌估计也不剩多少了，剩下的歌曲也只是那几首表演常用的歌曲了，那些经典的传统歌曲恐怕剩得不多了。

我也经常想怎样让他们都来学我知道的所有歌曲，他们又可以把所有的歌曲教给下一代，这样一代一代地传下去，可是现在就是没有人来跟我们学唱歌，我也没办法，我就算喊他们来学他们也不来，我想教都难。

其实我是这样想，假如你们有时间，用笔来记录我所有的歌曲那是最好，这样就不会遗漏，可是就是没有人来。去年有个黎平肇兴的人，他想把我心中所有的歌曲一首不漏地都写到本子上，无论花多少时间多少精力都行。后来我想了想，现在是黎平的人来学的，要是他们学会了之后，再过很多年后他们说那是他们黎平的传统歌曲了怎么办？我是想征求我们县有关领导的意见之后再做决定，后来他没来过，我也就不教了。去年那个黎平人真的准备好了几本厚厚的本子来跟我写歌，就算是要花两三个月的时间我也想帮他写下来，我就是怕县里面不同意，所以我当时就不答应他。我也是想假如我们县有哪个人来把我的歌都写完那是最好了。

现在潘振森来录的我的歌还不完全，原因是这样：原来我们都不是一个歌队的，所学的歌曲都不一样，直到成家了之后我们才重新组建的歌队，现在用我们三个传承人来唱，有几首我会唱的她俩又不会，她俩会唱的我又不会了，但是侗族大歌又必须要有三人以上才能唱出来，所以用视频来录恐怕很难录得完。如果你们用笔来记的话那就比较全面了，我所会的歌曲都写进去，她们会的也都写进去。

我知道，当了传承人之后就有责任把侗歌传下去，假如有谁想学我就教。没听到村子里的人对我被评为非遗传承人有什么意见，就算有别人当面也不说，说的也只是：她会唱歌会教歌才得到的钱。别人也只是这样说。

用心去跳，用心来唱

❖ | 秦治凤 / 口述

我妈是土家族，我跟我爸爸是苗族，我家是正宗的松桃苗族。我老爷爷当时要饭，要到思南这个地方，就在这个地方安家了，生了我爸爸。我不会讲苗族的话，我父亲也不会，我爷爷会，爷爷那辈人会。但我现在回老家去，他们都是讲苗话，我们不会。思南土家族也没有自己的民族语言，只能说汉族方言。我爸爸后来出去当兵了，那时候是铁道兵，在北京房山，所以他在北京待了一段时间。后来父亲转业回来了，就在这个地方安家。我是1961年2月份生的，从生下来没多久一直到十岁就在北京的，当时母亲跟着我爸爸在北京嘛。我们那时两种语言都会，在家和妈妈说思南话，妈妈的话我们也听得懂，但在外纯粹一口普通话。我十岁的时候就从北京回来了。回来后在思南河东继续读小学三年级，上完小学就上思南中学，在思中高中毕业。后来我做节目主持人，在团里面。我的普通话那时候比较标准，但是现在让我说纯粹的北京话，我也不行了，但是和同龄人来比，和没学过的来比，我的普通话比他们稍微标准点。我也没到哪里去培训过，也没走哪里，当时做主持的时候，个个都晓得，那时的反响还是比较好的，对我的评价还比较高，就是从谈吐、气质、普通话这些，观众的评价还是比较好的。随着年龄大了，就没搞这个了。思南的节目主持人百分之九十都是我教过的。我们那里有一个老师的女儿，她也是主持，很不错的，也是我一脚一手教出来的，从台步，到如何来讲话。

秦治凤

我们家有五姊妹，其他四个人都没学花灯，只有我一个人学，可能与爱好有关系。比如像我有一个哥，他就不喜欢这一行，而且连唱歌都不喜欢。我们从北京回来以后父母才生的我家妹，她也喜欢唱歌，但是她没从事这个职业，她不喜欢。我们家里只有我一个人喜欢。

小的时候，开始学的是样板戏，20世纪60年代的时候，不管是哪样样板戏，我都会。我小的时候很活泼，爸爸在部队的时候，我去看爸爸，有几个关口，那个站岗的一喊："唱歌，唱了歌才准进去。"我马上就唱了，才得进去。反正唱歌就是从那时候开始。真正学这个花灯，还是我从北京回来的时候。那个时候有些农村悄悄演，外头是不准搞的，是不准明目张胆地搞的。我们家是住在街上，有一次，我回我家农村乡下去，我家外婆那里有一个花灯队，其中有一个姓晏的老花灯师傅，他们就悄悄地去乡下演，我就跟着他们去看。开始是觉得好玩，跟着他们看。看的时候我就觉得和样板戏完全是两种风格，我就突然喜欢这种戏，觉得这种唱腔、表演好玩，当时还是觉得好玩，就跟着学。学的时候，首先是唱，我小时候嗓子比较好，就跟着唱，那个姓晏的老师听到我唱，觉得我有这方面的天赋，嗓音条件比较好，他说："你来，我来教你。"我就说："要得嘛。"我就跟着他学，就跟他们出去表演了几次，走了几次。那时候还小，交通又不方便，走路去，走路来，晚上演了，还边走路边打瞌睡，但那时就是要跟着去。后来，就跟外婆学。反正学得有点杂，就是看到哪个地方好，这个老师好就跟着他学一点，那个老师好，也跟着他学一点。进场了以后，请哪个老师来教，我们都学，没有安排到我，我都悄悄地跟着他们旁边去学，他教别人，我就在旁边做，就是这样的。跳花灯我也跳，但后来自己觉得身材有点偏胖，就主攻这个花灯戏，花灯戏里我最擅长的就是表演。花灯有唱腔、舞蹈动作、表演，还有人物，我主要是攻表演这一方面，纯粹的花灯舞，我还很少跳。

我老外婆，如果她在的话应该有一百多岁了，我外婆就会花灯戏、花灯小调，我就跟着她学的。开始她不教我，因为老外婆有点封建。当时有个老奶奶就讲过，她说："姑娘家，学这些搞哪样嘛，塞死了。""塞"就是丑的意思，是我们这儿的土话。因为想到一跳花灯，就是不正规、大逆不道的，所以像幺姑幺妹的这种二人转，都不准学。后来我是听外婆唱，她煮饭、砍猪草、在田间的时候，她就唱，唱土家的那些情歌、那些小调，还有就是农村的其他的歌，她都唱。我就悄悄地学，学了喊她教我，她不教。我妈说："你教她嘛，不怕的。"因为我妈在外面待了这么久，思想比较开通。就这样我就跟着外婆学了一些唱腔，比如《苦媳妇》《哭嫁歌》，还有那些情歌。当时思南的这些花灯，那些科班出身的、那些正宗学了出来的唱，不顶用的，唱我们土家的歌唱不来，他们唱这种歌，那种味道出不来，不知道是怎么搞的。记得有次，有些师范的老师来录音，拿录音去学，没有用，后来重新喊我去唱。这种歌，有一种随意性，就随着自己的情绪，你想怎么把它唱，你就怎么把它唱，比如说你要想把歌拖长一点，装饰音就随你自己加。你可以给它上划，也可以下划，可以暂音。比如唱歌，有一种调侃，你唱"变根鲜花把路拦"，他就唱"小郎有心摘不来"。就是这种调侃。还有就是骂人的那种，比如看到姑娘在河边洗衣服，有些人就唱"河边有个漂亮的妹仔在洗衣服……"有些姑娘就会唱歌来骂他……这种歌，早先有，现在没有了。

当时外婆有很多没教我，比如有点俗气的那种，她就没教，教的就只是一般的。她为什么不教呢？是因为我们这里比较封建，以前跳灯，女人是不能出门的，在绣花楼上，在家里。而且女人不光是不能跳灯，看都不能去看。所以早先是二人转，花灯在唐朝的时候就是二人转。二人转就是男人和女人跳，打情骂俏啊，谈情说爱啊，但女人是由男人来扮，搞根假辫子，搞个红衣服、花衣服穿起，女人是不能参加跳的，所以我外婆就不教我们，看都不准去看。我爸爸妈妈还是比较开通，觉得我喜欢这一行，就准我去学。好多农村跳灯的都是男的，女的就是男的装扮的去跳。后来随着时间的推移，就把跳灯改成多人的，载歌载舞啊、戏剧表演啊，也有我们本地的东西，也有在外面采集来的东西、借鉴来的东西。以前这些动作是很简单的，后来我们就给它增添了观赏价值，内容更丰富了，是在以前的基础上给它变优美一点。但是我们教学生的时候，也要给他讲：来自于哪里，早先是什么样子，最终发展成什么样子。

花灯是怎么兴起的呢？我们学的时候，我也问过，但是那个时候也不太清楚。单是说跳花灯，二人转的花灯戏，有一句台词就是：灯从唐朝起。到后来，又比如说：湖南那边的，四川这边的，云南这边的，但最先还是从唐朝来了。具体这个灯是咋个兴起了，反正我们不清楚，不晓得为什么要跳灯。晏师傅他们也是一代一代地传下来的，他们老辈人，那时候文化生活比较贫乏。我们从北京回来的时候，也没有电视，电影院都很少，又比较贫困，那个时候为了丰富自己的文化生活，就自编自演，把来源于生活中的这些素材搬上舞台。还有就是过节的时候，跳灯很注重正月十五，初四就开始出灯，就把这些灯拿起，走家串户，村村寨寨就去跳，一拨一拨的，这儿一拨，那儿一拨。你要是春节那几天来看的话，街上穿过来穿过去到处都是跳花灯的，到处都是灯。以前跳灯是不收费的，就是春节，这一拨到那个村寨去跳，那一拨到这个村寨去跳，有的就是拿点粑粑、拿点米，也有拿点钱的，多多少少还是有点。早些年跳花灯纯粹属于自发的民间组织。比如我们两个爱好这一个，我们两个就来跳，然后找起一帮也爱好这种的人，农闲的时候，就到各个村寨去跳。不光是一个跳灯组织，一个生产队都可能有几个。你今天跑了这家，明天又跑了那家，去田间、小院、街前、街口到处跳，这个没得哪个限制的。

我们没有拜师傅仪式。我其实有几个师傅，最早的师傅就是晏师傅，他是正宗的民间艺人，他住在河对面，就是河东公社的，但前年已经死了。早先的时候，他们一唱的时候我就来了，因为调调比较简单，他们一唱，我就跟着唱，就开始跟着他学，又没有客套，也没有什么拜师仪式的。那是1971年的时候，当时是"文化大革命"时期，是禁止唱花灯的，他悄悄地教。私下里都有花灯的，只是在比较偏僻的地方，悄悄地演。当时晏师傅教的时候，没得固定的时间，就是有空的时候教。那时候在公社有个文艺宣传队，宣传队就是正规的宣传、演出，但在私底下晏师傅也教我花灯，我的扇子功就从他那儿学来的。他教我挽扇子、跳花灯，就是这样开始的。他教我这些是上不到台表演的，不能上台的，但私下都在教，也在学。文艺宣传队那个时候还没耍扇子，那时候唱的都是像红缨枪这种，耍扇子都是后来才有的。连这些灯都没得，跳灯是后来，已经开放了，民间艺人再做起的灯，拿起走。那时候我们只能悄悄地跟着他学，没有拿到公社演过，特别是唱腔这些。他教我就像这样教的，他说，你把扇子舞转，有的时候是高花扇、左右扇，有岩鹰展翅，还有就是苏秦背剑。他都把这些动作教给我，教了以后，就是自己根据那些动作来练习。刚开始学的时候，拿扇子的手是打起泡的，起泡了以后脱皮，这个手腕都是痛的。反正开始学扇子的时候，这个扇子你是舞不转的，他要给你讲这个重心在哪个地方，你该如何去玩，你跳花灯的时候用的是哪种心态。我们学的时候晏老师就给我讲过："你跳灯，首先要领会这个台词。"现在有些人内心没有领会，我们跳灯的时候经常给他们讲，你不光是用手来跳，用嘴巴来唱，你是在用心去跳，用心来唱。你如果用心来唱，你的嗓子再不好，你唱出来的感觉就不一样。但如果你不用心来跳，不用心来唱，你永远都找不到这种感觉。

  小的时候我在城里住，一到星期六星期天就到我爸爸的弟弟家去，他家和晏老师家隔得不远，我就到晏老师家去跟着学。一去他就教我一段，一去就教几个动作啊，或者唱腔这些，都教得有一部分，教了一部分情歌对唱，像"太阳出来照北岩……"这些歌就是他当时教我的。他耙田的时候就喊我去帮他打猪草，他说："你去给我打猪草。"我说："要得。"实际上他是逗我的，我就背个背篼在田坎上给他打猪草。他唱歌，特别是在田间耕作的时候，那种感觉和在屋里唱的感觉不一样，在屋里唱的感觉就比较平缓，但在田间去唱的感觉就是另一种味道。比如在屋里唱，他在屋里坐起可以教你，他唱"太阳出来照北岩……"在田间的时候他就这样唱"太阳出来照北岩……"（秦治凤示例两种不同的唱法）。他在田间教的和在外面教的这种，感觉不一样，心情不一样，所以当时我学的时候，我就觉得在屋里学的不一样，在外面唱的感觉不一样。我就找准他在外面唱的这种感觉，就去学这种。我小的时候头脑还是比较灵活的，不完全跟着他这种唱，到文化馆来以后，就跟着刘老师、吕老师学习。我的很多唱腔就跟着（他们）学的。

  唱花灯就是比较随意，比如看到哪样你就可以唱哪样，就是看到个船就可以唱船，就是随便想到什么东西，就可以把它编进来。二人转，它也没有什么固定的模式，又没有像我们现在编练、要动作，脚本这些没得的，就是两个人凑在一起，喜欢怎么唱就怎么唱，但是有个谱子、有个调子。什么调我们那个花灯书上都有，像《小菜花》这些，只要调子来了，这个词也可以现编加进去。

  1984年，我进了文工团，有二十五个人，文工团当时也不是正规的国家单位。虽然是政府下文招的，但是我们当时是属于编外人员，没得正式编制的，开支都属于国家预算外的开支。当时特别艰苦，环境就是这个环境，既没有住处，也没有正规的办公室，而且我们的领导都不是国家正式编制。1985年的时候有三个人转为国家正式编制了，但是我们没得。二十五个人一个月就只有那一点点钱，1984年那时候才三十块钱。后来，那些觉得这个没得发展的人走了。最后只有十个人的时候，我们都还在坚持。我们那个时候去演出，交通不方便，是坐拖拉机，有几次差点翻车。那时候猪圈我们都睡过，因为单位没得津贴拿给我们，下乡去演出，自己还带起棉絮，睡的那个是猪圈，地下有水，清理干净了以后，拿棉絮铺在地上，最艰苦的时候就是这种。那个时候还招人骂，我们有个龙灯，当时春节出灯，我们这里面有女生，因为只有男人才能舞龙，女人不能舞，所以当时我们组织这个女子龙灯队，我当的龙头，我们出去被好多人骂："今年怪事，可能要出什么问题，出了一条母龙。"（人家）就像这样骂我们。后来我老公不准我搞这个，他喊我回去。以前，我们没得工资，所以老公就觉得你该在屋头带娃娃，他说，我养得起，就不许我搞这个工作。但是我不能为了他，就把我这个事业丢了，所以我宁愿不要这个婚姻，我都不能丢我的事业。因为我觉得我们走这步走得太艰难，不说这个是我的全部，起码是我生活的一半。如果我离开了这个花灯，生活就没得滋味了，所以当时我宁愿不要这个婚姻，我都要我的事业。我们搞这个工作搞得太艰难，想到这些太痛苦了。那个时候下乡，天天去，一个月要下乡搞计划生育宣传，不管田间、小院，只要哪个地方有人，锣鼓一响，就开始唱，又不讲究要不要台子，马灯提起，周围挂起马灯，那阵是围绕政府的中心工作，把这个编成花灯戏、花灯说唱、花灯舞蹈、花灯小品，编成这些到田间、小院去演出。演出的时候，马上演，马上又走，不计较得失，也不管有没有报酬这些，反正当时大家都是凭着对这个事业的一种喜爱。在最恶劣的环境下，在最艰苦的条件下，我们仍然在坚持搞这个，所以讲起都有点想流泪。那个时候还带起娃娃，还要抱起娃娃，把娃娃放到一边耍，让他自己在地下爬，我们就在台子上表演。没得工资，那也不叫工资，外面的人家是两三百块钱，我们一个月就五十块钱。你看我搞主持，主持要头饰，还要服装，自己到处去借，又没得钱来买。搞一套服装，不要几百也要几十，搞旗袍、这个裙子，都是自己来搞。当时条件比较困难，又没得经费，就来搞这个。学的时候要压腿。我进团的时候已经二十三岁了，年龄比较大，但是我比较能吃苦。因为想到喜爱这一行，我不能落在别人后面，所以当时我的腿功在我们团里面是比较好的。贵阳花灯剧团来看的时候，都觉得我的腿功是比较好的。我天赋也比较可以。我们好像是香港回归那年，1997年才转正的。转正的事也是我自己去跑的，我自己去找领导，把我们这么多年的辛苦讲了。当年下文招的时候是说三个月转正，三个月以后，再三个月、三个月、三年……好多个三个月都没转，但我们一直在搞这个工作，一直在坚持，一直在带学生。我们成绩是有的，以前把我们思南文工团喊作"铜仁地区第二文工团"，不管是舞蹈、小品、表演这些花灯，（全地区）没得任何一个县赶得过我们。一出去，拿一等奖、二等奖对我们来说是常有的事情。转正了以后，我们才好点，把我们的后顾之忧解决了嘛，但解决的是工人，没把我们转成干部，所以我们现在工资很低，像我们这个年龄、这个工龄、这个职称。我跳的一个小品，有个花灯小戏，在省里面都是拿的一等奖，我自己演的，但是拿起去评职称评不到，说当时我们是工人，不能参加评，后来又说能够参加评，所以把我们耽误了。我现在才是个中级职称，本来按道理讲，我们早就可以评高级了。但是我们爱好这个工作，而且现在国家这样重视我们，领导也重视，所以就更想把这个工作搞好。

我和刘芳老师，我们两个要取长补短，她舞蹈强，我的表演和唱腔强，所以我们成立了一个"春江花灯队"，搞得有一个传承基地，专门传承花灯，在传承花灯的基础上保留原生态的花灯。我们现在带学生，教学生的大部分都是基本动作，比如说我们地方的苏秦背剑啊，教他们这些动作。在这种基础上，尽量把它美化。多半都搞成小戏，以前就是二人转，说说唱唱的这种，现在把它搞成有人物、有故事情节的，把它搞成花灯戏，还有就是搞成情景剧，都有这种花灯，还有说唱，有说、有唱、有跳，有曲艺性质的。所以我们这个花灯在地区还是比较受欢迎的。农村花灯比较普及，因为历史比较悠久，所以花灯是家喻户晓，可以说人人都晓得点，即使不会跳，都晓得这个。比如说像现代的这种花灯，观众也觉得好看，老的那种花灯表演，观众也觉得有乐趣。春节的那种原生态的花灯，包括唱腔、表演，包括舞姿都是原生态的，去表演同样围起人看，同样有那么多人喜欢去看，老的少的都喜欢。像我们现在这种新的、改变过的花灯表演，观众照样也喜欢。

我和刘芳老师都是刚刚退休，退休了以后，我们就搞了一个花灯传承基地，而且我还是五中的花灯校外辅导老师。五中那个老师是我平时教他，我不定期的、空的时候，他需要的时候，我就去给他看一下，纠正一下动作。就像刚才刘芳老师编的这个，她来编，我就私下给他们纠正一下动作，讲下技艺，哪些地方不到位的，内心活动不准确的，就跟他们讲一下这些。我们联系了一个社区，给他们要了一个房间，他们排的时候在坝坝里排，没得排练厅，也是凭着自己对这个花灯的喜爱。大家在那里跳，有时候刘芳老师去给他们排一下，有时候我去给他们排一下，有时候出去参加点演出。在这里面搞培训纯属义务的，没收他们一分钱，而且他们在外面搞活动的时候我们还帮他们借那些东西来。他们自己也没得一分钱，要买扇子要买什么大家凑。现在学花灯的年轻人多，小娃娃学花灯的也多，大人有些也来培训。我和刘老师办花灯培训班，我们基本上是不收费的。但现在没办了，因为我家有对双胞胎孙孙，没得时间来搞。现在就跟到这些培训基地，我在培训基地的话就去教一下，还有群众组织的时候去教一下。现在我准备教我家双胞胎孙女跳二人转，从三岁以后可能要教起。我就只有一个儿子，他不学花灯，他不喜欢这个。现在准备培养孙姑娘，我现在就是想把两个孙姑娘培养出来，把花灯传承下去，儿子、媳妇比较支持。我们现在就是这样想的，就是想把它传承下去，发扬光大，让更多的人了解我们的花灯，喜欢我们的花灯。

现在花灯进校园了，我是五中的校外辅导老师，刘芳老师是思南小学的校外辅导老师。像学校去年排的节目，都是我们去给他们排，我们教老师，老师再教学生，有小学的课本，有初中的课本。而且学校的大课间活动，就像五中、思南小学，都是把花灯引入大课间的。县里面为了传承、保留这个花灯，都推行花灯进校园。这是经过县里面领导研究决定的，已经推行几年了。

请人来学芦笙舞

❖ | 王景才 / 口述

我叫王景才。我们这里都是小花苗族，这里是纳雍县猪场乡新春村。我今年四十五岁了，我有三个儿子、一个女儿、一个孙女，现在都参加滚山珠的演出。大儿子李飞龙现在是家里这个"滚山珠传习所"的教练，二儿子李飞祥、三儿子李飞云、幺女李飞霞都已经是我们滚山珠的主力队员了。

其实有很多人都不知道我姓王，为哪样我家儿子和姑娘要姓李？是这样的——我父亲叫王少华，是我奶奶在我爷爷死后从李家改嫁带到王家来的，所以我家娃娃是三代还宗又姓李了。

我父亲叫王少华，母亲叫黄顺英，从小他们就很支持我学这个芦笙舞。芦笙舞是我们苗家人最喜爱跳的舞蹈。从我小的时候起，父母就经常带我们几兄妹到花坡和花场上去看别人跳芦笙舞。

王景才

我家一共有七姊妹，我是老二。那时候我们这个村子还没有人会跳芦笙，我父亲也不会，但他非常喜欢芦笙舞。我们的邻村倮保伲村有一个出了名的芦笙高手，经常在附近好多地方的花场上跳"子落夺"，没人能比得过他，他就是我的三舅黄顺强。那些年代学芦笙舞是要拜师的，芦笙舞在苗家人的眼中是一门了不起的技艺。在我十岁那年，那是1978年了，父亲就带着我到我三舅家拜了三舅为师，我一边跟着三舅学芦笙舞，一边在倮保伲小学读书。那个时候学芦笙舞实在是太不容易了，没得电，三舅家点的是煤油灯，我和五六个在三舅家一起学艺的老表，在三舅家的堂屋里跟着三舅学芦笙舞。三舅一开始并没有教我跳，他先让我拿着芦笙试着学吹。虽然一把芦笙只有六个音，但我咋个都学不会，三舅就一个音一个音地教，还握住我的手，一个手指头一个手指头地按在芦笙的发音孔上，我记得我的第一首芦笙曲就学了半年多。三舅教徒弟是特别严格的，在我学会吹芦笙曲后，他才开始教我跳。学每一个动作他都要求我跟在他的后面，他在前面做动作，我就在后面跟着学，如果动作完成不到位，就不准休息。特别是练滚山珠这个动作时，我更是费了很大的功夫。三舅家的堂屋是泥巴地，他教我的时候，经常用头在地上滚上几十圈，起来一点事都没得，等到我练的时候，才滚了几小圈，头就肿起了很大的包包。后来我跟着三舅苦练了几个月，才学会了这个动作。

我跟三舅学了三年多，基本上学会了小花苗的花场芦笙舞。跳芦笙舞是我们手拿六管的芦笙，头上戴野鸡翎帽，身上穿着绣花白褂，脚上穿的是麻耳草鞋，吹奏着祖祖辈辈的芦笙舞曲，围绕到梭镖或者是盛满水的碗来表演，一会用头抵在地下滚动着跳，一会跳的人一个一个攀肩上去。跳芦笙舞就是要一步一步地深入，意思就是讲苗族同胞在迁徙中不畏艰险、勇往直前、排除万难的惊险场面。后来我还学会了花坡芦笙舞、高桩芦笙舞、矮桩芦笙舞、守鼓芦笙舞、箐鸡芦笙舞、滚山珠芦笙舞等。1982年，我开始在临近的花坡和花场上去表演，还参与本寨子的守大鼓。守大鼓就是我们苗家办丧事的祭祀芦笙舞蹈，而滚山珠是苗家的迁徙芦笙舞。三舅传他的滚山珠舞给我，将这个舞蹈为什么要摆刀和摆碗来滚的历史来源告诉我时，我被古时候苗族青年在迁徙途中那种不怕困难的精神感动得说不出话来。从此，我就在心里暗暗下了决心，一定要把师父传授的滚山珠跳好。

我首先将芦笙舞教给了我的弟弟王景全，我还经常带他到花坡和花场上去表演。1983年，纳雍县文化馆的干部到猪场乡跳花坡上看到了我和我弟弟跳的滚山珠，几天后，乡里的干部就来通知，要我们去县里参加演出。听到这个消息，我们全家人是既高兴又无奈。那时候我们脚上穿的是草鞋，身上穿的是麻布衣服，没有一身像样的衣装穿进城，怎么办？最后，是我的父亲把家里唯一的耕牛卖掉了，给我们兄弟俩买了新衣服和"解放鞋"，还买了新芦笙，我们才上的路。那时候我们寨子里还没有通车，父亲把我弟弟背在背上，带上我走了九个多小时的山路才到了县城。想起那个时候，我们能够走出山外去演出，还真是全靠了我的父亲。

1984年，我弟弟王景全表演的滚山珠获得了全国一等奖，毕节地区文化局局长肖联冰亲自到纳雍县体委给他发奖，县文化局通知我去参加表演。当时的纳雍县文化局局长是胡常定，在我们表演完后，他就将我留在了纳雍县民族杂技艺术团。艺术团团长余启发很照顾我，他让我一边表演滚山珠，一边跟着团里的杂技演员学习杂技表演，我跟着他们去云南、四川、湖南等地演出。那时候，团里有一位绰号叫"大老王"的人，还教我一些治跌打损伤的方法。有演出的时候就演出，没有演出的时候，我就跟着"大老王"到处卖药，他教会了我很多社会经验。

在杂技团里面我待了将近三年的时间，学会了一些杂技的技巧和练功的方法。

1987年，我回到了猪场，这时候我的芦笙独舞滚山珠表演难度上提高了好多，寨子里到我这里来学芦笙舞的人也就多了起来，先是祝发光、王学贵、祝明贵来我家学，我的三个妹妹——王景秀、王景香、王景群也一道学会了跳滚山珠。那时候没有专门的练功场地，我就带着他们在山坡上练下腰、练撕腿、练仰卧起坐、练俯卧撑、练倒立，我还教他们在坎子上翻跟斗。在家练时，我拿我家吃饭的四方桌教他们练钻火圈。钻火圈是我们在杂技团表演的节目，我都教给他们。等他们的基本功练得差不多以后，我就开始编滚山珠节目了。我把在杂技团学到的一些技巧放在了滚山珠的节目里，因为我们之前表演的传统滚山珠其实就只有一个"滚"的动作，只要摆上六个对顶的碗或摆上六把刀，用头立在中间翻滚，不碰到碗和刀，完成以后就算是一个节目。我在杂技团看到的节目大多是很多技巧的组合，我回到家后创编的滚山珠，在保留以前苗族传统芦笙舞的基础上，增加了一些更高难度的动作，有"搭桥""腹上倒栽桩""叠罗汉""双飞雁"等，让滚山珠演起来更好看。这些其实就是受到了杂技节目的启发。

我们以前跳滚山珠，这个脚是伸不直的，是弯的，原因是我们没有压过腿。从我回来后，我的徒弟们在我的要求下，一直都坚持压腿。经过好长时间的压腿和踢腿训练后，我发现每个人的动作都比以前标准多了，跳的芦笙舞也比以前好看了。从那时候开始，一直到现在，我教的徒弟一来学滚山珠就要天天压腿，要等他们把腿压直了，基本功练好了以后，我再教他们跳滚山珠，这样子学起来就简单多了。

1989年，我们县文化局将"地龙滚荆"改名为"滚山珠"。1989年11月，县文化局叫猪场乡文化站通知我，要我组织一个滚山珠队伍随省文化厅到广州参加羊城中华博览会。我当时就组织了我妹妹王景群、王景香，还有寨中的祝发光、王学贵、祝明贵，加上我共六个人排练。白天我们在我家门口的小院坝或者山坡上跳，晚上就在我家的堂屋中跳。我在十多天的时间里，编排完成了六个人的滚山珠节目。那时候，条件实在是太苦了，我家点的还是煤油灯，吃的是洋芋。第一次要去省外演出，我是又高兴又害怕，高兴的是终于有机会去广州参加表演了，又害怕节目搞不好，被淘汰回来。

最让我高兴的是在赶到省文化厅后，我遇到了一个脸又宽、个子又高的人。他叫我在文化厅的水泥地板上跳芦笙舞给他看，我也没有多想，吹起芦笙就做了几个动作，他高兴得拍手叫好！后来带我们从地区来的老杨告诉我：这个个子高高的人，就是省文化厅的领导傅汝吉。第一次得到了省里领导的肯定，让我对我们小花苗的舞蹈有了很大的信心。文化厅安排我们住在招待所里，我们一个人睡一个铺，我觉得真是太舒服了！因为在家的时候，我们都是三四个人挤在一个铺上。在文化厅排练的那几天，省京剧团的陈建良老师对我们几个滚山珠表演队员做了一些很有效果的加强训练，使我们的滚山珠节目更上一层楼。几天后，我们坐火车到广州。在广州羊城中华博览会上，我们的滚山珠节目越演越受欢迎！节目质量也是越演越精！让我更加高兴和激动的是，当时的中央领导李瑞环还到现场观看了我们表演，我们演完后，他还和我们大家合影留念。我做梦也没有想到哦！

我带滚山珠队伍又参加了1990年9月在北京举行的第十一届亚运会艺术节。我们的节目是八分钟左右的时间，每次从节目开始到结束，观众的掌声都是十多次，最多的一次我记得是十七次掌声吧！现在新的滚山珠队伍很难得到我们老一批那些掌声了。1991年8月，我又带队去省文化厅，和省文化厅组建的"贵州民族民间艺术团"赴香港参加"中国少数民族艺术节"。这一年的10月份，我们又在广西南宁参加比赛，夺得了"第四届全国少数民族传统体育运动会"的金奖，得了六块金牌，那时候真是高兴得连觉都睡不着了。

最让我难忘的是我们在1992年赴西欧参加"国际民间艺术节"，演出主要是在荷兰和比利时进行，有一次我们都表演结束很久了，观众的掌声还是没有停下来，

"啪、啪、啪"的掌声一直在响……我们一个个都不知道是咋个回事，随团的翻译跑过来跟我们讲：观众掌声不停的意思是我们表演得太精彩了！希望我们能再跳一遍给他们看！但我们真的是没有体力了，全身的衣服都透了汗。我们只能让翻译去跟观众解释，确实是跳不动了，太累了。还有一次我们正在台上表演，台下的一名外国老人居然感动得哭了。我们下来后，他走过来拉着我的手，说了很多我听不懂的话。那时候我也很激动，但忍着没有哭出来！这么多年了，我一直记得这件事情。现在想来，一定是滚山珠的精神感动了他。因为那个时候，我对滚山珠演出的要求是最严格的：步子必须标准，每一个动作该把脚底翻摆出来的，就一定要翻摆出来，而且速度要快，动作还必须到位。我们那时候的演出都是自己吹自己跳的，所以每次跳一场滚山珠下来，我们六个人的衣服都全部湿透了。我经常对我的徒弟们说，跳滚山珠一定要卖力，动作一定要大，芦笙一定要响，精神一定要足，这是我跳滚山珠的秘诀。但现在很多徒弟都不理解，学跳滚山珠的人很多，但能跳出真正的绝招的人很少。

1994年底，我去河南少林寺武校学武，两年后才回到家里。本来是想回来大干一番的，但是我的徒弟们都各奔东西了，我的几个妹子出嫁后也不跳了。那时候我自己的几个娃儿还小，为了解决一家人的生活，我一边想办法赚钱，一边训练新的滚山珠人员。幸好当时我弟弟已从贵州省艺术学校毕业分配在纳雍，县文化局又安排他下来协助我培训滚山珠队伍，这样子我又重新组建了一支新的滚山珠队伍，参加了县里组织的演出活动。我把我从武校学到的一些好的技巧放在了滚山珠的节目中。现在站在肩上"朝天登"这个动作，就是当年我从少林武校带回来的，现在已经变成了滚山珠节目的一个招牌动作了。

在滚山珠的基础上，我加了一些杂技和武术的动作，但我编排的滚山珠节目，主要还是以小花苗的高桩舞步和矮桩舞步为主。这些高桩和矮桩都是我的师父教给我的传统动作，我是一板一眼地继承了下来，一直都教徒弟们保持它古老的跳法。我在创编的时候，增加的只是一些技巧动作，这些高难度的动作可以增加节目的观赏性。我一直认为：如果不以传统的滚山珠舞步为主，玩再高难度的动作，也是没有意义的，滚山珠必须保留它的历史传统。而今让我担心的是，现在一些滚山珠队伍，将滚山珠的传统动作改编得乱七八糟，将我们老一辈的动作丢掉了，使滚山珠失去了它传承的意义。我真的希望有关部门能制定出台一个滚山珠的保护规划,将我们原创的滚山珠节目收集整理成书,或者是制作成录像来给大家看,这样子才能更好地保存滚山珠原始的样子。

我教滚山珠是不分年龄大小、不论族别的,小到三四岁,大到二三十岁,只要愿意来学的,我都一样教他们。我以前有一个徒弟叫黄河,他是我们纳雍瓜仲河的,二十多岁了才来找我学滚山珠,因为他学得认真,又能吃苦,三年后,我就教会他跳滚山珠了。所以我经常对我的徒弟们说:"跳滚山珠并不难,关键是要喜欢,要坚持下来。"来我这里学滚山珠的除了苗族以外,还有彝族和汉族,我们这里是苗族彝族乡,苗族、彝族、汉族人杂居在一起,就像一家人一样,有什么事都互相帮忙,当然也要互相学习。

我们这个村是新春村,我家住的这里是木花营组大麻窝。

以前我父亲还在世的时候,来我家找我学艺的人是很多的,每天都是人来人往,而我的父母从来都不埋怨我半句,他们做饭给客人和我的徒弟们吃,有时候没有饭吃了,就煮洋芋来吃。现在我的父亲虽然不在了,我也是同样的做法。我媳妇罗大英也是支持我搞滚山珠的,虽然她嫁给我以来也没有过上什么好日子,但她还是支持我,让我的几个娃儿也跟着我学跳滚山珠。我觉得只要有人来学就是好事,学的人越多,滚山珠传承发展的希望就越大!但现在不像以前了,以前我们小的时候,看到大人们跳好看的芦笙舞,我们就喜欢得不得了,很想去学跳,现在很多年轻人都不喜欢跳芦笙舞了,除了怕影响学习成绩外,他们喜欢的是看电视、玩手机、听歌曲。

滚山珠是(苗族)迁徙舞的一部分,它反映的是我们苗家人在大迁徙中来到黑杨大箐时,苗族青年用身体滚开荆棘,开辟道路让父老乡亲们通过的场面。我认为滚山珠不仅是苗族纪念先民的一个舞蹈,更是苗家人强身健体的一个很好的运动项目。就比如我三舅,他是从小就跳滚山珠,现在已经八十多岁了,还能吹芦笙、跳高桩的芦笙舞。我的滚山珠队伍中,有一些人刚来学滚山珠的时候,身体是很差的,但是通过一段时间的滚山珠训练后,身体素质明显就比以前好多了。

我是很希望更多的人来学跳,但事实上来学的人是越来越少。现在的滚山珠队员,大多数是我们到家里去动员他们的父母,他们的父母才叫娃儿来学的。所以,现在传承滚山珠比以前困难很多，以前是人家主动来找我拜师学艺，现在是我去请人家来学艺。

我现在的滚山珠传习所有将近二十个学徒，大部分是在校学生，以前教的会跳的有七十个以上，有的已经不跳了，有的在外面打工。本来我是可以多找一些学徒的，但是我这里除了这个老木房子外，就只有这个小练功室了，住宿成了个大问题。徒弟们都是晚上来练功，练完功后就是十一二点钟了，我们这里又都是山路，近的可以回去，远一点的就只好歇在我家了，房间不够睡时，我就只好叫他们睡在我家关牛的圈楼上了。

我教徒弟已经有三十来年了，看着滚山珠从一个人跳，到现在的几十个人一起跳，我是说不出的高兴！滚山珠的队伍是壮大了，但是我觉得滚山珠在小花苗生活中的地位好像发生了一些变化。现在我们这里每年赶花坡和花场时，我总觉得花场上好像少了什么东西。我记得在我们年轻的时候，在花场上跳芦笙舞时，一跳就可以跳几个小时。从四面八方来的芦笙手，围在一起，你一折我一折地跳，互相学习，跳完后喝老烧酒，摆龙门阵……现在花坡和花场上已经没有人主动去跳芦笙舞了，如果不是因为我脚不方便，我一定要带上我的徒弟们到花坡、花场上好好地跳一场。

去年我不小心把脚摔断了，虽然现在脚还没有完全好，但我教徒弟们吹芦笙是没有问题的。我现在的滚山珠队伍已交给我的大儿子李飞龙来掌管，他是得到我的真传的，希望他能继承好我的事业。

传衍文脉 3

祖先传下的，不能失传

❖ | 吴天玉 / 口述

我是布依族，我是1953年出生的。我妻子也是布依族，她那个小地名叫沙坝，沙坝有个景点嘛，她们那里也是古树多。我有两个姑娘、一个儿子。儿子在观景台那里上班，搞旅游接待，有演出嘛，就跟我们一起演出。两个姑娘都结婚了，有一个嫁到本村，有一个嫁到城边上头，两家都各有一个儿子了，都有三岁多快四岁了。儿子没有结婚，女朋友都没找到，他有二十五岁了。

我们这个寨子百分之九十五都是布依族，有姓贺的、姓黄的、姓王的、姓陈的。我们姓吴的和姓陈的最多，百分之七十姓吴，姓吴的都是一个祖先传下来的。我们的宗祠在上面，山顶那里。吴家到这个平寨来可以说有一千多年了。我们是从江西来到安龙，然后开始延续下来。我们的一个老祖太，带着两老祖——两个男孩来纳坡五寨，两个老祖来延续我们这族，最后就搬到这里，一直到现在。家里的家谱还有的，我都保留有一份。家谱上一共有二十八个字辈，开始从江西来的时候，兆字辈是老辈。

老祖当时来到平寨的时候，他们就已经会八音了，有一千多年的历史了。我们民族喜欢山水好的地方，所以到哪里住，那地方山水首先要好，到（现在）这个地方也是喜欢，都是喜欢在平坦的地方。一般我们布依族住的地方都有古树，大古树，那些古树都是以前老祖人栽的。不管是红白喜事，我们民族喜欢搞个音乐大家闹热，白喜事有白喜事的曲调，红喜事有红喜事的曲调。以前没有规范，现在演出上有规范。过去以小打音乐为主体，就是我们所谓的小调，那个一天拉到晚都有。调子有《祭祀调》，有《周唐调》——《周唐调》是结婚时演奏的，有《将军令》《八月桂花香》，有《夜半歌声》——《夜半歌声》就是我们晚上拉的小调。这些调子是没有文字记载的，都是祖传的。祖传是用口传，所以我们就凭心记。像我，不是求师学艺，我们是祖传，从老祖传下来的。我的爷爷教我的父亲，教得晚了，三十多岁才教，过去的老辈他们都是醒事晚（注：懂事晚）。我爷爷的名字叫吴应祥，父亲叫吴尚叔。我父亲原来不让我学，1972年我十九岁初中毕业以后，他才让我学。那时候是"文化大革命"时期，学我们民族的调子可以，但是不要拉其他调。那时候我们学的是革命歌曲，老调子也学。总的来说，以前不懂"哆来咪发唆拉西"，现在可以说是新时代，都晓得"哆来咪发唆拉西"，所以从那里来找的音。当时我在本地读的书，小学我读过几个地方了，在广桥我也读过，在我们这个寨子宗祠那里也读过。爷爷那时候有点严格，他们想方设法地把我送出头，因为我是最大的一个孙子。

我爷爷没有亲兄弟，爷爷是独子，下面就是我父亲这辈有五弟兄。大伯不会八音，大伯出去招亲了。二伯被抓去做壮丁，后来也没有回来。他最后来了一封信，就是发给他的战友，让家里不要写信去了，他要到前方抗战。他可能是已经去世了，当时他还是个排长。老三就是我的父亲。四叔也会音乐。我父亲是三十岁时爷爷教会的，打也会，吹也会，也会弹。我就是不会吹唢呐，在吹功方面，我只会吹木叶，弹唱我都可以。我有两兄弟，另外一个弟弟，他也会，他和我一起在公司演出。他叫吴天学。

老辈人学八音，不像我们现在靠教音符，就是凭嘴巴练。我们现在教必须要教七个音符，比如说我们去学校里教学生，首先是教"哆来咪发唆拉西"，"西拉咪发唆拉哆"，首先要把这个搞熟练，熟练了之后，然后教你拉曲子，是这样的。但是过去我们的父亲这些老人文化有限，都是凭嘴巴练，所以很难学得会。比如学曲调，现在我们在学校把曲谱复印了，一个学生发一张，你就照着那个谱子来教，过去老人教我们就是凭嘴巴，那就是凭心记了。比如像我父亲，他也是多面手，又吹唢呐又玩狮子还打锣，以前没有谱子就不好学。我父亲脾气不好，你整二胡跟着他拉，和他弹琴，跟不上他就吼你、就骂你说："你这个笨，你这个蠢，你大半天难得学会。"不像我们现在拿着谱子学容易。像我儿子就学得快，拿谱子给他就容易教，容易会。我十九岁开始学，到二十五岁才熟悉，才学完，才学得那些曲调。以前那些曲调都是凭心记，我们有几十个调，上百个调了，都是记在心里。现在我教这些学生歌词，教平常这些徒弟，在家里面教的，我们教以前的老调子，以前是凭嘴巴说，现在我们拿手机录起，然后就让他们跟着学。现在就可以录了嘛，以前没得录音机，（全部）凭心记。

我原来学的时候，农村集体化了，白天没得时间，也就是晚上学，白天参加集体劳动生产。那时候我们只算"半劳动力"，我们从学校出来，大人得十个工分，我们只得五分，到最后慢慢加到六分，加成了八分。早晨去做农活，放工以后吃饭，吃完饭休息一下，就可以整一下子八音，哨子一叫就要出工，等放工了以后，晚上又学八音。父亲教我们兄弟，还有些侄男姑女。我没有跟寨子里的其他人学过，我们吴家可以说是祖传的，像寨子里姓陈的、姓王的，他们学的八音都是我们吴家老祖教的。过去父亲他们那一辈的八音队，现在我们搞这个八音队，都是我们吴家人多。我父亲他们那会儿，最远到过广东、广西这些地方去演出。他们八个人呢，我父亲、三叔、我大叔、我三爷、幺叔，还有个老爷，叫吴运兴，还有我亲的幺叔，其他就是一个陈老爷。那时候，父亲这辈和爷爷这辈的八音队平时也做农活，农闲的时候，人家就请他们去唱八音，农忙的时候，如果他们出门演出就要交点费用给生产队，作为互利的一种方式。出去也挣得到钱了，那时候出去一个人一天只是赚两块钱，那时候工资低，他们要交一块五给生产队，自己只得五角。到最后慢慢地收入就增加了，从二十块钱一天，到三十、五十一天，到现在都是一百多块钱一天了。现在，不管是哪里请我们演出，都要去。一般红白喜事出去演出都是两天，比如红喜事，今天去恭贺，明天是正酒。像本月13号和14号我就要参加纳灰村的婚礼演出，要收入三千多元，两天嘛，十几个人，每个人平均就三百块钱了。有时候是自己过去，远的开车来接。反正每个月都有人办红喜事和白喜事，红白喜事都有，有时候一个月有三四场，有时候一个月有十多场，有时候办事的少，那就休息了。平时有旅游接待演出，我们就要去下面演出，接待团队。有个老板请我们到民族街那里去搞了几个月，后来开不起大家的工资。一直到现在都是我组织人在观景台那儿演出，我们那个经理在那搞"八大碗"（注：地方特色餐饮），有演出我就叫他接，接了通知我，我又通知演员去。

八音队的演员都是一个寨子里的，吴家人多些，也有外姓的，我家两父子，还有我兄弟，我们就占了三个，吴天平是伯伯家的，还有幺爷家那个兄弟，还有个长辈，就是六个了。我们是六个男生，女生都是我们那些侄儿媳妇，我家那小姑娘年年都参加，后来打工去了。其他演奏八音的场合有春节，春节的初一、初二玩两天，围起大火在大晒坝，组长把柴砍来，我们去抬来，拢起（注：燃起）大火，在那里玩。就是过节日时聚在一起，其余的时间就是结婚，或者老人去世时去表演。

八音里最难学的是二胡，就是胡琴。我们布依话就是"三响，顶顶三杯"——这是布依话讲的，意思就是二胡要学三年才会。"顶顶三杯"就是指月琴只学三天，实际上三天也学不会，只是说它好学，容易学，比胡琴好学。我们教平寨小学学生这半学期的胡琴，这些学生中只有百分之五十的找到感觉，百分之五十的都认为难学。里面有两个学生算是学得很快的了，八音这些曲还可以拉，可以拉完整。他们对音乐很感兴趣，所以学得快。现在每周一、三两天上两节八音课，我对校长的要求是每周一、三、五上课，一个星期多拿出一天去给他们上课，学得要快点。是我们自己要求领导给我们安排在学校里面教，在家里面我们也教。但是在家里面教比较难，这些年轻男女都去打工了，打工到十二月份才回来过春节，很少有时间教他们，所以我们就要求领导安排我们在学校里面教。他们都支持我们的工作，所以就安排我们在学校里面教学生，有半个学期了。但是没有经费，所以买不起乐器。必须要有乐器，我们自己做乐器也要本钱，像一把二胡，像那把大的要一千多块钱，我们另外还有乐器传承人，专做乐器。吴天平是我伯伯家儿子，他就是乐器传承人，他是专门做这个琴的，这些琴我都要叫他帮我做。现在我教的是四年级学生，一个班是几十个人，每个星期两天嘛。那些学生有百分之八十都感兴趣，有的学生没有音乐细胞，像我那个班有个学生就自然地退出，他学不进去，他不感兴趣，有两个自己愿意报名上来学，有音乐细胞的。由于乐器有限，所以就选拔十多个来学。另外，在村里的年轻人都喜欢学，一到腊月二十几，这里是很热闹的。我教的那些学生他们都回来过年，要来我这里玩，来和师傅玩一下，然后拿起乐器整，整得热闹哟，那些小徒弟也来热闹一下。他们回来嘛，来我这里集中，来玩一下，不懂的地方叫我给他们讲一下。

我兄弟那时候到贞丰去打工，他就拿起月琴、背起二胡去，他在那里去拉，人家说我听你这个好像是布依八音，我兄弟就说，我哥就是国家级八音坐唱的传承人，我怎么能不会。他一开始去，人家还不晓得他，他拉起个八音曲子，懂八音的人就晓得了。那些到外地去打工的，乐器不好拿，他们都不带去，在这些近处，比如兴义，我们黔西南范围内的可以带走，远的不好带走。

现在在学校里面教的八音都是改进的，新老结合嘛，教的是迎客调、贺喜堂，都是关于结婚的、喜庆的。按我的想法要全部教，全部教要花的时间太长了，慢慢来，一定要把所有的东西——我懂得的老辈人所传给我的东西全部传下去。按现在这个时间进度的话，要教几年，像我儿子现在都只学到百分之五十，就是只得到一半。过去都是凭口教，现在是拿手机录。每个星期检查一次，看你学了多少调，拿手机录，有时候我不教的时候他自己学，拿手机放起，我有时间教的话他就跟着学。那都是老调了，现在的新曲子我儿子全部都会的。新曲子，是我们韦老师编的新曲。他是个艺术家，安龙县的，也是布依族，说起来很遗憾，他得了疾病，去世一年多了。还有我们的洪老师和文老师也编新曲，不是新创造的，都是收集我们布依族的老调进行改编。洪老师也是兴义的，也是七十了。他们属于专家级。

我儿子十八岁初中毕业，十九岁学的，学了将近有七八年了。学习这个难在哪个地方呢？最难的就是拉弦、拉二胡，拉弦最困难，具体难在找不到音，找不到把位，找不到位置和一些音准。要示范给他看，按在哪个部位，按的方位走了或者上了音就不准，你就把他指头移下来，只有这样教。所以这个是最难的，教拉弦是最难的。八音唱的那些唱词不难，一般都是布依族的话。我儿子毕业一段时间，到广东工作半年又回来了，在城里面一个房地产公司当过保安。后来我去观景台那里上班，工作主要是接待，有演出我们就去，儿子经常去，他就在那里上班了嘛，是固定的那种上班。如果有客人来听八音，经理打电话给我，我就打电话给这些演员。一般都是我们国家台湾的，日本的、美国的，就是这些游客，他们需要看，我们就去表演给他们看。

现在寨子里学会八音的可能有三四十个，有些学了六七年，有些是四五年，有些两三年。学习水平最高的，把所有曲子都学会了，像我家那个侄女，我妹家的小姑娘，一直都和我们演出，全部都学会了，她还是一个报幕的主持人。现在的年轻人学的乐器主要是二胡和月琴，女生都是学月琴，二胡最难学会。我家侄儿我都带到演出队里面去上班，我家侄女只要她喜欢来就教，像我家这些侄女侄男我还要求他们来学，其他那些喜欢来学就教他，不喜欢就不勉强。我家侄儿和侄女学会了都和我们一起演出，后来演出队伍解散了，他们就去打工了。有演出你就得那点工资，没有演出你就没有。今年这个演出没有去年多，他们就出去打工了，都是去广东、浙江一带。

这个寨子里面，除了八音，老辈的人还会耍狮子。打锣、玩狮子都是我父亲教我的，现在我也把我家兄弟教会了，所以现在寨子里面红白喜事这些，像搞乐器这方面，我和我兄弟在哪里都是有名的。寨里的一些老人说，玩狮子这些你不教恐怕要失传，我说他们不愿意学，愿意的就好教。年轻人对八音还有点感兴趣，八音是有这个特点——可以自己一个人或两个人拉，吹拉弹唱，所以不会失传的。耍狮子，他们肯定要学的，大部分都是结婚了以后，生小孩了以后才学。我们现在还不会翻那些刀，以前那些老人，像我老爹，那桌子四方都是绑起刀，翻刀，他们还会，我们不会。他不教我们那些，那些危险。

　　现在是不搞旅游接待的时候我都要教学生啊，民族的传统嘛，不教要失传。如果是有老板来接手那更好，没有我们也要继续传承下去，是祖先传下来的东西，不能让它失传了。

传衍文脉 3

保护自己的传统

杨光宾 / 口述

杨光宾

我是1965年出生的，苗族，住在雷山县西江镇控拜村四组，现在住这个房子是我租的，方便一点。我老婆是1963年出生的，五十岁了。我们寨子原来有两百多户人家，现在只有两百人左右在，其余全部到外面打工去了，我是一直留在雷山县控拜村。我有一个儿子、一个姑娘，儿子就在西江，姑娘也嫁在西江，已经生仔了，儿女都不用我管了。我家姑娘出嫁的银饰就是我带去香港展示的那一套。我在控拜读到小学三年级，后来就不去读了。我有两个哥去当兵了，还有两个妹，我父亲身体不太好，我就一直跟着他学打银了。我妈在家织布，以前的女的都是织布、做农活，我们这里就是以做农活为主。我父亲不在了，去世已经有二十年了。我老婆叫穆妮长（音），她是文盲，是我们本寨的，她是我唱歌"赢"来的，唱歌要唱赢了她才跟来，我们苗家就兴唱歌，现在都忘记咯。她父亲退休前是个区长，你不会唱歌他怎么把姑娘嫁给你？以前她和我在一起也不幸福，现在她觉得有点幸福了，以前我穷嘛，她从前在自己家肯定生活得好点。

这个打银子我是跟我父亲学的，是祖传的。我父亲讲，做哪样你就要有个样子，这个是有惯性的。当时学的时候我父亲他们加工银子还要走村游寨。回来农忙季节他还要做活路，做完活路以后又走，沿路上走，一直走。我们小的时候父亲在家加工过一些东西当玩具卖，卖了以后我就看到他去打银，先是帮他拉风箱，慢慢跟他学起打银子来了。

1977年正式跟着我父亲学的，那时比现在还苦得多咯，学的时候还不觉得，就是要走村游寨的最苦了。我才十来岁，那时候没通车，不方便，我们走路从控拜走到雷山我都哭过两次，走路过来，走不动啊，七八十里路，走得我脚起泡。出去一趟如果找到活路做起码要一两个月才能回来，如果找不到活路干脆就回来，不要再去找了，你要再找就麻烦了，越走越远，这一走也是走了十多年才结束。

那时候在别人家吃饭也是马马虎虎的，没像现在，不讲究的，住也是随便住，有床被窝就得了，拿稻草来铺在地上，有时候烧起火坐在火炉边。找不到活路你还要讨饭吃。如果你加工时碰到过年，一个村寨（的人）都拉你去喝酒的，他们说你是师傅，尊重你嘛。

有时候出去走村游寨还有点危险，怕回来的路上人家打劫。我没有遇到过打劫，但是听说过，我父亲也没遇到过，我父亲没给我讲过，他只讲出去的时候要小心，有人看你在村子里面加工个把两个月了以后可能有点钱，那些年轻娃娃估计到今天你准备要回家，他就要来问你："你什么时候回家，师傅？"像这种你就不要讲走的时间，你就讲："还没搞完，还不走。"然后第二天悄悄地走，不要让主人家送你。

有时我也有点不想学，开始学的时候必须先打成一个手镯。手镯是六方的，现在这个银子软，打六方容易，以前的银子硬，就有难度。我一直打不出这种方来，打不出来就想熔掉了。我父亲讲，你一熔了，你就不想学了。没办法啊，打了一年，终于学会打手镯了。然后就学雕刻，也是很难，开始雕刻的时候，钻刀凿不好，好多时候打到手，痛啊，走线也走不出来，但还是得慢慢地学，也是差不多一年才开始有点感觉。那时候我们还要去劳动，谷子收完了要到10月份、11月份走。我父亲死后只剩下一把秤给我，分子秤，是我爷爷留给我父亲的，其他的"文化大革命"时全部被没收完了。

那些时候，我们从控拜到雷山，去找需要打银的人家，打什么要根据他家的需要，吃住都是他家付的，反正我们就是收加工费，就像木工一样的。那时候便宜咯，一天才两三块钱的工价，我们做一个月才得几十块钱，有时候还找不到活路干。雷山全部走遍，还要到榕江、从江、广西，到贵阳、惠水、到湖南、锦屏交界。去湖南的时候我二十岁左右，已经结婚了。

我从1978年的时候就自己走了，因为我去的时候年纪还小，人家还不相信我的技术，不相信的不敢要我加工，所以我还要带一个年纪大点的老人，他不会嘛，就是带他做个样子嘛，没办法啦。那时候做活路确实难，必须要有老一点的人，人家才信任，太年轻、太小人家不相信你，带个老人去人家才要我加工。加工全部是我制作的，他只是拉点风箱、拉点丝这些，像簪花、焊接这些都是由我来完成，十三岁我正式学嘛，十六岁我就正式出师了。

走村串寨肯定是难的哦，因为我们那时候走村游寨去加工，银子并没有像现在这些银子好，它没软度，硬度大，太硬了，好多没办法加工，纯度不够，才是五成银，百分之五十含银量嘛。现在的银子就软多了，现在是正式提炼的银，那时候就是些大洋啊、"袁大头"啊，还有些小毫子，二十毫的那种，其他的就没得了，翘宝（注：金元宝）也很少。软度不够，所以必须要学会打硬的这种，学不会肯定也打不出来。现在这个银，慢慢搞也还能搞得出来。其他人会做这个软的，硬的就搞不出来。

我们这里的银头冠重量是一公斤多一点，每个地方不一样，像施洞就跟我们雷山不一样，衣服也不一样。衣服用银饰来做，用金线订个小银珠，有龙、蝴蝶，还有鱼，有些说不出是什么。苗族也在慢慢改良，没得文字来写，好多写不出来的就用刺绣来保存。

"文化大革命"时，我父亲他们没得东西去走村游寨，大部分工具被没收了，只有一把秤、一把锤子，刀也还有几把，有人要加工，就去外面加工。我父亲一点东西都没留给我，他觉得也遗憾。改革开放以后，大部分人就往外面跑了，没人打银子了。他们到外面打工，一天得三四十块钱，已经很了不起了，我们在家一天就是得十块钱，但我们也很高兴。他们讲，你为哪样不去打工，我讲我不喜欢去打工，打工太吃苦，太累。他们在外面的得三十块钱，你做不好人家要骂你，受气。在家里面，你自己做你的东西，拿去卖还不是赚那点钱？还可以帮着家里面做点活路，大家好一点嘛。老婆一直是支持我的，谈恋爱的那时候，我加工的东西还拿去哄她嘞。我一直坚持在家做工。

——— 保护自己的传统

我从来没加工过白铜的，我一直加工真的银子到现在，白铜要伤害皮肤。现在一些所谓的苗银其实就是铜或其他金属材料镀银，其实就是假的。现在我们去搞展览的时候啊，好多人都讲苗银，我们就头痛得很，没得办法，以前没得好的银子，就叫苗银，老人家留下来的，纯度低。现在好多人就为了这个利益来哄游客。这个银子和白铜成本区别大咯，你那个白铜一套银帽成本四十块钱，他卖两百块钱一个；我们这个真银成本一公斤就是将近一万块钱嘛，还要加上加工费，这个帽儿一个就卖二万二。那就区别大啦，这个二万二，那个两百块钱，区别好多倍咯，差价太大了嘛，白铜不值钱嘛。

我们的工艺最近这两年受到重视了，（我们）高兴多咯，以前我们哪里都去不到。我原来跟我父亲他们打银子的时候，贵阳都没去过，想去都没钱去，后来得了国家级非遗传承人这个荣誉以后，特别高兴，到处去宣传，到处去展示，也是带动了好多人。现在越来越多的人要打银子了，大家感觉蛮好的。

徒弟学好了他们就自己去做，我有二十多个徒弟了吧，来自不一样的地方，外省的也有，我有登记的。他们来的时候，我也是搞登记本，还搞个工作日记，每次去参加活动都要记，每天的都有。文化局安排我每年都要搞总结，所以外面的人来参观、拍摄都要记，到时候把记录复印给他们就行了。

打假货关键是要靠政府来管。有次我们到山东去搞展示，有人就拿白铜去卖，这是损害我们贵州的形象，省非遗中心的毕姐就直接批评他。他讲我们去哪里人家都让我们卖的，为哪样到这里你们就不让卖。毕姐讲你这个是有损贵州的名誉的。现在因为这种东西，我们去搞展览一碰到白铜就头痛，参观者也不晓得这个是白铜还是银，肯定哪个便宜就要哪个喽。假如我们这个卖五百，或者四百，他才卖二三十块钱、七八十块钱，人家宁愿要他那个啊，所以这个伤脑筋就伤在这点。政府要保护这个工艺，不允许带白铜去卖，不然就坏了贵州的名誉。因为人家来买，不光是我们中国人，外国人也来要，如果他知道这个不是银，是白铜，肯定要讲苗族的东西样样都是假的，这样你的名誉就坏了，我们就担心这个问题。

现在他们搞批量生产，也使我们的传统手工艺受到打击，受伤害。这个银片，有些批量生产的一个小时就能搞得好多哦，像我们手工搞这个要十多天、半个月才完成，现在他们有些搞一天就搞完了。我们去黔东南苗族侗族自治州的时候讨论什么是属于苗族银饰和苗族刺绣，有些人就提意见，他讲这个苗族银饰（可以）包括白铜在内。我们讲，这个不行，如果你拿这个白铜来代替这个苗族银饰，那么你们就不要搞这个工作了，后来他们就纯手工来做了。苗族银饰，要手工打造；苗族刺绣呢，全手工的刺绣才算是苗族刺绣。这个才是真正自己的工艺，自己的宝物。拿手工来对比这个机子，肯定机子搞得快，他卖便宜点，他可以赚钱，唉，但是你手工搞，供不应求，人家要批量了你就拿不到订单，所以现在就要生产性保护，就是保护这个手工。没手工生产就拿机子生产，就保护不了自己的传统，唉，特色就丢失啦。假如下一代人都是拿机子搞啦，没用手工了，那搞这个雕刻的就没得啦，直接用机子压了，所以说现在最关键的是选人去搞展览的时候，就必须要讲清楚。

现在我们传承人最主要的是做传统，创新的主要是一些小东西，就是旅游小商品。游客需要这些小商品，时尚手镯一类的嘛。大部分大体上都是保护自己的传统、手工，图案这些要保护好。像现在这种创新的小商品，原来我们没做。我们现在做这种银片，也可以当饰品用，也可以拿裱起来，刚刚开始做的，以前没得。头冠这些只是讲拿来收藏，太大太重了嘛。这种项圈和银锁又可以用来裱起，我打了好多，打了大概有七八个。他们搞艺术的，还有他们搞研究的喜欢看这种，要这种。

打银子我是第五代，儿子是第六代，一代比一代强嘛。儿子的技术还可以，有创新，现在我儿子可以设计一部分。原先苏州工艺美术职业技术学院全国性招收八十个人培训手工技艺，要去培训一年，当时贵州才得两个名额，一个是搞蜡染画的，一个是做银饰，银饰就叫我去，我讲我不会画画，也不会写字，现场操作做银饰还差不多。他们是高级研修班咯，我就没办法啦，电脑我样样都不会。他们说贵州得这个名额，不去不得行唉。我讲我不去咯，我儿子去行不行。他们讲行嘛，你儿子是大学毕业了，那就更好了。儿子去进修一年，回来又去贵州民族学院（以下简称民院，现贵州民族大学）进修了两年。他原来学的是通信工程，毕业了以后去广东深圳打工半年。他说看了电视台播出一个节目，那个《白色图腾》，就是到我们控拜来采访我的。这个是当时文化厅简家奎他们办的，播放时我儿子在那边看见了，他说我不做了，回家跟老者学银饰，自己去搞自己的东西，没人干涉，不受气。他去民院也是进修民间艺术，也是搞研究的嘛。他在民院毕业后今年才正式回来，在西江守个门面嘛，我开个门面在西江嘛。我做的银饰，贵阳、遵义这一带的人不要，山东、上海、北京、广州这些人来要，因为我们做的是真的手工银饰。我们做的那个东西便宜不卖的，我们卖这个手艺，原材料是不贵，但是手工贵，做的是完全手工的。

我对儿子那是肯定有要求的嘛，工艺要搞细致，这是一个；要有自己传统的民族文化，这也是一个；第三个就是不要搞假的，这不是长远之计，搞这一行你自己就保护你自己了嘛。现在儿子想创新，参加中央电视台的《流行无限》节目时，我们父子就两个概念，我就解释我的传统，他就讲他那个创新。但是后来我讲，创新就必须讲自己的民族的文化，他讲加在里面创新就可以。后来他接受我这种观念，但是他讲这个是不断地变化，外面的游客来要这东西，我们就做游客要的东西，就不一样，但是我们得用老传统来加工。反正他搞他的，我搞我的。现在我们要改进，这个东西就是一代比一代强，就这意思。

开始就是先把银锭熔了，熔了就拿出去打，去打了以后我们要拿来看这个皮成不成形，成形了以后我们就拉丝，拉丝后又来雕刻、錾刻，錾刻后就拿来焊接，焊接完了就洗，洗完了就可以了。唉，讲起简单哦！一个小小的作坊坚持到现在了嘛，那时候跟我父亲拉风箱，天天拉，累死人，热天不要紧，冷天这个手太凉啦，有风湿嘞。也是到改革开放了以后我们条件才好点，通车了来了游客，拿点东西去寄也方便嘛。拉丝、捶打、锻造、焊接、编接、洗等等就这几个，每个地方工序都不一样，在雷山地区是一种，到台江又是一种了，到凯里又是一种了，黄平又是一种的。工序上黄平样式就不合我们这边，制作是一样的，根据那个样式来打。惠水那边也是一样的，只是打那个包包还打上面四只猫脚上那个丫丫，三只鹅，还有那个项圈，也是到那个地方看到那个东西才加工出来。是哪个地方的银饰一看就晓得，因为雷山就是戴这个银马花，还有上面那个牛角，衣服上面、后面，还有锁、项圈。雷山项圈跟台江项圈就有点区别，很明显嘛。石洞的就是龙项圈了嘛，龙项圈铃铛多一点，锁也可以戴。雷山的要个锁，这个就不同。黄平那边不要那个锁，要链子。

原来学的时候最高兴的是在永乐那边，我开始打成第一个银帽，我也觉得我很满意，不跟我父亲做了嘛。永乐那点打的是拿他们家的银子，我自己打，打成一个，我讲，咦，还不错啊！不跟着老者做，我自己做也还赚点钱。后来我父亲来看后他讲，可以了，我也觉得满意了嘛，那次我才开始打成第一个帽。但是到"文化大革命"的时候不准搞啦，父亲也不搞了，我也没上学，就是做农活，哪里都不去。有时候我父亲他们偷偷到外面去做，到山上去，山上有些洞的，他没拿这个风箱啦，只是拿那个吹火筒，在家偷偷熔好了拿到山上那个洞里，拿点炭，拿个吹火筒去吹，在外面打。那时候偷偷地搞，搞些小东西拿去换点钱。

现在的年轻人，像我儿子他们这代，你讲那个风箱，连用这个风箱怎么打出来他都不会打了。光是这个风箱也是要点技术，我这个风箱是自家做的，你不自己干哪个帮你干咯？现在用不着走村游寨了，现在是顾客上门要。现在这银子有点贵了，一般老百姓也没钱，他一年来要一样，搞齐全套也是五六年啊。但是这个银子的价格是有浮动的，现在都是市场交易，银子的价格是不断地变化的，有时候到五一节就涨价，到三千多吧。我原来买来是三千三，现在我就不敢出售了，不敢加工卖给别人，你收不了本钱啊，我只有放着，唉。一般我们加工手镯这些简单的就是十二块一克，复杂的是二十多块，但是拉丝那种的我们就不算克数了，就按件卖了。

我们去榕江那边特别好玩，那时候我们拿去卖东西，好的人家没要，不好的他偏偏要，还要找不大好的那个，我们笑啊，因为东西多啊，他们真的是看多了眼花了，好的东西他还选不到。

现在不光是我哥一个人后悔没学打银子，我们寨上大部分人都后悔哦。现在看到我们天天出去玩，他们讲好羡慕哦。到了雷山过苗年的时候，要在雷山广场搞个颁奖授奖仪式，大家都来看，说"杨光宾搞那个得一万块钱嘞"，就是一个带动作用了嘛。现在他们讲，你带我们学点嘛，确实现在大家都是羡慕得不得了。他们学了，但是他们没得国家级非物质文化遗产传承人这个称号，他们到外面是自己掏钱，我们去就是政府掏钱了嘛，呵呵。但是当时我在家搞这些东西他们嘲笑我嘲笑得不得了，说人家去做活路，你天天在家有哪样意思，包括我老婆一样嘞，她讲你天天在家你不去干活了。现在她帮到我编丝丝哦，还做那些背带。我们家要有这个传承，老者要有白的，老妈要有黑的，白的指你要搞银子回来，你要有银子，黑的指你要有刺绣，我们家黑白都有的。

我父亲过世得太早了，如果我不继续坚持也没法，我们三弟兄就都没有人搞这个了。我当时才是小学三年级的学生，我想读书，但是不能读了，因为有这个银饰工艺需要我继承。学了一年后我又想去当兵，我老者说："两个哥都去了你还去不去了？"我学这个确实有点苦，但是要有文化，没文化还是不行的，现在学过这个美术、艺术，再来雕刻比较容易些。

以前我们这里基本上都学打银子，家家户户都会，现在人们就是去打工，像我们这个他们不干，他们讲搞这个也得不到钱。但现在他们来搞，想得到这个传承人荣誉就难了，技术并不是生成的，是学成的，这要靠你自己努力。

我们周围的年轻人像我儿子一样的很少，他们喜欢到外面去，觉得搞这个要卖出去才得钱，卖不出去还不得钱，他们不干了。

现在就想搞一个合作社，搞个银饰传承合作社，这个传承工作室也还要，因为已经注册了，我还要坚持我这个，但是我准备注册一个合作社，不是个体的。我这个工作室从来都是靠自己，现在带学生都是我自己想办法。有些学生来的时候还带点材料来自己做，我们也没得那么多能力，我们也是靠加工挣点钱，带外地的学生都收点费，本地的不收费。前几天有个山东的来拜师，我讲拜师是可以，但是我们要收点费，看你喜欢学到哪时候，学时间长我也没时间来陪你，我参加活动不在这里时就耽搁了。

我的田荒废了，送给人家种了。原来我家四口人，现在姑娘出嫁就三口人了，三口人才得八分地，不要说租给人家种，送给人家人家都不愿意种啦。哎，没办法，现在我们村就是这么个情况。

现在的徒弟们各自想办法，有些是他父亲已经教会了他，他到我这里来提高一点。以前我们家这种手艺是只能家传不外传，现在国家来保护，好啊，只要你愿意学，我就愿意传，如果不传今后就没得啦，失传了，关键就是传当地的。我是第一批国家级苗族银饰锻造技艺传承人，所以我就准备开发一个合作社。合作社要几个人来凑钱办，这个投资越多就越好办，最低要四五十万元，唉，现在我们就只有十多万，我们有哪样本钱嘛！我就只有做一天吃一天咯，产量有限嘛，接了一套苗族银饰的订单一做就是半年。合作社好成立，但是合作社注册要验资。如果成立了，订单肯定有嘛，来我这里订的基本上都是学校和博物馆这些。

我们去香港展示会那次没销售，但是客人主动到宾馆来要货。第一天展示时，有个客人是从深圳过来的，他讲我要那套十万的，我讲现在还不能卖，要到最后一天。奥运会我没去，是顾永冲去的。他后来讲，你不晓得哦，好卖得很，都卖完了，好多东西都是一套拆开来卖。如果晓得我就赶紧找人寄过去就好了。他讲那次他得二十多万元嘞。

我们去过香港、台湾，还有法国，也是去搞展示嘛，是跟外联处去的，省文化厅外联处，跟那个樊正刚，今年过年还要去。

我出师后一直做这个。原来加工一套苗族银饰便宜，可能两千块钱左右，现在要两万，打一套要花五个月左右，算起来一个月赚不到多少。加工单件的划算点，但是很少有人要，要有钱的人家才要，有些家里就剩一个姑娘啦，两个双职工的，就要陪嫁一套银饰嘛，十来万。他讲假如你去买车，车子还不是一两年报废了，这个银子放着还能增值。盖个我的印章，一百年以后就值钱了，哈哈！现在好多人要东西都要我签名。现在我注册商标也是我的名字，我还搞我亲自签名的章嘞。

有古话说："银匠不偷银，饿死一家人；铁匠不偷铁，当面开一截；卖布不偷布，婆娘穿烂裤。"但那是古话，我们家是绝不偷银的。

一定能传下去

❖ | 余贵周 / 口述

我是1965年出生的，今年虚岁四十九岁了。我们村有一百七十三户，大概七百三十人，二百三十多人外出打工，田面积有三百零三亩，土有七百亩，我们主要是以养殖和种植为生。

我父亲叫余富泽，他不种田，专门做芦笙的，是给集体做的，也得工分。做一个芦笙是一块钱，父亲得三角钱，七角钱是队里拿去。那时大概是一九七几年，当时钱还是值钱，三分钱得一盒火柴。靠着父亲，家里生活还中中的（注：中等）。那时主要是吃麦子，种的谷子交给大队仓库，按工分再分点米回来。父亲死了十六年了，母亲也死了，老房子空着的，没人住。

余贵周在制作芦笙

我家本来是五个兄弟，其中有一个在小时候死了，现在有四兄弟，我是老四，除了三哥不会做芦笙，其他都会。来请我做芦笙的人多一些，合心的多一些。我们四兄弟是早就分家了的，我老婆在家做活路，衣裳都是她自己做。我自己只有两个姑娘，读过书，现在全部出嫁了，小姑娘嫁在本村，大姑娘嫁得远点，离这里九里路。

我小学一、二年级是在寨子里的学校读的，三年级就在其他寨子读，离这里有八里路，要走一个多小时。小时候去哪里基本都是走路，记得七八岁时，从丹寨到排调就通车了，坐车要一块五，下雨就不通车，再早以前都没通车，去丹寨都是走路，要两天才能走到。没通车前我去过丹寨一次，是拿布去染。小学时班上有二三十个同学，都是男生，女生不读书，等我出学校以后，才慢慢有女生读书，我们寨子有七八个。我们这里基本上读完小学就都不读了，我也是读到五年级就没读书了，家里穷，读不起。寨里我们这年代的人，有去当兵的，有在家种地的，有做手艺的，有修房子的，没有当官当领导的，做芦笙的只有我一个。土地、林地都包给别个种了，我全年都是做芦笙，十多年了都这样。我读书读得少，但是做芦笙是做得好的。

做芦笙都是白天做，晚上不做，没有什么娱乐活动，就在家里看看电视。我们寨子不能上网，家里没电脑。现在家里的开销主要是生活、寨子里的红喜白事、帮助一下姑娘家这些，比如她们家修建房子，我就送钱去。一年做芦笙有四五万元收入，除了这些开销，我自己留点够吃就行咯。如果以后经济好了，想出去走走，旅游一下，有可能的话还想出国看看，比如美国这些国家。

我家五六代都会做芦笙，我是跟我父亲学的，但是父亲做芦笙时并不教我们弟兄，而让我们自己做。父亲的手艺特别细致，但他不教也不说，我们只是跟着他，他做什么我们也做什么，他怎么做我们也怎么做。我十七八岁就会做芦笙了。

老人说过："有个人看到大大小小的马蜂过河，大的马蜂叫的声音低，小的马蜂叫的声音高，那个声音好听，他就想模仿那些声音，他找到竹子，又加了叶子在口上，吹出声音来了，后来发现长的竹子吹出来的音重一点，短的吹出来的音轻一点。"

现在我们做芦笙，最长的芦笙是低音的，这个中等大小的是中音的，最小的这种是高音的。我兄弟家里有支低音的长芦笙就是我那时做的，到现在三十年了，还是一样能吹。这种锦鸡芦笙，我们这个地方只有我做，其他人做的不响。

我们做芦笙都是按bó（注：方言音，相当于套）来做，一bó是十支，要四千多块钱，要做一个来月；单把卖的话，一般五百块钱左右，要做五六天。做一bó差不多要三十根竹子，长的短的都有，高音用短的，低音用长的。我们寨子种不起竹子，做芦笙的竹子都是到七八十里路以外的地方去买，按斤买，一斤两三角钱。从三都县下去（到）没人的地方，那边竹子好，但离这里百把里路，太远了。竹子都是自己去选，拿回来要烤一下弄直，用炭火烤，还要用烧红的铁钎把竹子穿通。竹子要好好选，像这根（余贵周指着锯好的一端木头），用一截不够，用两截又可惜了。这是用来做吹气的部分，类似风箱，中间是空的，在做芦笙的簧片时吹火用的。如果这个做出来一头大一头小就不好，不能用，要两头都一样粗细才好。做芦笙的工具很多，基本都是要自己做的。现在做簧片时还可以用液化气。这个簧片都是我自己打，买来那种不好用。做芦笙最困难的是做簧片、做芦笙头还有调音。其实都难，大一点不行，小一点不行，歪一点不行，眼子大小也很讲究，所以好多人学做但后来都放弃了。

每个地方做的芦笙不大一样，比如纳雍县的芦笙这里多一支（余贵周指芦笙的一头），手指按得就不一样。芒筒芦笙和锦鸡芦笙也不同，芒筒芦笙有雄头，锦鸡芦笙没有。以前做芦笙用桐油，现在改用清漆了。桐油干得慢，要滴，清漆不滴。以前的竹子比现在的好。以前的铜片是老白铜，现在没有了，都用红铜。现在买芦笙的人比以前多，都是到家里来要。以前是好几家才有一bó芦笙，现在有些寨子都是一家就买得一bó。

省歌舞团定了三支芦笙和七支芒筒，拿出国的，我才做完。前几年价格低点，这两年价格高点。物价都上涨，芦笙只能也涨点，有些是帮忙做不收钱的。很多人都是从很远的地方来找我做芦笙，两三百里路外的都来。其他有些地方也有做芦笙的，但是做来吹不响，或者没合心。现在要芦笙的多，有些来得等两三天，我做不过来，活多。他们都是拿去自己吹的，不是拿去卖。有些是被请到外地去表演，一下子就会买好多，万把块钱的芦笙。也有专门要簧片的。有的是把坏掉的芦笙送过来请我们修，昨天就有几个从丹寨来取修好的芦笙，修这个不要钱。好多要芦笙的人,我都做不过来。开个作坊请人来做不行,因为能做芦笙的师傅很少。

我挑徒弟没要求,只要想来学我就教。但是做芦笙很难,要想做得好,学和练起码得十年,很多来学的年轻人坚持不了那么久,都跑了,所以没有多少年轻人愿意学做芦笙。现在有三个年轻人跟着我学做,一起做芦笙卖。有个徒弟去丹寨修芦笙了,去调音。这个锯杉木的是我的侄儿,叫余世庭。另外的两个徒弟一个叫余世成,一个叫余世义。现在我侄儿还没有掌握到全部手艺,还不能独立做。

我想改进一下,把芦笙头变小一点,再加成八管的,把音加成七、八部声部。现在一般是六管的。以后改变一下,一个人还可以吹三个芒筒,三个都出音,只通过一个管子吹出来,可以吹出三个不同声部的音。我还想做个大芦笙,要三个人才能吹,竹子直径都有碗口大,下面搞个轮子,抬不动可以推,还可以有个小娃爬到顶上。我都在慢慢地研究。我不会做其他的,会一直做芦笙,因为这里没有其他师傅做这个,又只能手工做,机器不能做。只要他们需要,我就做芦笙,没需要了就不做了。

我们是短裙苗,我们跳芦笙舞时,女的戴银花,不戴银帽。老人说我们老祖宗是从江西逃来,沿着大河来,以前是低处,来到这里看到都是高山大山,遇到锦鸡,觉得这里山好、鸟好,就留在了这里。锦鸡尾巴长,毛好看,老人说我们穿的衣裳要像锦鸡一样,所以我们这里女人的衣服裙子是前面短,后面长,还要有花带子,像锦鸡的尾巴一样。女人挽头发都像锦鸡,戴的项圈也像锦鸡的样子。我们这里坡上的锦鸡不能打,不能吃,要保护它。过苗年、吃新米、春节、大年十五等都要跳锦鸡舞,跳的时候,相互要看衣裳和银饰,谁的衣裳、衣带织得好,绣得好,谁家的银饰多,这都有个比较的。跳锦鸡舞都要吹芦笙的,我们喜欢吹芦笙,过节都要吹。听老人讲在1966年到70年代不让吹,还是扛到坡上去吹的,不让领导听到。后来是70年代末,就让跳舞、让吹芦笙了。我那时还小,不记得这些。

我十四五岁就会吹芦笙,二十岁就能给他们排芦笙舞、锦鸡舞了。二十一二岁时,我到凯里去参加国际芦笙节,有人说我们的芦笙好听,要我到黄果树去吹芦笙。1999年我就去黄果树吹芦笙搞迎接、搞表演,还帮着修了二十多把芦笙,一个月赚了七八百块钱。我高低音芦笙都会吹,出去吹芦笙跳舞去了七八年,去过杭州一家酒店吹,去过重庆、深圳吹,但是从来没有到广东那些地方去打过工。去年我们八个人去省里的群众艺术馆表演，四个男的、四个女的，一个月时间，每天晚上表演，一天一百块钱，不包吃住。如果还有这种机会，我们还是愿意去的。

  我教徒弟，不管是学做芦笙，还是学跳芦笙舞，我都不收费。好些人跟我学不成做芦笙，就跟我学芦笙舞，我们锦鸡舞队的大部分人都是跟我学的。有些学跳舞、学吹芦笙快，有些学得很慢，就像读书一样，一些会，一些不会。学跳舞一定要是喜欢的，不喜欢就学不好。以前老人跳芦笙舞，一步、两步，都少有人会跳三步，现在我们都新编了步子，从四步到七步都能跳。跳芦笙舞要身子软，能扭起来才跳得好看。

  如果不跳锦鸡舞、不吹芦笙了，就不热闹。跳舞、吹芦笙的话，大家就高兴，就可以互相认识，肯定是有传承价值的，而且应该也能传下去。很多年轻人还是喜欢跳的，就算出去打工了，过年回来还是要跳的。以前芦笙很少，好几家才有一把芦笙，现在有芦笙的人家多了，个个都想要，会吹的年轻人也就多了。而且经济比以前好了，衣裳也可以多做点，做好看点，银花也能多买点，女孩子来跳舞的就多了，敢进场跳舞的就多了。外面的人来村里看，主要是看我们吹芦笙、跳锦鸡舞。我们的锦鸡舞、吹芦笙一定能传下去的，不会消失。

想往下面传

❖ | 罗守全 / 口述

罗守全

我现在都没有做什么了，天气有点冷，就没有做手工纸了。这两年，来村里旅游的人少了，他们（注：村里的人）准备经营温泉，但是现在也是搁置的，都没有人管了。

现在，我家没有地了，以前有八亩水稻田，现在土地都被征占了，农业基本不做了。现在都靠打工，有的去远点的地方，有的在近处打工。

我家大的孙子在外面打工，小的还在读书。有一个儿子脑子不行，有一个儿子出去打工了，姑娘都出嫁了。

我们做旅游接待，每年收入二三万元，还有点费力，还要下去喊客，一般5月份和1月份人要多点，天气热了，人要多点。我们做农家乐，卖的饭菜，原材料都是自己种的。

游客来我家都会买纸。我们要做……是做成钱纸，主要是民用纸。

一般是春节过后，做纸这个过程有七十二道工序……一会儿工夫讲也讲不完。冬天不做，但是要准备原料，主要是准备竹子。我们都是自己栽竹子，自己砍竹，一年大概要砍一万到一点五万公斤竹子。竹子都是自己砍的，没有请人来砍，因为要节省开支。

春节后主要是准备原料。对竹子没有什么要求，哪种竹子都可以用，一般都用钓鱼竹。但是，有些竹子材质硬一点，有的要软一点。砍了之后，竹子又会重新发芽，长一年就可以用了。今年砍了，明年还可以用。

村里种的竹子很多，我小时候就有很多，不过那时候也没有现在这么多，现在是每家每户都在做纸，每家每户都在种竹子。原来去买的时候是七块一百斤，现在都不买，自己种的都用不完了，好多人没有工具做了。竹子的叶子要去掉，只用竿。

准备料要花一个半月时间。大年十五过后，就可以把原料加工了。砍完竹子，捞回来之后，还要将竹子拿回来，将竹子打溶（压扁，分解成细块状、条状）。打溶后还要把它捆好。一两米长的那种竹子，还要等干了后，再绑成一把一把的。以前是用柴，现在是用煤烧火，将竹子煮一个月。

煮料坑里，要放石灰，每年都要做新的料。石灰是要当年在外面买的，石灰的量不多，大约二三吨。石灰打成灰浆，和水融在一起，就像我们做辣椒水一样。把竹子放在灰浆里，竹子要煮一个月，处于火不间断的状态。在水里洗，要把石灰洗掉，洗干净。然后再用水泡，要泡个把月，然后放在碾坊去碾。在水里面洗，是要把石灰洗掉。

碾坊还在，是用水流来带动。原来碾坊是公用的，现在是各家用各家的。

原料一般要碾一天，煮得好的话，七八个小时也是可以碾得好的。碾好以后，就要人工放在碾坊旁边的池子里面，又打成纸浆。所有的环节，都是人工的土办法。

碾了以后，就可以将竹子打成浆放在池子里，添加滑叶，就可以造纸了。

关键一点，就是做好的纸，它要细致点，才可以写字，粗糙的就不能写字。是否能做到合格的程度，主要是取决于碾纸的过程，一定要加滑叶。像我们做的这些纸，每一家做得都有区别，哪家好哪家不好，它的工艺都有个人的讲究，关键就是里面要做得细一点，才可以写得了字，做得毛糙一点的就写不了字。

我们每一个工艺都没有使用机械。纯手工的东西，只要有一小点的改变，就会失去它的独特意义了。刘师傅那里的纸拿到这边，也能够做，但是存在一个原料的问题。

乌当区文化局工作人员：我们香纸沟造纸，最大的污染源可能就是石灰。因为最后要放在水里面洗，但石灰用天然的，就很环保了。

什么决定它做得是否细致呢？除了工艺环节需要做得比较精细，还在于打料的时候，水碾的时候把料碾到一个什么程度，做来才会好，这里也有讲究。

造纸一定要加滑叶。它是山上的一种植物，冬天叶子也是绿的。如果不加的话，纸就不细致，不加你就做不成好纸。你碾的时间长一点，就要精细一点。反正在当中都要注意好这些环节。

乌当区文化局工作人员：这里面还有一个难题，加滑叶也是属于一个技术上的难题，涉及一个比例，你的浆有多少，需要多少滑叶。

这两三万斤料，要不了多少滑叶，干的有二百五十公斤左右就够了。山上多的是这种材料，它是树叶嘛。它是起到牵丝挂网的作用，就相当于我们用的糨糊，要增加纸张的黏度，通过它，才能把纸料粘在一起。

刘世阳：和贞丰造纸使用仙人掌的作用是一样的。原生态的这种造纸使用的黏合剂，第一就是仙人掌，第二就是滑叶……只要有黏稠度就行。

纸是一年做一次。纸不大，八九寸（1寸≈0.03米）宽，两尺（1尺≈0.33米）多长。抄好的纸，是拿回家来晾，晾在杆杆上。一天可以做三千多张纸。大概估计一下，厚点的，张数就少点，薄点的，就是张数多点，斤数也要少点。

一万斤材料可以做七千斤纸，三万斤料可以做两万斤纸左右。一般是将之前准备的料做完就行，料再多的话也做不完。

我们是按斤卖，四块五一斤。清明节、七月半、春节时卖纸比较多。我的纸还不够卖，供不应求。一斤四块五毛，乘以两万斤纸，每年收入八九万元。

这个纸最远就卖到贵阳的本地市场。

乌当区文化局工作人员：从2009年开始，好多打工回来的人做这个纸，光是批发价，都是卖到五块多钱一斤，还要凭关系才买得到。

以前这个村寨全部是布依族，有四十多户，家家户户都会做纸，但现在只有我们在做。2003年村子的造纸设备被冲坏以后，碾坊就没有恢复起来。他们不愿意恢复了，愿意出去打工。

2003年，下大雨导致山体滑坡，将原来七八个碾坊都冲烂了。2003年以后就没有人做了，我们自己做的。我重新修碾坊花了两万多元，都是靠自己来修。

水碾的制作，有木工和石工的加工活路。2003年村里的碾坊被冲垮以前，最早的水碾应该是在白水河，那是个清朝的水碾。

我们家的新水碾是我自己做的，做水碾的过程既要石工又要木工。材料山上多得很，石头还要在白水河去找，要找青石、白棉石。木工我们自己会做。

我们这里以前有好多碾坊，现在都坏了。

我是在这个村寨出生的，父母都是农民。我爷爷也会做纸，我爸爸也会做，我十六岁开始学做的。我在附近的王岗村读书，十五岁才读完小学，小学回来就开始学造纸。

那时候，村里是集体在做。后来每家都在做，大家都在做，百分之八十到百分之九十的男生都会做，女生不会做。那时候有个传统，造纸不传给女生，传给她们，她们也不做。女生会做一些比较轻的活，主要是选料、洗料、晒纸等。

那会儿，我还小，个子不高，在造纸坊里，脚还要踮起来，让自己高点，才能学。他们给我们讲，料要溶到哪个程度，滑叶要加到哪个程度。他们仔细给我们讲，我大一点了，就勉强可以上手了。

在我们这个地方，如果你不喜欢学造纸，也没什么其他的出路。那个年代，造纸的收入还是不错的，卖一斤纸可以买一斤半米。那个时候，纸才管（注：值）几角钱一斤，米也是管一两角钱一斤。

造纸能够让生活过得更好点了，年轻人也愿意学，也愿意做。2003年以前，是这样的。2003年以后，造纸坊被冲毁以后，（大家）就懒了，不愿意去做了，都出去打工。

我今年七十一岁，我是1942年生的。我觉得我们这里造纸发展最好的时期是20世纪70到80年代，那时候最好。那时候，人们都在家里做，不用拿出去卖，买的人早就定好，开个车来拖走就行。

乌当区文化局工作人员：这里有两个过程，如果讲销售最好的时期，应该是实行家庭联产承包责任制时期，也就是80年代以后。因为前面有个过程，那时候是大集体做纸，也是记工分来做，造纸作为生产队的副业。80年代以前，纸是做出来了，但是销路上有问题。那时候，烧（丧葬）纸被认为是迷信，所以不准烧纸。

"文革"时期刚过，20世纪70年代那个时期，造纸没有受到影响。那时候，造纸没有停。供销社不允许卖民用纸，我们就转型生产女性用的纸，那种一刀一刀的卫生纸。纸的制作就不打眼。转变成女性用的卫生纸，所以生产没有受到影响。

由于卫生纸价格稍微低一点，"迷信纸"生产不受管制之后，我们又开始恢复造原来的纸。基本上，"文革"时期，我们村的造纸没有受影响。

我不晓得我们的造纸手艺是从哪里来的，有没有故事。这些，我们还有点搞不清楚。我家开始就是我爷爷会造纸，老祖公也会，但是他们过世得早。

现在，我没有带多少徒弟，现在没有徒弟了，原来的时候，带得有一些徒弟，他们现在都自己会做了。离得近的徒弟都没有做了，但是下面的人都在做。

我从来没有出去打过工，最远到过河北、江苏，就是去耍。呵呵，一辈子都在家里转。

我被评为非遗传承人以后，没有出去调查、交流、展演，都没有出去。我只读过小学，写得一些字，认识得一些。

我的想法就是，要往下面传，但是现在年轻人都想打工。

现在，倒是有人愿意继续学，他们倒是都愿意学，就是生产工具成问题，他们没有工具。一套工具，全部做下来可能要三几万块（注：三万多块）钱。

我家的孩子，他们都会做，整套工艺他们都会，碾纸、抄纸等，他们都会。他们以后应该会做，出去打工，也不一定能赚这么多钱。

乌当区文化局工作人员：现在白水河造纸的人多。乌当区政府花了两百多万元，把白水河的造纸作坊，总共三十八家集中起来造纸。2003年的时候发洪水，从上陇脚到下陇脚，造纸坊全部给毁了。像现在上陇脚寨，就是有钱也没有办法重建作坊了。这个地方的水往下沉了，找不到足够的水来拉动水碾。现在，乡里面说，碾竹子不能用机械。

乌当区文化局工作人员：这个老人家的几个女儿很有出息，女儿都是老板，在新添寨那边开馆子，一年的收入都有八九十万元。

女儿都发展得很好，从我家的家庭条件来看，都可以不用做手工纸了。我还是想坚持做，还要做，因为，还是想把工艺往下面传嘛。

第二次田野工作访谈记录
时　　间：2014年3月6日
访谈者：王小梅　罗扬　斯道安拉索集团代表七人

访谈者：山上的竹子都是拿来造纸用的吗？

罗守全：竹子是人工栽培的，从山上采下来，用石灰煮。

访谈者：这个村有没有造纸协会？

罗守全：以前有协会，在2003年以前造纸协会还在工作，大概是1950年成立的。做纸的人都还在做，整个村子一百六十多户都在做。

访谈者：竹子是买的，还是自己种的？

罗守全：（竹子）少时也买，多半都用自己种的竹子，自己栽个竹林。买也便宜，七到八元每一百斤。

访谈者：如今还有多少人家在做？

罗守全：白水河还有二十多户人家在做。

访谈者：为什么做的人家减少了？

罗守全：2003年，大洪水把工具都冲坏了，没有钱恢复的就搞不起。

访谈者：做纸、砍竹子这些工序，请人帮忙不？

罗守全：做不赢时村里的人来帮忙，帮抄纸，不要工资，我帮你，你帮我的。请人砍竹子，二十多块钱一天，那是20世纪80年代的工价，一天二十多元钱。雇佣人砍竹子，从山上扛下来，那时，一天也是二十多块钱。现在，每天要一百多元。

访谈者：做纸浆的步骤，所有人都会做？

罗守全：纸浆做成草纸不是每个人都能做好，要一帮人一起才能做好。打成浆，烧火煮软，煮个把月。

访谈者：这造纸技术传男不传女？

罗守全：做纸的人把料带来，做好纸浆，把石灰洗了，洗了用碾子碾，压榨。就在池子中洗，只有竹浆，加一种滑叶。滑叶打成面，用水一搅，放在纸浆槽中，和水、纸浆混合。滑叶相当于黏合剂作用。纸抄好，把水压出来，一张张抄来压在一起。一人一天可以做三千张纸。

访谈者：蒸一锅有多少斤？

罗守全：蒸一锅有两万多斤。打成竹条，用烫水，锅在上方，用一个月来煮。过去用柴火，现在用煤火。

访谈者：一个锅比较大，和别家一起做不？

罗守全：一个纸坊有一个锅，一两户人家搭伙，一家人用不完。

访谈者：一年做几次？

罗守全：一年造一次，3月开始，4月造好，清明节、（七）月半和过年有人来家里买。做一次，管一年。

访谈者：怎么卖出去？

罗守全：他们过来买，拿出去卖的都很少。人们过来，上门买。

访谈者：是不是各家都有不同的主顾？看你做得好，就来买你家的？

罗守全：好的纸张，抄出来细致，叶片好，张叶好，薄，紧，不容易撕坏。他们来看，好还是不好，质量好的，他们买。

访谈者：这个价格是不是不一样？

罗守全：举个例子，我们好的纸卖一到二元一斤，差的要便宜一半，好的价格要增加一倍。那是20世纪60年代到70年代的价格，现在的价格是五元一斤。

访谈者：每个工作坊有多少人？从砍竹子到把纸做好，要花多少时间？

罗守全：全部做完有七十二道工序。放石灰之前，要泡个把月，要把竹子里面的滑的、黏稠的液体泡脱。泡的时间长了，它就脱了，做出来的纸张力就好。放在水里一个月，把里面的黏合剂去掉，直接用石灰煮一个把月，冲洗，再在水里泡个把月。2月份、3月份砍竹子，5月份就可以做出来了。

访谈者：买主都从哪里来？外地人多，还是贵阳人多？

罗守全：贵阳的人多。从这个村到贵阳四十多公里。以前，从贵阳走到香纸沟，人工担出去。2003年前，没有公路，爬坡上去。

访谈者：一个人买多少？

罗守全：一买就是上千斤。现在有好多用车拖走，以前用马驮走。现在，没有工具，竹子砍来烧火，当柴烧，竹子卖不出去。没有人来要，以前有人拿出去编东西，要砍竹子。现在，用机械化的纸，包装纸都用机械化的纸。手工纸污染大，不准做，没有人买。竹林各家分到各家的，各人家是各人家的，一年砍伐一次。一年生一年砍，它就长得好，现在干的干、倒的倒，卖不了，管了也没用。

访谈者：竹子的管理很重要。每一个家庭都很好地管理竹子，每年都砍竹子，下一年，竹子（才）长得好。这是循环管理，自然资源管理。竹子每年砍，每年生，每年长得更好。管理不好，竹子就长得不好。卖不到钱，大家就不管理了。这是竹子自然资源管理对于造纸的影响。他们还有这些竹林吗？为什么他们不能找到原材料？每一个作坊一年可以产多少纸？

罗守全：做七千到八千张纸。大概一百斤竹子能做七十到八十斤纸。

访谈者：现在不做纸，做什么？

罗守全：搞旅游产业，靠餐饮，卖布依族特色餐饮。提供游客服务，也把造纸的过程讲给客人听，有时候也（把工序）展现给客人看。我在旅游接待中，搞了一池子纸浆，（让游客）他们自己做，做好晾干，自己带走。

访谈者：有没有想到把手工纸制作体验（与旅游业）结合起来？

罗守全：原来做，他们（游客）都来做，（收费）一元、两元，（游客会）来做，（但是）他们还是做不好。当地人原先有些不会做的，要来学一两个月，还要自己脑筋转点，才会做。看着简单，实际做起来有点难。

访谈者：旅游是哪个在管？

罗守全：政府在管。我们没有税收，搞点农家乐，在外面收门票钱，门票不贵，十元钱一张。但来访者不想付十元钱，我们想转来做这纸，但是没有钱，工具烂的多，没有钱恢复。恢复一套工具要两万多元。

访谈者：好多年没做，还能做不？

罗守全：可以做，煮的池子、碾坊那些都在，不做，游客看到也不像个样子。（对于）竹子（的）管理，我们也去找政府说了，要想些办法。

访谈者：竹子还可以做不？

罗守全：竹子可以做的嘛！三五户人家做，一起入股来做。那些不想做的出去打工了。我的年龄现在有七十多岁了，一年可以做三四次。

老辈子唱三天两夜

❖ | 吴治光 / 口述

访谈者：今天我们来做个你的访谈和口述史，和你聊一下刻道。你带了一张纸，上面有刻道的符号和文字，这是你写的？

吴治光：这个不是我写的。这个是我写的。（吴治光解读刻道图语）念完这面，又到这面。正面、侧面、反面。

访谈者：你能不能描述一下这些内容？你先讲，然后觉得想唱的时候也可以唱几段。还是要看这个才记得到？

吴治光：没戴眼镜看不清楚。（眼睛）花的呀！这个刻道的内容呢……第一支刻的是起初开亲呢，还有呢……就画成这样，印在一张纸上来解释。怎么解释呢？就是说起初开亲的时候。那时候没有纸没有笔，就拿刀刻在这个棍棍上（用来记录）。就讲以后，不管你男方或者女方，有变心分开的时候，就以刻的这些（内容）来赔偿。刻的这些花纹是讲送的礼，是咋个送的，把送礼的内容刻上来。有些刻在木头，有些用枫香木来刻。这个有几种……

吴治光展示刻棒

访谈者：说的是以后变心了哪个赔偿，不是说亲的时候送的彩礼？

吴治光：这个呢……还没是彩礼的。第一格是彩礼的，这个是开亲的内容。

访谈者：开亲的内容就是约定不能变心？变心以后就按这上面讲的赔偿？

吴治光：嗯嗯，要是变心就按照这些赔偿。

访谈者：是主要讲女方还是男方变心？

吴治光：不管男方女方，都一样，哪个犯在前，就按照这个赔偿。

访谈者：哦，按照这个赔偿。那这第一项是有三百两白银？

吴治光：第一项在竹子上刻的是六横叉的、三横横起的，这个一共是九横，这九横连起来唱就是一首歌。这一首歌发音出来就是以前音乐的"三百两白银"。男方女方，以后不管哪一方，有变心的，就按这个赔偿。第一格中间这个十二横是以前的陪嫁。我们少数民族，那些富裕的家庭陪嫁女方，有些要拿白银，有些是牛，有些拿家里最贵重的（物品）陪嫁，也是一样的讲。不管男方女方有变心的，就照这样赔偿。再来看，侧面这两朵花呢，下面这朵花，两横是撇起的、一横是正的，这三横，画的都是一首歌，解答出来是"彩礼一两二白银，用来踩大门"。内容就是这个。还有一首歌是上面一横、下面两横叉的，唱出来是一只竹篮挑起姑娘出嫁的东西，有镜子这些到男方家用的。就得第一格了。我们来进行第二格。第二格有三撇往右、三撇往左。这个是以前约定的彩礼"三百头牛"，解答出来就是这样意思，这个很简单。没晓得的，就觉得难；晓得的，就觉得简单。

访谈者：这个地方为哪样用木棒刻歌呢？

吴治光：用木棒刻歌呢，那是古代时候，要去看木工，看回来过后慢慢地学，也才能刻啊。就画这些花纹代表，像这个一只竹篮呢，就是放少数民族的裙子、衣服这些，挑去外家去。篮子里要有一两白银，这是给姑娘的银子……意思就是这样简单的。

跟蔺姓汉族学歌

访谈者：你是跟哪个学的刻道？

吴治光：小时候跟姓蔺的，他是个医生，还是汉族人。

访谈者：你跟着汉族学啊？这个人又是从哪里来的呢？

吴治光：我也不晓得他由哪点来。

访谈者：那时候你好大嘛？

吴治光：那时候我还小，才十几、二十岁。

访谈者：你咋想到和他学呢？

吴治光：咋想到的？在寨子上，他们要去讨酒啊，请客啊，我又不会喝酒，他们说:"你不喝酒,也要你去!你不会喝酒,就清清楚楚明明白白地转来。"那些喝酒的,喝多了要人扶起来……像我,去外家,他们找我唱歌,不会唱啊,人家唱一首歌,你就喝一杯酒,唱第二首歌,又喝第二杯酒。喝得几杯了,喝得三四杯、四五杯了,就醉了。

访谈者: 你不会唱,你就要被罚喝酒?

吴治光: 嗯,不会唱就要罚酒啊!

访谈者: 你就生在这个村子?

吴治光: 是的。

访谈者: 苗族?

吴治光: 苗族。

访谈者: 你的外家(注:妻子)你是怎么认识的?

吴治光: 外家是在大桥认识的,那时候年轻人东跑西跑的。

访谈者: 是在哪样节日、活动上认到的?

吴治光: 没是,没是活动。年轻人么,跑去跑来的。

访谈者: 唱歌没得嘛,你们认识的时候?

吴治光: 是唱歌认到的。

访谈者: 是她家那边唱歌比较凶(注:厉害),然后你去不会唱,就遭罚酒?

吴治光: 嗯,不会唱歌,就遭罚酒,回来越想越生气,还是学。就是遇到姓蔺的这个人,看他刻在木棍上的花纹,现在找不到哦。

访谈者: 他人还在没有吗?

吴治光: 人还在,已经八十几了,歌棒不在了。

访谈者: 你那时候,就是跟他的歌棒唱吗?

吴治光: 嗯,就跟他歌棒。当时拿他歌棒看呢,就用笔记本把花纹一样样画起,所以现在才存得有,要不是都没得了。画起后,这个花纹解答是什么,也要写起。我的文化也是少了。

访谈者: 你和他学,是哪时候学呢?晚上学?

吴治光: 空闲的时候呢,白天可以去学;忙起来的时候呢,就是晚上去学;一般就是正月间、腊月间这几个月,比较空闲了,又冷,待在屋里烤火,管他学得多学得少，学几首得几首。出门去，遇到了，有几句对付他们，就得少喝点酒，呵呵。要不是一首都没晓得呢，罚酒就一杯接一杯的。

访谈者：这个姓蔺的，他除了平时在村里头唱，结婚喜事这些去唱不？

吴治光：结婚喜事也唱，我也跟他学过。

访谈者：你也去跟他唱过？

吴治光：唱过。就是跟到唱过后，大概晓得了意思，回来就把歌棒刻了。

访谈者：他本人又是跟哪个学的呢？

吴治光：我不晓得，那时候我还小。

访谈者：那时候你们村里面只有他会唱啊？

吴治光：只有他会唱。

访谈者：其他人不会唱？他是汉族啊？

吴治光：其他人不会。是汉族，他家老家是湖南的。

访谈者：他跟你讲过，他是从哪点学来没得吗？

吴治光：没讲。他们也是老的那辈子来到这个地方久了。

花歌才好听

访谈者：你和他学了好多歌吗？他有这么多路歌，你学了几路？要唱多久？

吴治光：这个啊，也是要唱一晚。唱不完哦……花歌才好听。

访谈者：汉语讲的歌骨和歌花啊，框架是一样的，歌花就像树枝一样的，你自己可以唱的时候无限延伸？考验水平是看唱歌花吧？

吴治光：嗯，对啦。没这歌花，唱就没意思了，没得哪个听你这个。其实呢，跟到这个唱，要不到好多时间，就是歌花，要好久才得一首。

访谈者：歌花里面一般会咋描述呢？根据环境场景和人不一样都会变化？

吴治光：是！是！本事就在这点啦。

访谈者：这个还是属于酒歌，是吧？

吴治光：是酒歌，喜庆节日唱这个歌。

访谈者：你会唱之后，去到这个喜事这些，都会唱？

吴治光：嗯，都会唱。

访谈者：除了结婚喜事，还有哪些场合会唱啊？

吴治光：就是这个。它本身就是苗族的婚姻史诗，是一部婚姻大法典。

访谈者：你唱这个歌的时候，你去就遇到主人想唱就开始唱了，不用人请去唱吗？

吴治光：没要请了。你要是不唱，客家还要罚酒呢。而且会唱歌，才能找到漂亮姑娘。

有对手，唱起有意思

访谈者：你自己家有几个娃娃？

吴治光：就一个。

访谈者：就是那个儿子吗？我们刚才去你家找你的时候，你上山放牛去了，他给我们说话的。他结婚的时候唱歌没有？

吴治光：结婚喜事都是要唱的嘛，不管哪家的都要唱，请来的客啊，会唱就唱起来了。

访谈者：你家儿子是哪年生的啦？

吴治光：1968年。

访谈者：哪年结的婚？

吴治光：记不清楚了……孙孙都二十岁喽。

访谈者：媳妇是哪点的呢？

吴治光：媳妇是沙桥蔡家湾的。

访谈者：他们家会不会唱歌呢？

吴治光：他外家也是会唱的。

访谈者：现在的年轻人，像你家儿子会不会唱？

吴治光：还是会一点。他喜欢就继续学下去，不喜欢就不学，又要被罚酒了。

访谈者：你们这个村子，原来就你和姓蔺的老师傅，现在好多人会唱啊？

吴治光：现在多了。

访谈者：有多少人家，这个村子？

吴治光：八十多户。

访谈者：都是你们教是吧？

吴治光：没有，他们也是吃酒啊，走喜事，这点唱、那点唱的。

访谈者：你还是读了点书的哈？

吴治光：我只读到四年级啊！

访谈者：原来唱的和现在唱的有哪样不一样？

吴治光：基本上差不多的。

访谈者：现在你们还唱不唱？

吴治光：遇到对手就要唱嘛。你没得对手，一个人唱没得意思，有对手的，唱起来才有意思。不管你唱哪一路歌，都要有对手。唱输了，丢脸啊……一辈子的名声就不在了。

老辈子唱三天两夜

访谈者：你讲一下，去参加喜事的时候，怎么就开始唱歌了呢？要什么仪式啊？

吴治光：接媳妇来回门去，有个负责人，问你们有多少人，问人到齐没有，没有到齐到哪里去了。长桌子摆在客厅中间，我们回门去的，就坐起，外家是主方就坐左边。第一杯就喝酒，得了几杯呢，要唱歌了，不唱歌不行了。

访谈者：一般你们回门是几点钟呢？

吴治光：回门，一天一夜啊。这个呢，有几种讲法。有些到女方家去呢，只要半天就回去了，一大早就去，去得早点；有些呢，要一天一夜，差不多是下午这时候去。

访谈者：一天一夜都在唱歌？

吴治光：都在唱歌，老辈子的都是三天两夜。

访谈者：你参加过好多次这种回门活动？

吴治光：这个记不清楚了。开始的时候，还不会唱歌啊，一去就被罚酒啊。醉了一天，饭都没得吃。人家是去一天才回来的，我是饭都没吃就回来了。有一次吐得胆水都出来了。

访谈者： 学歌以后，是不是就不会喝醉哦？

吴治光： 学得歌了，得几首唱了，就没醉了。吃酒讲技巧，唱歌讲艺术嘛。他把你吃醉了，你坐起不唱歌了，他坐起也没意思嘛。

访谈者： 是不是去女方家的时候，都要约起唱歌厉害的去唱？

吴治光： 是啊。

访谈者： 你最近一次去唱是好久呢？

吴治光： 最近一次是四五年前了。我们这些老了，很少去了，不好意思了。

访谈者： 还是年轻人去唱得多，是吧？

吴治光： 是。

访谈者： 哪种时候老人可以去？

吴治光： 一般是节气时。

访谈者： 回门老人就不去了吗？

吴治光： 嗯。回门，老人去就没好意思嘛。

访谈者： 现在，平时你会唱不？

吴治光： 平时还是会唱的，遇到有几个对手就唱。

访谈者： 你最后一次唱是好久呢？

吴治光： 是两三年前。

爱学的，喊一声就来

访谈者： 你在村子里面教学生唱没？

吴治光： 现在搞这个表，发下去，喊他们学。

访谈者： 是这个学校请你去教歌，是吧？好久去教的？

吴治光： 就这几年开始教。没想当这个老师啊，哈哈。当这个老师也不好当，有些呢，爱学的就心甘情愿好好学，没懂的这里去问那里去问，有些不爱学的你去找他，也没法找。爱学的，只要你喊一声，他就来了，不爱学的，他就不来。

吴治光：这个要是翻译成汉语呢，有些话就不顺口了。你像这七格五横这个，看到就晓得这个意思了，要翻译出来就不顺口。

访谈者：就是现在你基本都不唱了，在日常生活中也少唱了？

吴治光：这个……有对手就唱。

访谈者：你最后一次，遇到的对手是哪个？你在黄平和其他地方唱过没？

吴治光：没唱过。

访谈者：他们来找你唱过没？

吴治光：没……他们也没找过。

访谈者：遇到过对手没？

吴治光：没……还没遇到过。

访谈者：没唱输过？

吴治光：也没唱输过，也没唱赢过。要遇到对手唱歌，才知道输赢啊。

访谈者：像你们村里面，如果有结婚这些，你们会不会去唱呢？

吴治光：一个男的和一个女的遇到对手呢，就唱。讲不好听点，两个男的唱得和气还好，唱得不和气，两个都吵起来。这个一般是男的和女的唱。以前我们那个寨子，来女的，我们找男的去唱；来男的，我们找女的去唱。

访谈者：女生和男生哪个都可以学？

吴治光：嗯。

访谈者：学的是不是男生多？

吴治光：现在大部分都是女的哦。

访谈者：你老伴会不会唱？

吴治光：会唱嘛。

访谈者：你们过年会不会唱？

吴治光：也可以唱的嘛。

访谈者：今年唱没有？

吴治光：寨子上来走客就唱，没得客来就在家里头唱。

水书又称陆道书

❖ | 欧海金 / 口述

欧海金

老祖宗叫"易"

翻译人：这里叫佳荣镇拉易村。单人旁的佳，佳荣镇。

访谈者：那拉易的"易"在水书中是什么意思？

翻译人：没什么具体的意思，就是原来的老人来这里安家，从外边来的……过去的老人都是单名，也不知道姓什么，也不知道中间那个字是什么。他有个单名，他那个单名的读音和这个易字是谐音，后来，要写地名的时候了，就写"易"，这个寨子就叫作"易"。

访谈者：就是老人家的名字嘛。

翻译人：后来翻译就加了"拉"字。所以你看，在这边少数民族就叫拉什么拉什么拉什么的。我们那个佳荣镇，是全省面积最大的镇，我原来在那个镇当镇长。拉易村，是全省面积最大的村，我叔在那边当村长。拉易村有一个寨子，是我那个寨子，是全省面积最大的寨子，我的侄子是那边的族长。我们就开玩笑，一直是最大最大的。月亮山是荔波面积最大的山，山大，住的人就少，这个寨子就管这个山。这个地名，也没有特别的意思，就是老人的谐音字叫作"易"，所以少数民族翻译就是拉易。

访谈者：那你也是水族？

翻译人：潘老先生是我亲大伯。

访谈者：就是你们老祖宗叫"易"？

翻译人：嗯，我们的老祖宗。这个水书传承嘛，现在每一项国家非物质文化遗产都要筛选出两个技术比较好一点的人，作为国家级代表性传承人。我们有国家级（传承人），还有省级、地区级，还有县级的，你们这次是来采访国家级的。这个水书，独山、荔波、都匀都有，但是，国家级的水书传承人都在荔波，潘老先生就是一个，还有另外一个欧先生，下午要去看。潘老先生家不太好去，正好他在这个地方，可以先采访他。

访谈者：采访他的话，要有个人给他做翻译。潘老先生听不懂汉语，是吧？

翻译人：他听不大清楚，所以你刚才问他，他不答你的话，他不知道你问什么，有时候你问东他答西。呵呵，他不知道你问什么。

梦里常见陆道公

访谈者：水书是所有人都会学吗，还是必须要家传呀？

翻译人：过去都是家传的。

访谈者：传男不传女？

翻译人：过去都是家传的，传男不传女，但是也有传女的。如果传女的话，大多传媳妇，都不传姑娘，因为媳妇到我家就是"我家的人"。

访谈者：哦，姑娘要嫁出去。

翻译人：对，传本家，姑娘要嫁出去嘛。再说姑娘小时候有很多事情要学，她要学刺绣，学织布，还要种棉花，还要做农活，还要学唱歌。

访谈者：还养蚕不？

翻译人：不养蚕，就种棉花。

访谈者：绣花是哪种绣法？

翻译人：水族的绣品都比较丰富，代表绣是马尾绣，有水族的地方都一样。各地的水族讲话上有点区别，其他的风俗都一样，就是语言上有点区别。

翻译人：一个人能够学会，一个人就能够出师。其实，这个很好理解，不可能全部都出师，就像不可能个个都考取清华、北大，对不对？这个也很好理解。谁能够学得懂呢？像这位先生经常晚上干的多，花白头发的老人半夜来跟他传授。他经常有这种情况。比如说，一个老师傅收了七八个或是五六个徒弟，其中有一个或是两个徒弟在某个时段，半夜会梦见一个人，就是头发胡子全部花白的老人给他传授，那么他这个人就得到了真传，有这个说法。水书跟《易经》差不多，用的字很少，主要是靠我们的理解和使用。但这个理解和使用，又没有具体的规范、很通俗的语言来表述。所以，学生得想呀，他看到他的先生在用，他就要想。

翻译人：反正水书的传授，由那位先生传授谁，谁学得成功就能够出师，否则就出不了师。他们有这个说法。像他这样子，现在也经常梦见有老人在教他。

访谈者：教他什么？

翻译人：教他水书呀，那个就是水书的创始人，那个是祖师爷。

访谈者：你们叫什么？

翻译人：我们叫陆道公。

访谈者：在水族语里叫什么？

翻译人：叫"lu dong"。

访谈者：你会经常梦到去呀？

潘老先生：我梦到去。

翻译人：我们这些年翻译水书嘛，都匀、独山的很多先生都来，有好几个先生都这么说，晚上都梦见。有个都匀的先生梦得比较多，还有这个先生（注：潘老先生）梦得也比较多。

根据记忆抄水书

欧海金：我虚岁八十啦，1943年生的。我有三个娃娃，有六个男孙、五个女孙，重孙子有四个男重孙、一个女重孙。五代人。有五个女孙，所以有重外孙六个。早上吃饭早一点，下午五点钟准时吃饭，与小孩（注：儿孙们）的生活习惯不一样。所以，自己煮饭吃，不和小孩住。现在我单独住，他们都另住。孩子们每天都来看我，小娃子从屋子里穿来穿去，整天从这个房子过。外孙子读大学了。老伴过世了，老伴是2006年过世的。

欧海金：平时我就在家待着，就在家……待了八九年了。2010年以后，血压高、身体不好，就不出去了。不主动出去，有时候有人请我去开会，我才出去。有时候他们拜访我，都是自己登门拜访，我出去不了。

从2000年开始生病的，前几年脚不能动，2008年开始，又逐渐地开始活动了。2001年到2007年，情况比较严重，自己照顾自己，还是很困难。年轻的时候，不觉得困难，老了肯定困难，没得办法。拿个东西找不着人，哪个都是一样的。现在国家好了，国家还给我们低保啊、养老金啊。我们好！比我们父母那一辈好得多。

我每个月有补贴，低保一个月得九十元，国家给的养老金是五十元。传承人的补贴，也是国家给的。传承人补贴一年有一万，2011年得一万，2012年得一万。

我是十三四岁就开始学水书的。因为我父母都不在，去世啦，我大伯就教我。我从十四岁学到十七岁，到解放后就没学了。从祖上到大伯，我们家我是第五代传人。我的祖父是八十四岁去世的。我参加工作，就不肯学啦。我1953年在都匀搞卫生防疫，从1956至1958年是乡里面的青年干事。现在的水尧乡卫生院是我创始的，那时候还没有卫生所。

翻译人：他当时进的卫生院。1958年，他大伯就去世了，去世后，他就没有学习了。

欧海金：1962年，我病了，我瘫痪了。

访谈人：你瘫痪了？

欧海金：瘫痪了。

访谈者：你咋瘫痪了？

欧海金：就是劳累过度了嘛。那时候，（20世纪）60年代的时候，整个荔波、平塘、独山是一个大县。

翻译人："大跃进"时期。

欧海金："大跃进"的时候是一个县。我们去荔波人民公社开会，晚上要留一个人守。人少，一弄就弄一通宵，天天都这样地搞。你离开一会儿，也不得行。

欧海金：瘫痪了，就请假。

翻译人：1962年，他瘫痪在家，就用大伯去世后留下来的书自学，研究水书。然后，1966年，大伯的书又全部被收走了。

访谈者："文化大革命"的时候（书）被烧啊？

翻译人：被收走了。

访谈者：收走以后咋办呢？

翻译人：收走以后，他又重新根据记忆，又把这些书全部写下来。他记性很好。

欧海金：跟大伯学时，专门学实用的，所以基本上当时跟大伯学就学会啦，也学会用啦。

翻译人：所以到他瘫痪在家期间，他还一边看书，一边帮人家在实际应用，一边还要进一步钻研。他通过又学又钻研，就很熟悉他家的书了。1966年，书被收走后，他又自己找纸、笔悄悄地写下来。收书是突然来收，红卫兵来，不给事先通知的。

访谈者：那么，当时你重新抄完以后，你不怕他们又给你收走吗？

欧海金：1966年的8月21号……

翻译人：他讲的意思是，那一天逼着他交水书嘛。他有记日记的习惯。

访谈者：交他伯伯的水书，是吧？

翻译人：嗯，交他伯伯的水书，交完啦。他这个日记本，现在是在贵州民族大学潘朝霖教授的手上。

访谈者：也是你们水家的人？

翻译人：嗯，也是水家人。现在，他是研究水书的权威了。他的日记本在这个潘教授手上。

访谈者：你和这个潘教授咋认识的？

欧海金：1981年，全省文化工作的一项工程是民间文化故事的收集，在荔波组织召开黔南州民间文化故事座谈会，我们在会上认识的。

翻译人：他是研究水书的专家，他从很多地方的水书先生得到那些有价值的东西。

欧海金：罗盘是"文化大革命"时候给收走了。

访谈者：你日记本上写的啥？

欧海金：我日记本上写的是：1966年8月21号，交书给乡里面，四十九本。

访谈者：所有的都交了？

欧海金：还剩六七本。

访谈者：那么，这四十九本都是哪些内容？

欧海金：有丧葬的，有结婚的，丧葬的有十几本。

访谈者：还有哪些？

欧海金：农村的命理。算命用的。

访谈者：还有吗？有天文地理没？

欧海金：天文、地理、八卦，我们水书用的就是这些，都有。书已经交给了档案局，这些都是它的复印件。

访谈者：交到档案局，要给他们（指欧海金一类的水书先生）补助不？

翻译人：给很少，象征性的报关费，一本给二三十块钱。你放在家，（家里）条件不太好嘛，（书会被）虫子咬呀，霉烂呀。

访谈者：（翻看影印水书）这个是汉字嘛。

翻译人：他懂汉字，那是他后来抄的。

访谈者：那你留下的这六七本是啥子内容？

欧海金：丧葬啊，嫁娶、出行。

访谈者：没得农事活动？

翻译人：他讲出行就包括农事活动，什么时候能出去插秧啊，秋收第一天打米等。

欧海金：这些是我大伯写的。

访谈者：就是你靠记忆默写下来的吧？

欧海金：嗯。

访谈者：你自己写了几本？

欧海金：十几本。

访谈者：这十几本写了好久？

欧海金：1962年开始写的。

访谈者：现在写不写呢？

欧海金：没写，现在写不进去了，没精气（注：精力）啦。

翻译人：眼睛看不见啦。

今天"如是如是"就完了

访谈者：水族的水书大概记载的还有哪些内容？

欧海金：主要是丧葬、嫁娶，还有营造。嫁娶就是两本书，一个是嫁的，一个是娶的。

访谈者：一类有很多本书？

翻译人：对！一类有好多本。

访谈者：那这个具体讲的是什么？

翻译人：丧葬的水书具体怎么用？

欧海金：丧葬是用来选日子。比如说老人去世了，你们用什么日子后代会发达，用什么日子会出事，什么日子以后会更穷，什么日子会使人更富。

访谈者：用什么日子？

翻译人：就是用什么日子安葬，老人死了用什么日子安葬，以后会怎么样。如果你葬的日子不好，就会出事。

访谈者：就是选个吉时。那么嫁娶是不是也是选日子？没有其他的仪式呀、风俗呀，比方说，去说亲，要带怎样的礼金呀？

欧海金：没有，没有。主要是看日子，什么日子结婚，以后你会不会闹离婚；什么日子结婚，你会不会白头偕老；什么日子结婚会不好等。

访谈者：但是，选人也很重要呀。

翻译人：他主要是选日子，选人得看八字。

访谈者：有没有看八字的这种水书呢？

欧海金：有、有。

访谈者：也有八字的。那个我们喊叫因果，你们叫什么？

翻译人：他们讲那是因为个人行为而导致的因果报应，选的日子对不对引发的后果与个人行为无关。因果指的是修行导致的后果，这个是用的什么日子导致的后果，这个与个人的修行没有关系。选的日子不好，就会接二连三出现不好的事情。

访谈者：刚才我问他有没有看八字的，他讲的是啥意思？

翻译人：他没说得很具体。你问他有没有看八字的，他说有，可以看什么年纪会死，可以看男女的阴阳五行是否相配，相生就可以要，相克就不能要。

访谈者：你给好多人看过八字？

欧海金：给上千人看过。

访谈者：那你看的这些人当中，婚姻都好不好？

欧海金：有百分之七十准确。

访谈者：百分之七十的准确率，应该还算是不错。那么，有没有关于你们水族的一些仪式、祭祀方面的水书？

欧海金：没有。

翻译人：水书里面是没有，但是这个仪式是口头一代一代传下来的。比如说，今天我在路上走着，有一只鸟飞过，鸟屎落在我的身上，那个就是不好了，要用一个仪式来解。就是杀一个鸡，或是什么的。这个水书上没写，但水书先生会知道这个。水族大量的东西都是口头传的。

访谈者：今天日子如何？

翻译人：他说，今天是交接的日子。

访谈者：今天是交替的日子，所以天象是不是有点不稳定？

欧海金：今天不宜做大事。

翻译人：比如说，你有什么怪现象在身上，你要推怪，今天适合。

访谈者：推怪？

翻译人：就是说，我身上有什么怪现象，要把它推掉。（以今天日子而论）比如说今天要挖路，要炸一座山，就比较好。如果今天要修一座房子，那就不好。就是交接的日子是一个很不稳定的日子，容易出错。

访谈者：不用查，你就都晓得啦？

翻译人：我查一下。今天是癸亥日。天干有十个，地支有十二个，十个和十二个相差就是六十整。六十年一个轮回，今天刚好是地支的最后一个，天干和地支的最后一个相配。这样就是最后一天，明天就是天干的第一个配地支的第一个。新的纪元开始。

没有白黑之分

访谈者：好像水书是分白书和黑书，是吧？白书是吉的，黑书是凶的。凶是不是就是鬼呀这些？你给我讲一下吧，黑书是咋的凶，是啥样子的内容。

翻译人：很多专家都把水书分成白书和黑书。所以在你们的概念当中，有白书、黑书之分。实际水书是没有白书、黑书之分的。

欧海金：没有白黑。

访谈者：只有吉凶之分，没有白黑之分，所以白和黑是一些专家、外国人给定义的，是吧？

翻译人：很多专家写的水族文化都是错的，现在你问他，到底是有白黑之分还是吉凶之分，很多专家没有领会本意，就想当然地就去给分了。

访谈者：这些都是外面的人给的定义。

翻译人：我和你讲，这还不是外面的人给定义的，是地地道道的水族人给定义的。他也是从小学习水书，但他学不清楚，他为了把水书学清楚，让其他人听得清楚，他就分了。

访谈者：其实讲吉凶大家就很明白了。

翻译人：很难，讲不清楚什么是白什么是黑，要在书里面给你找，哪个条目是黑，哪个条目是白。这个词呀，并不是用白和黑两个字的直意，用的是一个寓意。吉呢，就是白、就是"亮"这个意思。一个姑娘今天来找我看日子，今天"凶"，但我不说"凶",我说"今天有点暗"。我们讲的"吉"是代表正能量,这个"凶"字是负能量,我不能讲今天"凶",这种不好。白和黑就来自正能量、负能量,是这样的一个意思。

访谈者：你们也讲正能量、负能量？

翻译人：我是用现在的新词给你解释这个意思,只是一种隐喻,是一种好和不好的隐喻。现在很多专家说水书有白书和黑书之分,你给他一本水书,问他是白书还是黑书,他答不上来。

访谈者：白的,就是吉的方面,都有哪些内容？

欧海金：吉就是好。丧葬、嫁娶都是一样,黑的书也能用,比如你赶鬼就能用。

访谈者：黑的这个,是不是只有鬼师才能用呀？是不是鬼师掌握的。

翻译人：黑白都是鬼师,水书先生原来就叫作鬼师,大家都叫"鬼师",但水话不是"鬼师"。

访谈者：水话叫哪样？

翻译人：如果字面上的翻译就是"师傅",做好事的人,就相当于希腊讲的智者、智人。汉语里叫鬼师,水话里面没有这个词。

访谈者：是别人把你们喊作鬼师。

翻译人：所以现在,包括你看的资料,他们写的水书先生,民间称他们作"鬼师"。水书喊作"秇水",字面翻译为水书,这些都是错的,水书也不喊作"秇水"。他们就是从汉族的角度去看少数民族文化的。

水书又称陆道书

访谈者：那水书应该喊作啥？

翻译人：实际上,水书用水话讲不叫现在的"水书",叫"陆道书"。"陆道书"的"陆道",就是陆家。

访谈者："道"是哪个"道"？

翻译人：现在用字不统一,"道路"的"道"吧。这个水族是从广西、广东过来的，广东、广西把"道"，"道士"的"道"念"duò"。一个姓陆的道士，陆道先生，他就叫作"luō duò"先生，所以水书就是陆道书。他刚才在解释一个事实，就是现在很多专家说水书就是"陆道"，他们说水书就是"陆易"，那是错的。他们把这个扯到《易经》上去了，不是的，是陆家书。专门讲六个甲子，刚才不是说过了嘛，天干和地支相配，六个甲子。这个水书就是讲这六个甲子在各种方面的使用。

访谈者： 讲六个甲子在各方面的使用？

欧海金： 也不是说有六部书，没有什么六部书，水书的内容差不多都一样。

翻译人： 你这个资料上就讲，水书分六部书，其实是没有分的。

访谈者： 这都是专家给水书分的？

翻译人： 专家就是要搞一个标准出来。

访谈者： 那么你的祖先是广东还是广西的？

欧海金： 广东的，从广东到广西再到荔波。陆道人在广东、广西读过书。

翻译人：（问欧老先生）你刚才是讲，水族的创始人陆道先生是在广东、广西读书，现在是问你家的老人是从哪里来的？

欧海金： 老祖宗是从湖南搬来的，湖南搬到佳荣，然后从佳荣搬到现在的地方有两百年了。

翻译人： 他以前的老祖宗是布依族。如果再往前追溯的话呢，可能是汉族。在湖南是汉族，先到佳荣，到了佳荣那变成布依族，现在到了水族的地方就变成水族。两百年前他是布依族，再往前了，可能就是汉族。他说他们老家水书的志书有这方面的记载。

访谈者： 老家的什么书？

翻译人： 老家的族谱嘛。

访谈者： 搬到这里两百年。搬到这以后，你是第几代呀？

欧海金： 第七代。现在我们家都十代了。

翻译人： 他家现在四代同堂。

访谈者： 他家现在是第七、八、九、十代。

翻译人： 我们也是这样算的，过去结婚早嘛，十几岁就结婚了，二十几岁就生小孩了，基本上就是二十年一代。

访谈者：你是哪年结婚的？

欧海金：我1950年结婚。

翻译人：十六岁结婚。

访谈者：你和你媳妇咋认到的？

欧海金：包办的。

访谈者：她是这个寨子的人吗？

翻译人：永康乡，另外一个水族乡。

翻译人：他家父母去世得早，是他的大伯帮他包办的。

访谈者：大伯给你包办的。因为她家也懂水书，是吧？

欧海金：那边也懂水书。两个水书先生的小孩子结合了。

采访人：那你要娶夫人的时候是怎样的情景？是送什么礼？过程是怎样的？

欧海金：记不得，老啦！

翻译人：当时他十六岁，结婚比较早，记不得了。另外，因为父母去世了，是大伯做主的。

访谈者：刚才说陆道先生是水书的创始人，他还有什么故事，他本人还有什么经历，他晓得不？

翻译人：(问欧老先生) 水书从广西传授到我们荔波来，它还有其他故事没得？你听到老人有没有讲别的关于陆道公的故事？

欧海金：没听说很多，就是说搞丧葬活动，还有嫁娶活动，先供一下陆道先生，去搞个供桌来供一下陆道先生。

访谈者：先供他。

翻译人：对，先供他。还有传说陆道公是丑日去世的，有五个丑日，是其中哪个丑日不大清楚。所以，如果写、抄水书的时候，要忌丑日那天。丑日那天不准动水书，就是不准写水书啦。学习也不能用那天，教水书、传授水书也不能用那天。

访谈者：就是说一切和水书相关的活动都不能动？

翻译人：能动，能动！只是用到水书文字本身的时候不能动。我要教你怎么读这句不行，教你怎么写这个字也不行。

访谈者：写和读都不行。

翻译人：但是写日志还是可以的，有人来找我写两个字还是可以的。

欧海金：没讲究，没讲究！

访谈者：你晚上有没有梦到过陆道先生？

翻译者：梦见过，梦见过。这个陆道人到后来就不具体指一个人啦，就是指懂水书的人。所以现在他晚上梦见的一般都是教他水书的人。那个人是以陆道的身份来教他。他是跟他大伯学的，所以晚上他就梦见他大伯。他大伯去世了以后，他就梦见他大伯专门教他。

访谈者：以陆道人的身份来教他，等于现在所有懂水书的人都叫陆道先生？

翻译人：懂水书的人（都是）。民间水书先生也喊作陆道人，也喊作陆道，实际上是陆道士人。

访谈者：民间懂水书的人都叫陆道人。所以他自己想象这个水书的创始人陆道先生是什么样子？只晓得梦到的是一个教他水书的人，是以陆道先生的身份教他的。

梦里有想象的人

翻译人：他梦里见的，是他见过的人。

访谈者：都是见过的人哈。

翻译人：所以，水书先生有两类。有一类就是像他这样的，教他的人是他见过的人。另外有一类，是梦见他想象中的人。

访谈者：想象中的人？

翻译人：想象中的水书先生，具体是谁，本来他也不晓得。他想应该是个很老的人，所以他就梦见白发苍苍的样子。他刚才说的很要紧，就是白天这种心态多了、神态集中了，晚上才梦见了。

访谈人：最近梦见没？

欧海金：没得。

访谈者：上一次梦见陆道先生是好久？

欧海金：有几个月了。

访谈者：是不是最近这几个月就没得看书呀？

欧海金：眼力也看不到了，记忆力也没得啦。白天也没大学习（注：没怎么学习），晚上睡不着。最多睡三个小时，吃饭都吃不得。老了！讲话也讲不出来了！

访谈者：你讲话还可以的，还可以的。

摆传说故事

欧海金：我的孙子可以，他在打工的。教他学，他学得快，他也懂国际音标。

翻译人：（他把）他的水书传授给他的一个孙子，学得差不多了。

访谈人：他在哪里读书？

翻译人：出去打工去了。

访谈人：他怎么懂国际音标的？

翻译人：他学嘛。请老师来教，搞了一个培训班。

访谈人：但是水书是非英文字（注：字母文字）嘛。

翻译人：是非英文字，要记它的读音就只有用国际音标来记。所以我们就请了一个外边的老师来上音标班。所以他孙子懂音标，可以用国际音标。

访谈者：那你看他能不能变成水书先生呀？水书大概多久前发现的，好像是比甲骨文还早？

欧老先生：好早！好早！那时候我年纪小，又不懂。不懂，就学，老人逼得你学，你要学会。

翻译人：老人逼着学，十三四岁时老人逼着背。

采访人：那你觉得你那个孙子有没有潜力变成水书先生？

欧海金：我原来教的七八个学生，我说："来了就和我一锅吃饭。"他们懒得来……

访谈者：水书有没有什么历史、神话传说呀，你记得到的，给我们讲两个故事……神话故事。

欧海金：是有一个古老的故事，记不大清（楚）了。有个老人家在山上砍柴……

翻译人：他讲的是，一个人和蛇的故事。有一个老人家，他上山去打柴，然后不小心柴刀就掉下深洞里面去了，他捡不上来。这时候呢，有条老蛇，就跟他说："你把你女儿嫁给我，我帮你捡柴刀上来。"他有两个姑娘，他就和老蛇说："我的女儿，有一个已经出嫁了，可以嫁一个给你嘛。"蛇就帮他把柴刀捡上来啦。回了家以后，他就跟两个姑娘说，要哪一个嫁给蛇，肯定先嫁大姑娘嘛。他就要大姑娘嫁给老蛇，大姑娘没同意，那小姑娘就嫁给了蛇。两个姑娘总得有一个嫁。

访谈者：但是，不是说两个姑娘有一个出嫁了吗？

翻译人：那个老人是这样跟老蛇说，意思是，有两个姑娘只能嫁一个，不能两个都嫁。后来，那个老蛇就变成龙啦。一变成龙呢，那个大姑娘后悔（没嫁给它）了，大姑娘就又想去抢，但是抢不到。后来了大姑娘就杀了小姑娘，后来小姑娘就变成了一只鸟。这只鸟就像画眉鸟一样会唱歌，它就这样唱："原来父亲让嫁的时候，姐姐不愿意，妹妹才去。"鸟就把这个故事唱出来，用鸟语唱出来。这个鸟现在还在山上。

访谈者：小姑娘变成一只鸟。这个鸟的叫声就是把这个故事讲出来，是吧？你们山上还有这种鸟。叫啥名字？学名？

翻译人：这个他也没有交代。我再问，他就和另外一个故事串了、混了。还有一种鸟的故事。

访谈者：这个故事还蛮好的，一条龙伪装成蛇的故事。就像现在的富二代怕人家看中他的钱，先装出一个很穷酸的样子看是不是真爱。

看水书选日子

访谈者：水族有没有歌谣呀？

翻译人：有的，有的。水书就是遵循天干和地支，五行相配，讲究怎样才好，怎样不好。他用歌谣的形式唱出来。

访谈者：他会不会唱呀？

翻译人：他会的。

访谈者：那我们能不能听他唱一下？

翻译人：可以的。

访谈者：他这是哪个时候唱，哪个时候不唱？

翻译人：他这本书前面是不唱的，后面都是唱的。

访谈者：这一段你唱的是什么内容？给我们讲一下。

欧海金：丧葬，给人家选哪个日子好，阴阳相克。

访谈者：唱经一般都是需要找他看日子的人坐在他对面，他来唱，是不是？

翻译人：他们不是唱的，是说的。他自己内心唱的，这种唱法是方便自己记忆。

访谈者：唱是为了方便记忆。

翻译人：他这口诀就是自己编成的歌，不唱给人家听。

访谈者：那么别人来找水书先生看日子的时候水书先生就只是讲？

翻译人：不唱。他就是把结果讲给你，过程他不说出来。

访谈者：那就是说，唱是他平时记忆自己唱的。他传给他的后代也是用唱？

翻译人：也是唱。关于这一类书大概是两百多条，其中丧葬的最多，有一百三十多条。

访谈者：丧葬为啥那么重要了？

翻译人：古代时整个中国文化对丧葬仪式是非常看重的，死了如何安葬，非常注重这个事，所以对丧葬是非常注重的。结婚、嫁娶在农村和城市，过去没有那么隆重，过去葬老人的时候是非常隆重的。

访谈者：婚娶没有那个样子？

翻译人：没有那么隆重。你看看帝王的陵墓或是帝王出殡呀，都很隆重。

访谈者：它隆重在哪些地方？主要是咋个隆重法？

翻译人：隆重就是仪式上，还有选址，还有选日子，送葬的仪式非常隆重。

访谈者：送葬的仪式是哪样子呢？大概给我们讲一下嘛。

翻译人：这个水族的送葬仪式倒不是很隆重。

欧海金：你看这本书二百四十四条，七十几条是嫁娶，丧葬就用了一百三十条。

访谈者：他晓不晓得水书现在统计下来到底有多少个字？

欧海金：水书就是八百多个字。

访谈者：这是哪里统计的？是咋统计的？

翻译人：他自己统计的。

访谈者：他大伯给你讲过没有？

欧海金：他没讲过，我自己抄时数的。

采访人：他们说水书先生还能通天地和鬼神对话，你能不能呀？

欧海金：过去有。

采访人：是哪种表现形式呢？

翻译人：据说是能够把鸡蛋放到石臼窝里面去舂。过去不是用碓子将谷子舂成大米来吃嘛。

访谈者：就是石臼窝能把鸡蛋舂破，这就是通鬼神？

翻译人：那是第一个例子。第二个例子是，古代拿茅草盖房子，盖了以后，按道理是应该拿个大剪刀把屋檐剪平。那么水书先生就可以不动刀，用火来烧，茅草盖的，火就只烧到屋檐，齐齐的。如果是其他人，你放火烧，一把火就把茅草烧完了，但水书先生就可以那样做。他是遇过两次这种现象的。当时，这个寨子有两家瓦房在烧，第一栋烧完了，第二栋正在着火当中，他就去了施了一个"法术"，他一吹，这个火就往天上走了。

访谈者：他亲自去施的"法术"呀？

翻译人：这瓦房上面一半盖的是草，很容易着火，他施这个法以后就没再烧下去了。但是，他刚才同时说了一个问题，他施"法术"以后，关键还要有那么一个人在家，这个人必须有三种属水，有三种水。比如你生的年是水，生的月也是水，生的日也是水，或者你是月水、日水、时水，什么都可以，你身上得有三种水。要有这样一个人。等那个人来了才摆桌子，那个三种水人来摆做仪式的桌子的位置。

访谈者：这个人可以随便找么？当时他在哪里找到这个人？

翻译人：当时寨子有这么一个人。寨子的人生下来都找他算八字嘛，所以他就掌握谁两种水、三种水。所以一着火，他就赶紧喊那个人来，来了把桌子放这个地方。

访谈者：喊来摆一个桌子到这个地方，然后他施了一个法，就把火止住了。他施了什么法？

翻译人：他自己拿了一只碗，然后他就在火场上捡了一个火子（注：火星）。他口中含有水，念三声咒语以后了，他就吸一口水，吹在那个火上，同时呢，那个火子用碗盖在桌面上，水是喷在火子上的。把那个火子整灭啦，那个大火就整灭了。

访谈者：他先捡一个火子，然后念三声咒语，含了一口水，喷在火子上，他来后把碗盖起，它灭了，火就灭了。

翻译人：他说，他还做过一个。就是老人去世的时候，送葬的时候要踢炮。踢炮有两种情况，要不就是点了不响，要不就炸得很开，容易伤人。这个时候要先生到场，没有先生到场，容易出事。有一次，就是连续点了三次点不着，来喊他。然后，他按照水书的方法教他怎么摆炮，怎么点炮，一点就响了。

翻译人：他根据水书上摆炮，摆成三角的形式，必须要三个方位。

访谈者：点炮是啥时候点？

翻译人：点炮是老人去世以后，送葬的时候点。很大的炮，响声在二三里之外都能听到，现在没这么大的了。

访谈者：那现在我们的仪式还和以前一样？

翻译人：现在就放一般的炮了。

访谈者：一般的爆竹，简化了。现在寨子里的婚丧嫁娶习俗还和他小时候的一样不？变化大不？

欧海金：大。

翻译人：他的意思是，表面上看还是一样的，但是每一个步骤程序没有过去那么严格了。他举了一个例子，一个是过去有踢炮，现在用爆竹来代替。过去要跳芦笙舞，要有个舞场来跳，外人不能进去。然后在舞场里面呢，谁吹什么芦笙，谁来敲打鼓，谁来扛旗子，都是按照水书来算，有讲究，不是任何人都能够进去。谁先进去，跳舞先出左脚，还是先出右脚，都很有讲究。一切都是按照水书的规定来做，不是每个人都可以做的。现在也还这样做，但是对于一些小程序就不用去书里找，只选哪一个日子，谁敲鼓、谁扛旗、谁点炮、谁吹芦笙就不讲究了，谁点都行。

访谈者：就是用水书选定日子，选定日子之后就不用了。

翻译人：细节就不用水书了。过去从大的到具体的细节都按照水书，现在都少了。过去砍牛的时候，从哪个方向牵到哪个方向，头朝哪个方向，谁来砍，都很有讲究。

访谈者：从哪里走到哪里，都是根据水书呀？

翻译人：牛行走的路线，砍牛时，牛站的方向、方位，都要按照水书来做。也就是说，每一个步骤都严格按照水书来做。我们现在就是省掉了这些，小细节上不用水书了。

访谈者：结果会有啥不同？

欧海金：（不按照水书做）现在就容易出事，打架啊，斗殴啊，吵闹啊。你要是严格按照水书，就很安全。

访谈者：这种仪式的变化，是为什么会有这种变化的？为什么现在的人没按照过去的做法来做？

欧海金：没有人懂了嘛，缺乏司仪。过去有个仪式，要三鞠躬、夫妻对拜才能进入洞房，现在直接就进入洞房了。

访谈者：是因为没有懂水书的人了？

翻译人：没有懂整个仪式的人。原来，整个仪式，就是主持人，就是找水书先生把这些具体的什么人、什么方位告诉他，现在没有那样的人了。现在找水书先生，找了水书先生跟他讲了，也没有人去实施。

访谈者：为何会缺失呢？怎么会没有这样的人了？

翻译人：搞水书的人少了，"文化大革命"期间不允许。解放以后就不允许做这么大的活动，1958年以后，基本上就不能做了，可以说在水族地区销声匿迹了，改革开放后，特别是这几年才开始做。从1950年算起的话，到1980年就是三十年，就是三十多年没做过了。

欧海金：过去这个送葬活动呀，如果搞大的活动就相当于水书先生斗法场。一场起码要有三四个道行很深的水书先生在场来给你主持，你才敢弄这么一个活动，不然的话就会有其他的水书先生来到现场试他的道行。暗中较劲嘛，他的意思，就是给你出点洋相嘛。

翻译者：一般是怎么个斗法？

欧海金：比方说你不是要吹芦笙嘛，你不是要敲鼓嘛，如果对方的水书先生来整你的话，他的法术比你高，那么你吹的芦笙就会不响，你的鼓不出声音，你放的炮也不响，杀的猪牛不死，就会出现这种现象。还有一种现象，比如说主人家和人家有矛盾，那么他会到现场来整，现场会出现混乱。丧葬活动举行过后，整个家族都会衰败。

访谈者：这么严重呀。

翻译人：就这么严重。所以大型活动必须要有几个很得力的水书先生在场。这种情况平时很少发生，但是也难免会出现。也就是说过去这大场面必须有几个水书先生在场，才敢做。现在，就没有人懂了，就是找日子，哪一天搞这么大的活动，就可以了。简化了，表面上看不出来。

访谈者：暗中较劲了嘛。但是你咋晓得对方是水书先生来和你较劲了？

翻译人：你要防啊。你做活动就要几个人来防，不然就会有人来给你搞一些破坏性的活动。你防得好，他就破坏不了了。

访谈者：要咋防呢？

翻译人：主要是这个仪式，他要破坏你，要进到你的场子里面来。有两种，一个是你摆的桌子，摆的一些法器和祭品，只要他动一下，就可以破坏，那么就有人在现场让人不要乱动。还有一个，他还会找些出生时点很特殊的人，就像我们刚才讲的三种水、三种火之类的人嘛，出生时点特殊的这样的一个人，来到现场看你一下，或者是到现场碰一下你的旗子，那么你的活动也会出问题。如果你有人在现场，你就可以防到这些，你看到有人动，你就不要让他动，或是你看见他动了，你的旗子倒了，或是他动了，你的芦笙不响了，那么你就会知道这个不是芦笙坏了，是有人在破坏，你就马上搞一个应对措施，你的芦笙就响了。

访谈者：这咋办到的，他一碰你芦笙就不响了？

翻译人：就和刚才的灭火一样了，说不清楚。

访谈者：无法解释。

翻译人：只有做的人才知道。让他讲，他也说不清楚。

欧海金：所以现在有人做这么大的活动，来找他找日子的话，他一般当场都不能讲的，还要反复地算。

访谈者：人走了以后，一般是送到哪个方向去了？

翻译人：这个按照水书来选。

欧海金：讲我的亲身经历。比如说，老人去世了，要先上山去选那个位置嘛，葬在什么地方。你要带他家人去，告诉他家人坟就在这个位置。这个位置你要打桩桩作记号，同时会告诉人家要打三根桩，至少打三根。这三根桩要记清楚哪一根是真的，哪两根是陪的，要很清楚。为什么要这样做呢？有些人与你有仇的或者说要破坏的，他稍微把你的桩动一下，哪怕动那么一点点，那么这个方位就受到破坏，那么就会有很大的负面影响。葬老人以后，家里就会出现衰败或是出事故呀。所以呢，一般要定三个桩，每一个桩是怎么样，到那一天来看看到底人家动了没有。因为只有一根桩是主桩，动就三根都动。只动一根桩，你还不一定看得出来，三根都动，就看得出来了。有很多东西都是有讲究的，按照水书来做是非常严谨的。

访谈者：那人走了以后是去哪里了？

翻译人：人去世是根据出生年月来选择方向嘛，选那个位置。明天要到哪里去，今天就去选那个位置嘛。

访谈者：不是说埋的位置，是人走了以后。

翻译人：我刚才讲的是埋的位置嘛。

访谈者：我讲的是去的位置。

翻译人：什么人走？

访谈者：就是灵魂呀。

翻译人：灵魂呀？（翻译人问欧老先生）水书里面讲没讲老人，人死以后，人的灵魂要到哪里去？老人家的回答有点含糊，但实际上这个问题，我可以给你们讲的。水书上说人的灵魂没有固定场所，水族人离开人世以后，人的灵魂就离开了人的肉体，然后就散发在空间，他不指定具体要去一个什么地方，但是这个灵魂呐，会与他相关的人或事有关联。所以，你看水族人就没有香火台。你看到的祖宗牌位是后来才立的，"欧氏祖宗之位"，过去水族就没有这个位。水族是怎么祭老人的？水族人是只要一吃饭，就要念，请老人过来吃饭，请历代祖宗过来吃饭；一喝酒，就要沾一滴酒撒在地下，只要沾一滴，老人就等于吃啦。

欧海金：不管你在天南地北什么地方，都来吃饭。我有五个孙，还有外孙。只要这些孙不管在什么地方吃饭，只要一喊祖宗来吃饭，祖宗就会马上到，就会随时来到身边。所以呢，水族人的灵魂并不是升到天上去，不到天堂去，也不到地狱去，就会散发在我们的周围。要有个牌位给他，他才有个地方来找饭吃。

访谈者：就是立个牌位找地方吃饭。那他们怎么不安顿呢？把他们的灵魂安顿走，去一个远点的地方，自己过自己的生活。

翻译人：这样说，应该没错，应该有个具体的去处，但没有一个总的去处。

访谈者：老人家现在是不是一吃饭就要喊祖宗回来吃饭？

欧海金：没得了。

翻译人：这是忌讳，和我们刚才讲白书黑书一样。下葬以后，他（注：灵魂）就走出去了，找亲戚去了，找朋友去了，所以就不管他了。但实际上，我要和你们说一下，这些也是专家说的。他们会听到那些先生在念嘛，你走，你往东走，你往西去呦，你往太阳出那个地方走，你往水走的地方去呦。好啦，他有一个地方去。只是一个意思，就是让你走。有一句话说的就是哄鬼出门，就是让你走了，你已经不在我们这个世界了，你就不要回家了，反正你走，上山找谁都可以了，你去东方也行，去西方也行。他们是这样子念，然后专家一听，就说，哦，他们是往东去的，水族就要往水里头去。没有这回事，没有的。

访谈者：（灵魂）有没有再回来的，比如说他放不下就回来呀？

翻译人：不回来，不喊他回来，只喊他去。

访谈者：我晓得。万一有舍不得走的，又回来了，他们水书先生要咋办了？

翻译人：他一回来，就要解呀。他回来，不走，家里头的人容易生病，或是做事做不好。就通过一定的仪式来问，你就知道，原来是这个祖宗还没有走远，他回家来啦，今天刚好碰到。他来家，我们也看不到，是阴阳相隔的嘛，是不是？比如回来家里没有几个人，可能看到一个人，这个人就生病啦。

访谈者：他说的放鬼、推鬼是不是就是讲这个？

翻译人：没！没！没！放鬼和推鬼是另外一回事。我讲的是这个意思，他（注：灵魂）回来，但是不一定找到家人，家人那么多人当中，只要某人出生的那个时辰有某个弱项让他看见，让他碰到这个人，那么这个时候鬼就来家，特别是同一年生的，容易着抓住。这就得解，有的杀鸡、有的杀猪、有的杀羊，做菜给鬼吃，哄鬼出门。

访谈者：那他看到过没有？

翻译人：看不到，看不到，但是他知道是鬼来啦。祖先去世，也喊作鬼；外面的人去世了，也喊作鬼。在水族的概念当中，总的就是鬼，没有神的概念，就只有人和鬼，就只有这两个概念。好鬼也是鬼，坏鬼也是鬼，好鬼和坏鬼之间没有什么区别的，不是说好鬼就是做好事，坏鬼就是做坏事，有时候坏鬼也会做好事。

访谈者：那鬼在水语里咋讲呢？

翻译人："māng"。

传习受限于经济收入

访谈者：老人家收徒弟没？

欧海金：儿子这辈，还没有人学，收孙子这辈做徒弟。加上在村里的青年人，总共收了十几个徒弟，但是现在坚持（学）下来的只有一个。这个徒弟已经基本上掌握（相关内容），但是现在出去打工，他是我的亲孙孙嘛。

访谈者：亲孙孙叫啥名字？

翻译人：欧文春。

访谈者：多大了？

欧海金：三十岁啦。

翻译人：他都有小娃了。

访谈者：等于你儿子这一辈都不会水书。

欧海金：庆能（注：欧海金的儿子）懂点，没怎么学。

访谈者：你这十几个徒弟，都是本地的还是有外头的？

欧海金：十几个都是本寨的徒弟，外头还有两个，有一个就是我们的研究人员，在民政局。

访谈者：徒弟普遍都是多大年纪的？

翻译人：他的徒弟，就是他的孙子，三十岁了，还有一个是五十岁。

访谈者：等于说本地只有一个人懂水书，还有就是他的孙孙。别的寨子有没有？

翻译人：不是很多。水书先生，有些寨子有一两个，有些是一两个寨子才有一个，有的是整个村都没有。

访谈者：老人家觉得水书要怎样才能很好地传承下去？

欧海金：现在很难啦。现在传水书又没啥收入，打工才有收入。怎样才能很好地传下去，感觉很困难。

访谈者：他收徒弟都没得收入？

翻译人：现在没收入，要收钱人家不来学。学的人，也没有收入。

访谈者：他的生活来源主要是靠低保补贴，还有传承人的补贴？

翻译人：对！他自己也做农活。如果像他这么大的年纪，不能做农活了，就靠小娃娃来养。以前来找他选日子的人也不是很多，给的钱也很少，有的是拿一点点米来，那个也够维持生活。

访谈者：他们说的会国际音标的是哪个？

欧庆能：是我的崽（注：儿子）。

访谈者：他生下来的时候有没有特别的迹象？在什么时候，下雨天还是太阳天？

欧庆能：下大雪。

访谈者：那你给他起的什么名字呢？

欧庆能：他是立春那天生的，他叫文春。

访谈者：他现在哪里打工？

欧庆能：在广西。他打零工，搞板子之类的。

访谈者：那你的名字呢？

欧庆能：我叫庆能。

翻译人：庆祝的庆，能力的能。

访谈者：那你夫人呢？有水名吗？

欧庆能：姚小鸥。

访谈者：她从哪里嫁过来的？

欧庆能：她从水牌嫁过来的。本乡，附近的寨子。

访谈者：你有几个子女？

欧庆能：两个儿子，三个姑娘。

访谈者：学会水书的是大儿子哈？

欧庆能：是大儿子。

访谈者：他是不是生下来就特别的聪明，一学就会，记忆力也特别好？那你希望他学会水书么？

欧庆能：我倒希望他学会咯。

访谈者：为什么希望他学会了？

欧庆能：我们家水书传统要一直传下去嘛。

访谈者：那你当年为什么没有学会？

欧庆能：我？

翻译人：他会的，刚才老人没在，我问他啦。

欧庆能：我是出师不成嘛，正当"文化大革命"的时候……

访谈者："文化大革命"的时候你好多岁？

欧庆能：我十一岁。

翻译人：最适合学的时候处于"文化大革命"时期，他十一岁，那时候不让学。

欧庆能：想学的时候年龄过了，记性不好了。

翻译人：一般家传的都是十几岁的时候开始学。

欧庆能：十几岁的时候记忆力都好。小时候学的东西记得久嘛，记一辈子。二十几岁学的东西，今天学没用就忘记了，四十几岁就更别想了。

访谈者：所以你是被耽误的一代。你现在还是希望儿子可以学会，儿子以后可以当个传承人。

欧庆能：可能吧。需要他的时候能给搞点资料，帮他爷爷做些笔录；不需要的时候出去打工呀。

访谈者：去见识一下。见识一下回来以后，还是发现水乡和水族的文化很好。

他咋会音标的了？

欧庆能：原来有个姚老师在上面教俄语，喊他去学了几个星期。

女人不能碰水书

访谈者：现在水书主要还出现在哪些载体上呀？

翻译人：只是口传和手抄在纸张上。我们发现在墓碑上有几例，很少。水书就是懂方法，来选日子，现在基本上也没有很多人来找他们了，现在使用的不多了。

访谈者：刺绣上都没有水书？

翻译人：过去没有。你想想，水书女人是碰不到的。

访谈者：传男不传女。

翻译人：不但不传女，而且是不能给女的碰到的。

欧海金：如果一个老人背着背篓，放着书，有女青年看到说："我帮你背？"他背都不给背。

访谈者：那我们今天碰到了嘛。

翻译人：今天无所谓了，看就看到了，这是讲过去的传统嘛。

访谈者：以前如果女生碰到水书会怎样了？

翻译人：你给她用了，你使用就不灵啦。如果罗盘你给她用了，那个指针就走不动了。

访谈者：书就废掉了。重新再抄一遍都不行呀？

翻译人：具体没有讲那么细，反正给女的碰不得。这个一样的，汉文化过去也不给女的学嘛。你看孔子的思想统治几千年，孔子思想就有什么东西不能给女的碰，而且女的不能和男的面对面坐着。我坐在这里，你还不能坐在对面了。其实这个（水族）文化和中国古文化差不多，带有男尊女卑的思想。实际上我们的文化都是在大文化的背景下，少数民族文化也是在儒家文化之下的。他们现在还讲水族吃饭时女人不能上桌，这样那样的。你想想看，（古时候）汉族大家庭哪个媳妇和老人一起坐着吃饭啦？如果老人吃饭媳妇敢上桌？对不对？只有家里头的老夫人，老了以后才能和男的在一起吃饭。举案齐眉，你送饭给我吃，送的这个饭你还要举起超过你眼眉以上，你直接送过来，给我吃，都不礼貌。所以他们很多人在讲水族很落后，水族吃饭时男女不同桌，有很多专家还问我，现在你们水族让女的上桌了没有？这些观点也不怪，他就是看到一些教授出版的书，就觉得水族就是很不懂礼的野蛮人。有些专家写出来的东西，让外人感觉水族一个是很落后，一个是比较有古朴之风。其实，水族就是中国的缩影，发展的缩影，其他少数民族有些也是这样。

访谈者：水书上面有介绍天象这些没有呀？

翻译人：水书上面有星星二十八宿，但是没有具体介绍天象。比如什么样的云会下雨呀，出现什么样的彩虹人间会有什么样的现象呀，没有那么具体。只有推算，二十八宿星加阴阳五行来推算是否吉利，什么时候什么方位都是吉利。但是现在有人说水书很神，上通天文下通地理，是水族的百科全书，里面记载了水族的哲学、社会科学、宗教、地理、文化，每样都涵盖着，其实没有那么神的。

收集整理进行时

翻译人：你们赶得好，我们前几次来，包括去年来，老人家身体都没有这么好。

访谈者：今天老人家晓得天象变动了，哈哈哈……

欧海金：原来有个台湾人，他会讲水话。

访谈者：在中国其他哪些地方还有人会说水话呀，或是在国外有人会吗？

翻译人：水族在国外零零星星的也有。

访谈者：在哪些国家？

翻译人：美国有几个，新加坡也有几个，现在一直还讲水话的在贵州，在外面讲水话的少。

访谈者：你现在最大的心愿是什么？

欧海金：最大的心愿就是把水书更好地推广出去，学水书的人要更加精益求精，将水书使用得更好。

访谈者：你们现在有多少册水书？

潘聪闲：我们现在有九千二百三十八册。

访谈者：你们估计民间还有好多册？

潘聪闲：民间估计有七八千册，而且好多书还没找出来。人家还有人用，就不随便拿出来。

访谈者：我看在凯里有好多人在卖那个书。

潘聪闲：黔东南的从江、榕江，都有一些的。他们那边就是手抄出来，抄出新版本，拿出来卖。

访谈者：是可以买卖的吗？

潘聪闲：可以卖，价格也相当贵。抄一本书下来也不容易。

访谈者：一本书现在大概卖到多少钱啦？

潘聪闲：现在可能就是一本两百多元。

访谈者：抄水书要特别讲究什么？

潘聪闲：这水书打不出来，电脑上也没有什么字根，你打不出来，必须手抄。手抄很费力，就是所谓的图文并茂，要有图，要有文字，有些文字表达不出来的要画图来表意，就像繁体字一样。

访谈者：那现在说把它全部归入册，然后变成目录，有自己的身份卡？

潘聪闲：现在国家保护中心要弄一个数据库，我们最近是搞了一千七百多册。水书先生汉文字水平也要够，汉文水平比较高的人，才能把它登记下来。

访谈者：现在是什么进展，九千多册已经录入了多少了？

潘聪闲：现在录入七千九百多册。

访谈者：你们统计下来，有多少水书先生还在用这些书？

潘聪闲：目前统计有六十几个水书先生，但能看懂别人家的书的没有几个，其他的就是自家的书自家看，别家的看不懂，跨行的看不懂。因为水书写的文字不规范，不是统一的学校定的标准写法。水书传到这家来，这家写的字多加一笔或是多加两笔，那么别人就认不了。水书的异体字相当多，没有接触多的就不知道，多接触多家的水书，能读懂的就多。保护一个水书先生生存下来，就能够保护一个水书。现在要抓紧时间尽快地把目录做出来，录入到国家数据库，否则我们就没办法破译了，异体字特别多，我们看不懂书的内容。

编那些伤心的歌来唱

❖ | 龙通珍 / 口述

开亲歌里,种子下凡

访谈者:老人是非物质文化遗产苗族古歌国家级代表性传承人,这次来做她的口述史。要做视频,还要把文字整理出来。本来打算采访黄平县的王灵芝,后来才知道,她已经过世了。

雷三姐:对对对,前年过世的。

访谈者:聊一下谷陇大寨有好多人啊?

雷三姐:等我打个电话问支书(雷三姐打电话)。六百四十五户,三千三百九十人。

访谈者:你就是老人的三姑娘?

雷三姐:嗯。

访谈者:老人就是这个寨子出生的,还是从别的寨子嫁过来?

雷三姐:她是苗陇教孝那边的。苗陇乡教孝村。

访谈者:是好大嫁到这个寨子的?

龙通珍

雷三姐：她是十七岁嫁过来的。

访谈者：她学古歌是从好久开始学的呢？

雷三姐：她是嫁过来才唱的古歌，年轻时候就唱，唱年轻的歌，嫁过来才唱古歌。

访谈者：在苗陇那边时，唱年轻时候的歌？年轻时候唱的歌和古歌不一样吗？

雷三姐：不一样。一般是嫁过来、娶媳妇、生小孩去吃酒才唱古歌。

访谈者：她学的古歌和刻道的古歌是不是一样的？

雷三姐：她学的酒歌，有开亲歌。

龙通珍：开亲歌有十二路歌。

雷三姐：十二路歌，有开亲歌，有种子下凡，还有……我也翻译不出来。

访谈者：她都是在哪些地方去学，都跟哪些人学的呢？

雷三姐：也是在寨子上，跟老歌师学的。

访谈者：一般是在哪点唱呢？

雷三姐：家里面有客人也唱，走亲访友也唱，做红事嫁姑娘啊、接媳妇啊，这些都唱酒歌。

访谈者：十二路歌老人会唱几路歌呢？

雷三姐：以前会唱的多。前几年摔倒（伤到）腰杆，她脑壳现在反应有点点慢。

访谈者：摔倒是哪年？

雷三姐：有三年了，到今年四月份就三年啦。

访谈者：现在都不唱了，是吧？

雷三姐：也唱，等一哈我喊她唱点。

访谈者：那你们都学会唱没得呢？

雷三姐：我们也会点点。

坐在家，唱伤心的歌

访谈者： 阿幼朵唱歌，受妈妈的影响多不？

雷三姐： 也受老人的影响，受她影响哦！我脚下（注：身后）有两个兄弟，一个九岁，一个十一岁，同一天在水库落水。后来妈妈他们才想要个儿子嘛，后来生的就是阿幼朵。过后，妈妈他们就是这样想的……还是想要个男孩，农村就是这样嘛……家里面没得一个男孩嘛。她每一次在家，妈妈想起，难过呢。坐在家没事的时候，她就拿酒歌来编那些伤心的歌唱。所以，阿幼朵从小小（注：很小）的时候，就受到她的影响。所以，阿幼朵都会唱歌。我们的酒歌啊、飞歌啊，她都会唱。

访谈者： 他们两个是同一天落水的，都不在了？

雷三姐： 哎，是的。

访谈者： 听了也令人很伤心。然后，才生阿幼朵的？

雷三姐： 妈妈身体还可以的，就是摔倒伤了腰杆，其他各方面都还是可以的。没有病啊！你看她就是血压有点点高，但是去查，没得哪样大的病。

歌里唱，个个生得像玉米

访谈者： 讲点她唱歌的内容，都有哪些内容？最喜欢唱哪种歌？（访谈者看屋里挂的照片）那几年，看到她好精神哦，她还去了好多地方。

雷三姐： 是的，我们去北京啊、深圳啊、海南啊、西江啊！

访谈者： 都是去参加活动？

雷三姐： 不是，我们家里面出去旅游。

龙通珍： （用苗语唱古歌）

访谈者： 唱的是什么内容？

雷三姐： 唱的是酒歌。

访谈者： 大致这一段，唱的什么内容？

雷三姐： 酒歌就是在桌子上，面对面的时候唱的。

访谈者：这一段是开亲歌啊？大致是哪样意思？

龙通珍：刚才唱的是编的歌。（讲的是）以前怎么怎么样……那时候条件不好，吃也没有吃的，一天做活路。现在生活改变了，生活好了，现在哪样都好了！像是这种的。

龙通珍：（用苗语唱古歌）

访谈者：唱得好听得很嘛。刚刚这段，唱的是哪样歌？

雷三姐：刚刚唱的是开亲歌。

访谈者：她现在还能记到那么多歌词，真的很了不起哦。

访谈者：我们回想一下，她嫁来的时候街上有好多年轻姑娘和她一起嫁来啊？

雷三姐：我们苗家姑娘，一般娘家送亲队伍不能送到男方家，只能送到半途就返回。

访谈者：和她一起嫁过来的姑娘，还在不？

雷三姐：这个寨子没得。

龙通珍：和我从我的村子嫁到同一个寨子的姑娘，没得。

访谈者：那她怎样认到你爸爸的呢？

雷三姐：也是通过媒人介绍的。

访谈者：要不要唱歌呢？他们要对歌不呢？

雷三姐：也有，媒人介绍去认识了，他们就到跑山上去唱歌。

访谈者：对歌分不分输赢呢？

雷三姐：这些歌，一般都没有输赢的。

访谈者：她还记得到当时对歌的时候，她对输的是哪一句歌词吗？

龙通珍：是马郎歌，歌里讲你这个人很好，人才很好，各方面也很好。从后面看去就像牛的一对牛角；从前面看，就像以前那个玉米，那种四四方方的……

访谈者：就是说那个后生，长得方方正正的哈，哈哈！

龙通珍：啊！讲的是你们来到我们坡上，我们和你们在这点讲呢……和你们在这点唱呢……我们也得不到你们……想带你们……带好多吃的。但是，你们也看不起我们，得不到和你们在一家。就是这种，这样唱的。其实苗歌的内容很丰富，但是，一翻译就翻译不出。

访谈者：当时，你妈妈和你爸爸唱这个歌没有？

雷三姐：唱！肯定唱！

访谈者：像你家爸爸是这个村子里的人，他们去摇马郎是在哪个地方呢？是在苗陇，还是在谷陇这面呢？

雷三姐：在苗陇嘛，去妈妈她们寨子上嘛。

访谈者：哦，是在那边寨子上。你爸爸去那边寨子上玩，就认到你妈妈哦？

雷三姐：是的，在马郎坡上面碰到的。

唱一首，就喝一杯

访谈者：当时她的歌师在哪点教她们唱歌呢？

雷三姐：一般这种情况，都是在寨子上面，酒歌嘛，都是嫁过来才学的。

访谈者：当时她们是不是一堆人要去歌师家学呢？

雷三姐：对！对！对！以前就是过年要去学，就是腊月间、正月间都去歌师家学唱歌。

访谈者：住歌师家不？

雷三姐：去学两个晚上就回来。

访谈者：哦！也是一堆小朋友哈？

雷三姐：嗯，一堆小朋友，十多岁的小朋友。后来，嫁过来，生娃娃，有时候就背起娃娃去学。有时候去的人多，没得板凳，自己抱娃娃，带板凳，去人家学。是这种的……酒歌是这样学的。

龙通珍：这个（歌的内容）是讲交朋友啊："我和你上坡去看，眼睛要亮点，要看好点。如果看不好，嫁到一个不好的。到他家，他又对你不好啊，这辈子你就苦了。"

雷三姐：是这种，（意思是说）谈朋友的时候一定要看好，嫁到个不好的就害你一辈子。

访谈者：那歌师有没有教过最长的古歌呢？

雷三姐： 古歌有嘛，（最长的）古歌唱三天三夜也唱不完。

访谈者： 当时，他们是怎么学的呢？

龙通珍： 开始，就是哪家嫁姑娘啊、接媳妇啊……客人都在家了，客人坐在一边，主人坐在一边。这酒歌是一问一答的，他问你的时候，答不到你必须喝酒，唱一首就是一杯，你喝酒多了，就醉酒。所以，你就千方百计，下次一定要学到这歌，多学几路歌，人家唱哪路，就拿哪路应付他，所以就不会被罚酒。如果你回答不了人家的，人家喊喝酒，你就要乖咪咪（注释：乖乖地）喝了。

嫁姑娘，舅坐堂屋

访谈者： 老人到哪里去对过歌呢？

雷三姐： 她在寨子上走客（注：做客）时，就对歌。我家舅家那边的亲戚，我们的侄子接媳妇，舅家吃酒啊，姑妈家嫁姑娘啊，就对歌。

访谈者： 一般要和男生对歌哈？

雷三姐： 哦！对的。有男生就和男生对，没得就和女生对。

访谈者： 那么，她到施秉那边对过歌没？

雷三姐： 没去。

访谈者： 是同一族的亲戚才会遇得到是吧，吃酒啊？结婚啊？

雷三姐： 嗯。平常开亲歌都是嫁姑娘啊、接媳妇啊才来唱。

访谈者： 你们也有刻道歌？

雷三姐： 也有。

访谈者： 你们家有刻道不得啦？

雷三姐： 刻道好像被寨子借去了。

访谈者： 她唱的歌有讲送好多米这些，有不得？

雷三姐： 没有。

龙通珍： 以前规矩是姑妈家的女儿必须嫁给舅家的儿子，如果你不嫁就要好多钱、好多银饰、好多鸡、好多鸭，还要好多马，必须要三百两银子、三百匹布和绣好的花。这种……

访谈者：老人唱的歌里面也有这个意思？

雷三姐：有！有！

龙通珍：三百只鸡全部是要公鸡，全部要叫的；三匹马也要跑得快的；三百两银子全部要以前的那种银锭子；布和绣花全部要长的；牛角要特别好的材料。

访谈者：姑妈家必须嫁给舅家，是以前的事，后头就不兴了吧？像他们这个年代就不兴了吧？

雷三姐：嗯，不兴。不兴也要这些东西，必须要给这些东西给舅家，你才可以把姑娘嫁出去。

访谈者：老人嫁的就不是舅家吧？

雷三姐：没嫁给舅家。这是以前的传统，古代时候是这样子。

访谈者：他们这代已经不是这样子了吧？

雷三姐：很久以前，开天辟地的时候，才是这种习俗。

访谈者：在她的印象中，她的长辈或者他们这一辈，有姑妈家嫁给舅家这种情况没有？如果不嫁的话，有赔偿过这些东西不得？

龙通珍：到我们那辈就没有这种情况了，舅家的来看，你不喜欢，你不去，就不要了。

访谈者：那么等于说，他们唱这个歌只是拿去比输赢，歌棒上刻的这个赔好多的风俗已经不得了？

雷三姐：不存在了。但是，像我们家现在，如果嫁姑娘，舅家来吃酒，舅必须坐在堂屋头。

访谈者：舅为哪样要坐在堂屋头？

雷三姐：舅都是大（注：地位很高）呢。

访谈者：舅很重要，因为传统苗族社会是属于舅权社会，舅在家头是最有权威的嘛。如果你家有个姑娘嫁出去，舅过来就要坐堂屋里面？

雷三姐：就是我家的舅，我家姑娘嫁出去，我的兄弟这些来我家，嫁在哪家就去哪家。

访谈者：像你现在，你姑娘出嫁，你的兄弟过去要坐她家堂屋里面？

雷三姐：嗯，必须坐堂屋里头。

访谈者：来你家，还是去她家？

雷三姐：来我家。

访谈者：为哪样坐堂屋里面呢？规定的啊？

雷三姐：规定的。开席，要先请他们吃饭，先请他们喝酒，反正就是先招待他们。等他们吃好，喝酒也差不多了，他们开始唱歌了，别人才能开始唱歌。

访谈者：你有姑娘出嫁没得呢？

雷三姐：我没有姑娘，只有一个男娃娃。

访谈者：就在堂屋头吃饭？

雷三姐：嗯，反正舅必须安排在堂屋。第二天，吃早饭了，也是舅为先。要回门了，舅先走，我们这些人才可以走。现在，这个风俗还在。

得一块钱，要买糖分给大家吃

访谈者：要送他们哪样礼呢？

雷三姐：以前就是柜柜啊！还没送柜柜以前就拉一条狗，拉一条狗去姑妈家吃酒。

龙通珍：拉狗去……第二天回门的时候，还没兴送（其他）东西，送一坨糯米饭、狗肉啊，就回来。但是，到后来，（就兴）抬柜子了，那时，抬个柜柜，在里面要放钱。

访谈者：要放好多钱呢？

雷三姐：一般都是十二块啊。一般有多的就送一百二十块，没多的就送十二块。

访谈者：回门的时候，要回来祭不祭祖啊？要拿哪些东西去供祖先不？

雷三姐：从男方家回来，带六十斤糯米、一只鸭，米上还有蛋，还有叶子烟，还有茶。

访谈者：这个蛋有规定好多个不得？

雷三姐：一般是一百二十个。还有茶叶、盐巴……

访谈者：叶子烟有规定好多不得？

雷三姐：一般都是一斤。

访谈者：茶呢？

雷三姐：茶也是一小点，盐巴也是一小点，还要抬肉。

访谈者：肉要好多呢？

雷三姐：看姑娘家要好多嘛，多呢就两三百斤，像现在四五百斤都有。还有猪肚子，还有鸭子……糯米不准在主人家煮，要在另外一家煮，煮好过后拿给一起回门的两个年轻小伙子。还有去接姑娘的，那些姑娘啊，有大的，有小的，都全部在那点吃。吃好，还有丝线要分给那些姑娘。

访谈者：丝线一般是哪样颜色呢？

雷三姐：一般是红色。

访谈者：分东西给回门的人，表示什么意思？

龙通珍：这个有典故的。但是现在我也记不到是哪样典故了。像这个茶叶，第二天，回门来吃酒的人，要用来泡茶，倒茶给来的人，每人喝一杯。得茶喝的要送你一块钱，得的这个钱全部买糖给寨子上的人吃，这个钱不能拿来用。（传说）如果茶钱不拿去买糖，你就有可能会生病，去找鬼师看，他就会说："是因为你家没拿钱去买糖！"必须要买东西给人家吃，就不会生病了。

把绣花放在一边，跑去和小伙子唱歌

访谈者：回门进门第一件事情是哪样呢？

雷三姐：就是摆起桌子，进到家就开始吃饭。等到晚上，吃好饭，重新收拾好了，就开始唱歌了。

访谈者：舅家一开始唱歌，两边就开始对歌吗？

雷三姐：对！对！

访谈者：一般是哪种年纪的人唱呢？

雷三姐：都有，一般老的唱就老的陪，年轻的唱就年轻的陪，没规定的。我们都喜欢会唱的人，你唱不了他上去帮你唱。

访谈者：现在你们还唱的吗？

雷三姐：唱！我们前天才唱来。

访谈者：前天，在哪里唱？

雷三姐：家巴村，我们拍有碟子的（注：有录成视频）。（在）家巴平寨村。

访谈者：离这里远不？

雷三姐：远。我们那天是送新娘回门的时候唱的。以前是到二月份才抬粑粑，但是，现在我们都要节省时间，嫁姑娘回门的时候一起抬粑粑送去。

访谈者：你们去唱了好久呢？

雷三姐：唱了一天一夜。

访谈者：你会唱好多路歌呢？

雷三姐：我不会唱哪样，会唱点点。

访谈者：那你不是要喝醉啊？你喝醉没有？

雷三姐：没有，我现在不能喝酒。我不会喝酒，有一个会的和我一起去替代我喝酒的。如果你不会，就要找一个会的跟到你。我会唱简单一点的歌。

访谈者：你家妈妈唱这个歌，除了教你们姊妹，还教学生没有？

雷三姐：有。寨子上的，都有。一到正月间，那些年轻人一回来看她，就喊她教啊。只有今年没得，往几年都有。

访谈者：其实这个酒歌就是回门的时候唱，办喜事唱。生小孩唱不唱？

雷三姐：也唱。

龙通珍：刚才唱的是满月歌，是一般的歌，歌路不一样。满月歌讲家家不添孙，你家添孙，生得个男娃娃，长大后，得读书，得官当。这第一句，是祝贺他家。到第二句开始，就从娃娃下地开始唱，第一天做哪样，第二天做哪样，第三天做哪样。第三天抱来就给他洗啊，给他取名字啊。以前，男娃娃都是教他写字，女娃娃都是拿布教绣花啊。反正都是教好的。

雷三姐：这几句，都是祝贺他家的，讲娃娃长大以后读书，得官当。反正都是讲这方面的。

访谈者：这种唱娃娃的歌，一般唱好久呢？

雷三姐：这种也有唱得久的呢。我们现在唱歌一般都唱到（夜晚）十一二点钟，唱到十二点、一点钟，我们就不唱了，就找地方休息。现在，会唱古歌的年轻人少了。像我们这次在平寨，我们抬粑粑的十个人，六个女的、四个男的，四个男的分成两队唱，六个女的分成三队唱，因为找不到对歌的人（就只好自己唱了）。

访谈者：抬粑粑，是抬哪种粑粑呢？

雷三姐：糍粑。

访谈者：抬好多呢？

雷三姐：我家去一百二十个。

访谈者：以前回门和抬粑粑是分开的。结婚多久以后抬粑粑呢？

雷三姐：一般都是二月份和八月份。

访谈者：有绣花的古歌没得？织布绣花都不唱歌？妈妈绣花的口诀肯定会教吧？

雷三姐：绣花一般都是教你数。她就起好一朵花，然后要你去绣那个。拿线拿布起了一个头你就去学。你绣不到了，她就教你数纱子，这里几棵纱，那里几棵纱。

访谈者：一般是要几棵纱呢？

雷三姐：有三棵，有两棵，有一棵，根据花的不同。如果纱你挑多了，它就不一样了，少也成不了了，多也成不了了……

龙通珍：那时，我年轻的时候，我们在家绣花，小伙子一吹木叶，我们就把花放在一边，就跑去和他们唱歌，和他们聊天。

阿幼朵乖乖，我们都喜欢她

访谈者：当时，你出嫁的时候，她做了几件衣服给你？还是你自己做的？做了几件？

雷三姐：有的。我捡她们的多点，我们后来都没有添置那么多了，二姐、大姐她们得多点。

访谈者：那你是嫁到哪里呢？

雷三姐：我嫁到从安，我爱人家是从安的。他在政府工作。我之前在供销社工作，然后供销社不存在了，就出来做生意。我还是供销社职工，还没办退休。

访谈者：你们结婚的时候，唱歌没有？

雷三姐：也唱的，一样的。

访谈者：阿幼朵结婚的时候，也搞这种仪式的？

雷三姐：搞的，在家搞的。

访谈者：阿幼朵以前的名字就叫阿幼？

雷三姐：就叫阿幼。后来，妈妈在家说阿幼朵黏她，叫她阿幼朵乖乖。后来，我们都喊成阿幼朵哦。我爸爸叫福，喊阿幼福，我们苗家名字都跟爸爸。

访谈者：老人喜欢阿幼朵得很哈？

雷三姐：喜欢，我们都喜欢。阿幼小的时候，妈妈做活路啊，都是我带，我读书的时候都背起她，放她在外头玩，我继续进去读书。她还没到一岁的时候，我就放她睡在这点（雷三姐指着堂屋外一个地方），桌桌扑起，框框桌桌，就编起个箩箩，她就睡在这点。她哭的声音又大，妈妈老远就听到她声音。妈妈回来，我就被骂了，说我："你看，你咋引她哭啊！"

访谈者：阿幼朵从小由你带，和你感情好哈？

雷三姐：我们家四姊妹感情都好。她刚刚一岁的时候，一家人围在火边，她将将（注：刚刚）会走得路，在后面唱歌。她记不到词，但是"咯咯咯咿咿呀呀"地自己唱。

访谈者：她现在唱的歌，有你妈妈唱的不得？

雷三姐：前面有些苗歌是的。她从小学习唱歌啊，跳舞啊，她都参加的。后来到初中了，到初二、初三了，她就开始在学校参加热闹的活动。学校里面搞各种比赛，她都是拿第一。后来，是九几年，她去黄平，黄平县搞第一届卡拉OK电视大奖赛，她得了三等奖。后来，她去黔东南唱歌比赛，得一等奖。后来，选十佳小姐，她个子矮了点，得了第四名嘛。

家家都用围墙围起，又没得老人玩

访谈者：老人去过哪些地方，参加过哪些（演出）活动呢？

雷三姐：没参加过。

访谈者：得国家级非遗传承人之前和之后都没有参加过吗？

雷三姐：没参加过。

访谈者：每年政府的补贴还在发的吗？

雷三姐：哦！发的。

访谈者：老人最后一次出门去唱古歌是什么时候啊？

雷三姐：她可能……好久都没出去唱了，一般有客人到家，她唱一句两句啊……她也还是唱，有客人她先唱两句……唱一首歌，我们才吃饭。

访谈者：（你）父亲是哪年去世的？

雷三姐：父亲是1983年去世的。

访谈者：过世以后就是妈妈一个人带你们啊？

雷三姐：那时，大姐、二姐出嫁了，只有我和阿幼。

访谈者：你们家可能连土地都没种了哈？

雷三姐：有啊！土地现在有三四块，但是我不晓得有多少亩。你看，房子前面这块地，还没晒干的时候，每年都有两千斤谷子出自这点。

访谈者：就你一个人照顾妈妈？

雷三姐：大姐在凯里；二姐住在街上的，她家有两个老人；阿幼朵在贵阳，妈妈去贵阳住不习惯，住的电梯房，但是阿幼朵不经常在家。她每次去贵阳，我都陪到她去住。她想去，你就必须带她去。

访谈者：经常去不？

雷三姐：一年去一两次，一次去住五天啊、十多天啊。

访谈者：这个老房子有好多年了呢？

龙通珍：我家这个老房子起码有一百多年了，这个房子是以前妈妈和爸爸花钱买的。

访谈者：花了好多钱？

龙通珍：一百二十块钱买的。买的是这三间房子，那边那间，是我们2005年把这家里面重新翻新的时候修的。以前坝坝下面是平房，现在是砖房。

访谈者：下面那个新房子是好久修的？

雷三姐：修得两年了。

访谈者：那么，一套房子可能花不少钱哈？

雷三姐：搞下来可能三十多万吧。

访谈者：现在，你们两边都住嘛？老人都住哪边？

雷三姐：嗯，两边都住，也下我家去住。过年过节，她要招呼那些（邻居），偏要上来，就上来。从过年到现在，酒席特别多，都没做几餐饭吃。在这里，家家都是围墙围起，又没得老人，她一个人也不出去活动。住下头，隔壁还有几个老人，吃好饭，她还可以去聊天，吃好饭去喂个狗啊……有时候，她想上来睡就上来睡，没喜欢就在下头睡。

访谈者：她自己也可以上来的嘛，不用你管也可以？

雷三姐：可以。

访谈者：这一片都没有老人了？

雷三姐：你看着，（原先）旁边有一个，她是有工作的，退休了，在凯里和儿女住，今年腊月十九才过世的。这栋房子下头，那栋房子，都是在外面工作的，老人都过世了。我觉得，住在上面也不方便，走路有坎坎啊……这些都不方便。在下面，厕所啊……各方面都方便一点。

访谈者：老人有什么心愿？

雷三姐：想过得好……她也想过久一点（注：指想活得长命一点）……看到我们家各个娃娃都结婚生子。

其他人也爱，只管教他了

❖ | 吴胜章 / 口述

吴胜章（右）向访谈者展示侗戏剧本

王小梅： 我们想了解你的生平。你是在哪里长大的？从小怎么学侗戏的？你是何时成为侗戏传承人的？传承的侗戏，它的起源，还有侗戏在哪种场合使用，现在政府所有这些非遗传承活动，你参加哪些活动？什么都可以摆一下。你今年好大年纪了？

吴胜章： 真实年龄七十二，档案年龄才七十，1946年11月生的。

王小梅： 你就是地扪的人？

吴胜章： 对。我从小在这个地方，出生在这个寨子。

王小梅： 父母都是侗族？

吴胜章： 都是侗族。

王小梅： 读过几年书呢？

吴胜章：在地扪小学毕业，到黎平中学读书。

王小梅：还是在中学读过书的？

吴胜章：嗯。在黎平中学读到初中毕业，初中毕业后"文化大革命"，就不读了，就搞劳动，闹革命。

王小梅：你父母亲是做什么的呢？

吴胜章：搞农业，务农。

王小梅：他们会侗戏不？

吴胜章：我父母亲不会。我公公（注：祖父）特别爱。

王小梅：你是跟公公学的？

吴胜章：编剧是跟我伯父学的。我的父亲爱乐器，会拉二胡、弹琴、琵琶。我的公公对侗戏特别感兴趣。

王小梅：你摆谈一下，你从小怎么受公公的影响，对侗戏产生了这么的大兴趣呢？

吴胜章：他唱吴文彩[①]编的《二度梅》和《朱砂印》。他们唱，我就听，我从八岁就开始会拉二胡了，十二岁就学会了弹琵琶。到了十二三岁，我看见我的伯父编歌，帮人家编戏。我是对这个相当爱好的，对侗族文化很感兴趣的。然后我想：我都是唱别人的歌，伯父他会编他的歌，他编好了我们唱，我也想向伯父学习。然后十三岁我就开始编那些顺口溜。后来我伯父发现了，他讲："这个崽子对民族文化相当爱好！"他就来考我，他说："你唱一首歌给我听！唱你自己编的。"那时我编的又不会搞押韵，侗族的歌、戏都是有头韵、中韵、连环韵的，尾韵绝对不能丢。每一首歌、每一个唱词都是一韵到底，那个韵像我们的韵母那种。我伯父就说："你编的句可以，但是不押韵，一定要有尾韵。中间那个韵、头韵，还有连环韵都搞好了，欠尾韵，如果没有尾韵，就是顺口溜了。"伯父就是这样子指点我的。从那以后，我又编了些，就会用韵律了。编了几首歌了之后，伯父就讲可以了。就是这样子编。后来我就想：吴文彩编的歌，那是围绕着中心、围绕着题目来编，我伯父他也是那样子。

---

① 吴文彩（1798—1845）：侗戏鼻祖，开创了侗戏的新纪元。

所以后来我编一首歌、一出戏，我就围绕题目，以那个为中心思想来编。一直到1966年"文化大革命"，那时候都是编新的，没有唱旧的。1966年的年底，"文化大革命"到我们乡下来了，尽编新的，编宣传毛泽东思想，弘扬那些激进分子，批评那些后进分子。那时候，我还编得快，编的东西相当长的，不到一天就完成了。我搞那一长截的东西，光讲书就有十一本书。在公社里——那时候两个公社合并的——我是总师傅，现在人家都还用那个语句。从那以后就编多了，符合时代的东西多得很，说不清。还有编情歌也是悄悄地编。寨上的人看中哪个姑娘了，要我编首新歌，我就去看那个姑娘，悄悄地编。那时不准编情歌。但是在农村里面的，人家要你编，不编也不行，情理上又讲不过去。

王小梅：你刚刚说跟你伯父学的编剧？

吴胜章：对。

王小梅：我们今天向你学习，我们什么都不知道，就多问一下。您公公特别爱侗戏，他主要会什么技能呢？

吴胜章：他是专唱吴文彩编的，他自己不会编。

王小梅：就唱吴文彩的那些名篇，你刚才讲他最喜欢唱的两个戏叫什么名字？

吴胜章：《二度梅》《朱砂印》。《朱砂印》是讲凤娇李旦，《二度梅》是指梅良玉，讲人的名字。其实是梅开二度，二度梅，那个戏名就是这样。《朱砂印》就是唐王李旦和胡凤骄他们。李旦的左边手有一个印印，胡凤骄的右边手有一个印印，他们合起来合得很，叫"朱砂印"，那是先天性有的，生下来就有。

王小梅：你公公当时在哪些地方唱侗戏，什么时候唱？

吴胜章：唱侗戏是好多年……那个我写得有的。

王小梅：小的时候，你是跟他在哪些地方去听呢？

吴胜章：还小的时候，在我们这个地方，有时候去茅贡。

王小梅：是要在戏台上唱，是不是？

吴胜章：在县里面。

王小梅：以前什么时间会去唱侗戏呢？比如说是过节呢，别人结婚，是什么时候唱侗戏？你回忆一下。

吴胜章：侗戏是在年关和六月六、平安节，以前是在这三个节日。

王小梅：平安节是什么时候？

吴胜章：收谷子完成了。这两年外出打工，平安节都没过了。

王小梅：侗戏除了有编剧，你刚才说有乐器，里面有多少角色？比如主唱，你公公主要是唱？有什么样的人？你一个一个摆一下。

吴胜章：编剧。如果编传统戏剧，就跟着故事来编；如果编符合时代的东西，那种人家提出了要求，就把主题写出来，就围绕那个主题来写。

王小梅：除了编剧，唱侗戏的也专门有人，是吧？

吴胜章：有。

王小梅：有几个人就由几个人去演，是不是？还是主要是唱？

吴胜章：话也讲，唱也唱。如果光是唱不讲话，那个不行。

王小梅：会用哪些乐器？刚刚你讲有二胡？

吴胜章：二胡。二胡有三种，一种是板胡，一种是二胡，一种是瓮胡。瓮胡的筒有这么大（吴胜章双手比出大小）。还有琵琶。

王小梅：这些乐器，你没有？

吴胜章：我们用的只有这四种。

王小梅：你听你公公说侗戏是怎么起源的？

吴胜章：那是在吴文彩时候，他还写了，也唱着。

王小梅：吴文彩这个人的历史，你知道不？给我们摆一下，摆一下他的历史，还有侗戏的起源。

吴胜章：他是清朝咸丰年代……还是哪个年代？（我家）二楼有（他的资料）的。

王小梅：我们听你摆一下，一会儿我们再上去看一下（那些资料）。

吴胜章：他那个人是个神童，他也没有读几年书，自然（注：天生）那么灵活的。几岁的时候跟大人处理寨上的事情，以后大了，那时候走榕江，走黎平，走锦屏，还远的地方就没有去。那时候走路去，到这些地方去看人家唱汉戏，看着相当起劲，他也感到亲切得很。他以后到锦屏去看的时候，才想到到了外地来，看这个汉戏。榕江到过，黎平到过，现在到锦屏也来看过了，很有意思！那怎么能够编出我们自己民族的一个戏剧呢？他想了想：只有靠自己了。然后他回到家里，就立志编东西。歌早就编了。他编的歌好得很。侗戏这时候才发展！

王小梅：他家是哪里的人？

吴胜章：他家是从这里过去的。腊峒，我们供一个祖宗嘛。

王小梅：还有什么传说没有？关于侗戏的。

吴胜章：侗戏传说没有，只有吴文彩的。

王小梅：就是吴文彩，他是鼻祖？

吴胜章：对。

王小梅：侗戏为什么要在年关、六月六、平安节唱？它的内容主要是什么？

吴胜章：如果没有什么事，只有在过节的时候唱；如果一个寨与一个寨要相互请客，也唱侗戏，一唱就是几天。那时候尽唱传统侗戏。吴文彩开唱侗戏以后，还有他的那些徒弟，从那时候，可以讲是继往开来。他们在那个年代是这样子，所以侗戏发展下去了。侗戏不光是吴文彩编，还有吴大用、张红干等很多很多编的，这个编这出戏，那个编那出戏。

王小梅：传统的剧目有哪些戏？

吴胜章：以前都是传统戏剧。楼上面（资料里）有，我们记载有。

王小梅：这些戏剧都讲什么样的故事？你摆来听一下。比如你刚刚讲有一个《二度梅》，主要是什么故事？

吴胜章：《二度梅》就反映在唐朝时候，奸相卢杞，卢杞是奸臣。还有梅良玉的爸爸，梅良玉的爸爸叫梅魁，还有陈东初、洪乐天，就是忠臣。忠臣和奸臣不和，分成两派。那个卢杞奸相，他家里面想占便宜，但是梅魁就和他作对，然后卢杞奸相就想办法害他们这三家。梅魁就被斩首，陈东初就被贬官，关进牢狱里去。卢杞还要把梅家斩草除根，又把陈家斩草除根。梅良玉逃出去了，没有逃出去早就死了。陈东初的崽陈春生也逃出去了。逃出去以后，他讲："原先有梅良玉，现在只有我一个人，再逃也要斩首。"就跳下河去，冲了好多里路，恰恰遇周渔婆和她的女儿两人在江上捕鱼，撒网撒在陈春生那里。一拉，她们说有大鱼了。然后那娘崽一摸是一个人，还没有断气，就把他救了。陈春生身体好起来以后，（周渔婆）就把（女儿）周玉姐嫁给陈春生，后来被江魁拐去了。

梅良玉也是想不通，上吊了，也有人救，有和尚救他。那以后梅良玉和陈春生两个就立志念书。是自学，没有经过学校的。他们两个在乡下埋名改姓。如果讲真实姓名又会被抓去关了，要掉脑袋。那以后他们两个，经过考试，一个中状元，一个中榜眼。卢杞一看到了，这两个人又是才貌双全，很中意的，他就想把他的女儿嫁给陈春生。陈春生就说我已经有妻子了，不能娶了。卢杞就说有妻子可以舍去嘛，逼着陈春生与他的女儿结婚。那陈春生就讲从来没有这个道理，有架桥哪有拆桥的道理，就跟奸相争吵，然后跑出来，就来到学堂里面。那时候还有三千多举人，赶考的还有三千多同学。听说了陈春生的事情后这些举人们来跟卢杞奸相干起来了。这里人多，这些人个个都能干，个个都是能人。他们在打官司的时候，把卢杞扳倒，以后皇帝才晓得，唐王才晓得有这等事。"在我眼下有这等事！"所以马上就捉拿卢杞来斩首。那时候不是斩首，拿棉花裹油，把他身上捆好好的，点灯。

王小梅：你讲的是唐代的事情，《二度梅》的出现应该是在清代吧？

吴胜章：吴文彩产生（注：出生）在清代，这个故事是在唐代的。《二度梅》的故事就是这样。

王小梅：三千举人赶考不是在清代吗？

吴胜章：他们去那里考状元、榜眼，那全国的人都到那里去，就有三千人，是这样的。那时候是去西安考的，不是在北京。《朱砂印》讲的故事也是唐朝的。

王小梅：《朱砂印》讲的是什么故事呢？

吴胜章：那里面有爱情，也是悲剧。那时候吴文彩想看这个传才来编写的。

王小梅：起源传说这块，除了吴文彩，没有其他说法了？

吴胜章：没有。那以前没有侗戏，只有歌。

王小梅：侗戏传给谁有规矩没有，谁能去写？

吴胜章：传给爱好者。因为他早年去世，他是四十九岁就过世了。

王小梅：你是从哪一年开始编剧的？

吴胜章：1966年。

王小梅：刚刚你说那时候主要编一些"文革"时期的主题？

吴胜章：对。到1979年我就开始编传统戏剧了。1979年后我就大胆编了。

王小梅：讲一下你的编剧。哪些剧你觉得编得比较好？你喜欢编哪些剧的故事？都在哪些地方演？你摆来听一下。

吴胜章：我在1969年看了一出电影，看了《天仙配》电影，那时候也没有小说看。看了一次电影，我觉得这个好，那时候记性也好，用一个假期的业余时间编成了《天仙配》。

王小梅：你编的《天仙配》呀？

吴胜章：对。侗戏的《天仙配》是我编的。《天仙配》编起后，演出来受到欢迎。

王小梅：侗戏《天仙配》和电影的《天仙配》有什么不一样呢？

吴胜章：那当然不一样了！意思是朝着那个方向走，语意各是一样。那时候电影里面情节是这样的，就是这样编的。第二年，1970年又看《白蛇传》电影，我又利用一个假期把侗戏版的《白蛇传》编了。那时候，我每一天晚上编十多首歌。那个编得快！

王小梅：侗戏主要是唱歌，还是剧情？

吴胜章：以唱歌为主，讲完了，就唱歌。侗戏是这样的。

王小梅：也有独白？

吴胜章：对。现在我的那剧本在贵阳的多，这里还有一点点。《白蛇传》那边的一组，那个徒弟拿去抄去了。

王小梅：基本都是用手工纸本子自己写的？

吴胜章：对。我都是自己写的。楼上都还有一点，我拿那个本子你来看好吧。

王小梅：可以。你有其他的那些，都可以拿来给我们看看。

《千山唐公歌》

千山地扣一大村，发福发贵发人丁
山不高来水不深，田土连接两边村
绿水青山人向往，四季花开锦秀（绣）城
古时出个神童子，面目清秀赛仙人
乡亲待他如上宾，问名问姓住何村

我叫唐公地扣人，己道井旁贵地生
聪明伶俐一奇人，满腹诗书饱经文
同他一起学知识，摆脱文盲大批人
年登十八甲等青，皇榜招考跑京城
金榜头名擎天柱，命代全才一能人
皇帝下乡他随从，查遍江南万里程
唐思故乡如呆痴，低头不语想亲人
皇上以为太劳累，身不舒适何处疼
两湖两广乡情深，千山地扣尽亲人
往昔只能梦眼见，今邀我主亲身临
问你故乡远和近，坐骑步履之路程
主问路程之远近，三三七七达本村
听你话来难理解，复杂谜底猜不成
路途遥远暂别去，三三七七我心惊
心思地扣去不成，几千里路万里程
国事重担压在身，日后闲时再访亲
等到太子登基后，我定陪你探亲人
出朝日久无人管，就此圆满转京城
回到朝中终日忙，为国为民费尽心
操劳过度终成疾，越发越重难起身
回忆年青（轻）亲友情，陪我上山去逛累
只因赶考我回村，大家一齐送返程
朋友情深真难舍，激动泪水流不停
脚停石上留脚印，泪滴石板泪印深
寅寨后龙栽楠木，对门山上插杉林
栽下两棵留念树，老归故里可成阴（荫）
只恨生前难相见，今日西归无故人
千山地扣我亲人，阔别数旬了一生

生前不见亲人面，死后阴魂去探亲
　　他离人世魂托梦，请在井旁竖祠亭
　　一条红线井边定，水洗石墨（磨）色越新
　　全村人民亲眼见，高歌欢庆唐回村
　　众人欢呼三声喊，塘水起泡大如盆
　　唐行善事为人民，久旱求雨降甘霖
　　古时民穷土匪多，城外刀枪摆如林
　　唐发阴兵如卷席，土匪溜之无一人
　　唐公护佐人清吉，保境安民好祖神
　　人出远门求保佑，刀头香纸拿来熏
　　烧把香纸祭神灵，冲锋陷阵少伤人
　　古时祖宗修善事，世代相传到如今
　　先辈传承留遗嘱，千山发旺靠祖神
　　文彩奇才千山人，县官乡官出地扣
　　以后名人加倍出，唐公护佐万年春

吴胜章：编戏要符合人家的需要。如果外地来的，我想编这个戏剧，就根据他的需要编。编歌也是这样，比如你说帮我编首歌，我要问你编哪样歌，你讲了之后我就编。

王小梅：外地来的人都是哪里来的人？

吴胜章：外地就是周边，有黎平来的。

王小梅：他们都是侗族吗？

吴胜章：侗族。

王小梅：找你编，拿去用？

吴胜章：嗯。

王小梅：他们都是来拜师学艺？还是直接就问你要？

吴胜章：要一首歌。我的歌……在广西都有我编的歌，早就流传了在黎平县、榕江县、从江县。

王小梅：流传的都有哪些歌呢？

吴胜章：现在记不到。那一本……我讲这些歌的……才编的。有一些要十多首的也有，五六首的也有，主要是我们传承人要去的多。

王小梅：还是向你学？

吴胜章：嗯。

王小梅：你编好了一首侗戏以后，谁来跟你一起演，他们找你要了拿去自己演？

吴胜章：他们自己去演。在我们这里演的，哪个组要哪样东西，编起来他们自己去演。现在我写的，有很多人认到我的，用汉语代替侗语的，有很多人都来。我的徒弟们他们都会。

王小梅：用汉语代替侗语记音，其他人不会，只有你会呀？

吴胜章：其他人也感兴趣，那你只有教他了。在年底我送过去腊峒两回，我把他们教会了以后（才回来）。

王小梅：你送去，要教会他们，送去腊峒。

吴胜章：我跟别的地方的继承人讲："你们也有传承人，何必要来这里呢？"他们讲："别的编的歌不合我们的意。"

王小梅：他们编的歌，主要拿去自己娱乐，还是有什么用呢？

吴胜章：随着他的想法，他要编哪样歌，就按照他的意思去编，合得了他的心。编歌要押韵，这个韵有头韵、中韵、连环韵、尾韵，那个歌唱来顺口得很，就容易记。如果你搞得东一榔头西一榔头，谁要那个歌？一首歌要围绕主题来编，要首尾呼应。

王小梅：还是有很多讲究的？

吴胜章：这个讲究多。我看汉语那个歌没有那么多讲究，就是讲尾韵。侗语讲究得很！

王小梅：除了讲究押韵，还讲究什么呢？

吴胜章：道理、真理，不是乱来的。好像编了侗戏，别处人就晓得。

王小梅：现在你编得最满意的歌和侗戏是哪个呢？

吴胜章：我的作品一出来没有哪个不满意的，只是有赞扬，受到群众的赞扬。

王小梅： 在民间传唱比较多，是不是？

吴胜章： 是。有时候会演侗戏，有我的歌，到我们县、到黎平去演。那年搞一出侗戏，选中了我的，没有人去唱，是到省里面会演。

王小梅： 没有人去唱，为什么呢？

吴胜章： 那时我还在工作岗位，我还没有退休。

王小梅： 相当于你写好，就有别人来唱，你不用管谁来唱，是不是？

吴胜章： 现在编剧，我的徒弟们自己去导演，根本不愁。

王小梅： 你现在有六十多个徒弟？

吴胜章： 不是。在这个村里面只有十多个，还有外地的二十多个，六十多个没有。

王小梅： 村里面有十多个，在外地有二十多个？

吴胜章：（本地）外地全部二十多个徒弟。

王小梅： 他们怎么找到你学艺的？你怎么收他们的？要经过仪式不？

吴胜章： 因为他们爱好。

王小梅： 他们主要是演，还是跟着学编剧呢？

吴胜章： 学编的多。如果编的不符合中心思想，不围绕主题，我不承认他会编……不适合。

王小梅： 一个徒弟要学多久才编一首你满意的？

吴胜章： 只要他编得好，就满意的嘛！一首到两首，都可以。

王小梅： 现在这二十个徒弟，都会编了？

吴胜章： 都会编了！

王小梅： 你带的徒弟算多的。

吴胜章： 多。有些地方的徒弟不会编，也是传承人。各个地方不一样，有些地方就没有多少人会编，编的也没合人民群众的意。只是我们这个地方，就是这个地方会编的人多一点。编侗戏，编侗歌。

王小梅： 你说以前侗戏在过年关、六月六、平安节会演，现在呢？以前演的时候演几天？还有结婚的时候也会演，是吧？

吴胜章： 也演。人们需要，哪里需要哪里演。

王小梅：是在侗戏的戏台演还是哪里演？

吴胜章：有时候田边地角都演，有时候路边也可以。在我们这里，我们就必须在戏台里演。别的村没有戏台，去哪里演？只有在田边地角、路边、亭子里面，都可以。

王小梅：谁来组织演戏呢？

吴胜章：像我们去别地……去外地演，外地的邀我们去。他们会有领导人的，城里面的领导，组里面领导。

王小梅：现在你们这边有团体没有？演戏的团体村子里面有没有？

吴胜章：一个组有一个演出队。还有的是三组有两个演出队。

王小梅：一个演出队有多少人呢？

吴胜章：看演的那出戏，要多少角色。还有两三个拉二胡。几个人就够了。

王小梅：你是什么时候成为传承人的呢？

吴胜章：我没有申报传承人，上级自然晓得我了，在2008年就录了国家级。以前从县级州级省级，都是上级自己搞的。我从没申报过，因为我的创作太早了。

王小梅：作为传承人以后，你去过哪些地方？出去参加过活动和表演没有？

吴胜章：到过黎平周边的地方，北京都到过。

王小梅：去北京是做什么呢？

吴胜章：唱歌。

王小梅：你除了写，也会唱？

吴胜章：现在不行了，以前会。到了六十七八唱不来，嗓子哑了。

王小梅：你什么时候开始不唱歌的？

吴胜章：才几年吧，六十六岁、六十七岁不唱了。

王小梅：之前都唱的？

吴胜章：以前爱唱得很，两三天没有唱歌好像口苦得很，好像爱好这个，必须要唱歌。

王小梅：以前自己写自己唱？

吴胜章：嗯，自己写自己唱，也教别人唱。

王小梅：唱歌是什么时候都可以唱？

吴胜章：嗯，随时。

王小梅：现在唱歌都不分时候了？

吴胜章：不。如果你们两个是侗族的，我可以唱歌迎接你们，也可以唱歌去讲话。

王小梅：是不是每个场合唱的歌不一样？

吴胜章：不一样。我们这里只要熟读歌词。谱曲有几种，都会唱，有歌词都会唱。

王小梅：这里不唱侗族大歌？

吴胜章：以前我是在学校里面，侗族文化进课堂，专教侗族大歌，现在嗓子不好没唱了，没搞那个了，只搞编剧。

王小梅：现在这些年轻人都出去打工了，现在唱侗戏、唱歌和以前比，你觉得情况有什么变化没有？

吴胜章：就是因为这样，我只怕侗戏和侗歌在我们农村消失。我就积极地培养徒弟，（同时）要求他们（也下功夫）培养他们的徒弟，一代代地传下去，这样才能后继有人。如果没有徒弟，再加上学的人也不上心，以后（侗戏侗歌）就消失了。仅唱那几首老歌久了，就亮（注：厌烦）了。编新歌也不能乱编，乱编的话，人（家）不爱听，要编得比以前那些老的还好，编歌编起来也有劲。（要符合）人民群众的爱好兴趣，是这样的。

王小梅：我看你还会给人家看日子。这些跟侗戏有关系没有？

吴胜章：有的。

王小梅：（你）还会给人看病？

吴胜章：看病那个……我光是在下面悄悄地搞的。我有好师傅传，有名医传我。

王小梅：（你）是跟谁学的呢？

吴胜章：别人晓得一点，但是少。别人是传承人，我是爱这个多。如果我不是侗戏传承人，这个也是一方面的传承人。

王小梅：侗医，也是侗族的医药？

吴胜章：我医了几个。（他们）去榕江没有医好，去黎平医不好，转来请我医，把他们医好了。

王小梅：现在你们寨子里面像你这个年纪喜欢侗戏，还在写侗戏的有没有？

吴胜章：有。

王小梅：有多少人？

吴胜章：在我们这个地方都有十多个。

王小梅：你这样年纪的，会写侗戏的都有十多个？

吴胜章：对。但是他们只会编侗语，别的文字不会搞，编汉语的不会编。我们的老师吴胜华在编汉语的时候，就教过我。他文化（水平）高嘛！

王小梅：你们这边最重要的节日是什么时候？

吴胜章：正月间。搞过节的，往年都是在正月的十一到十三，今年是初七就搞了。因为如果到（正月）十几，大学生们、中学生们都出门上课了，去学校了。初七，我们这里大学生都只剩下几个了。初六的晚上没有人唱了，所以又要几个进来引导一下。

王小梅：我看你写了好多祭祀祖先的，那些是什么时候唱呢？

吴胜章：祭祀祖先那个……如果在千山节歌颂祖先。

王小梅：好像只有你们这地方过千山节。你摆一下你们千山节和祖先的历史来听一下？

吴胜章：千山就是祭祖。

王小梅：为什么叫千山节呢？

吴胜章：我们这里地扪、茅贡、腊峒、登平就是以前的千山百户，叫作千山。茅贡七百户，加上地扪、腊峒、登平还有，从江都还有很多人。

王小梅：就是你们一个大家族？

吴胜章：对，一个大家族。

王小梅：到那天就要共同来这里祭祖？

吴胜章：远处不来，就是茅贡、腊峒、登平。

王小梅：那天也会唱祖先这些侗戏吗？

吴胜章：会唱。

王小梅：唱多久呢？

吴胜章：那个由你唱！如果你的歌长，全部唱完人家等不了，唱一个段落就行了。

王小梅：讲一下你们千山节是怎么过的，是什么过程呢？比如人们来是怎么祭祖？

吴胜章：男女老幼去参加，那边到这里来，这里到那边去，以一个寨子一个寨子为单位。

王小梅：到了之后他们怎么过呢？

吴胜章：到下头去，大戏台演戏到那里去集中，集中去（进行）侗戏比赛、唱歌比赛。先祭祖，祭祖完毕了以后才比赛。

王小梅：祭祖怎么祭？谁来（主）祭呢？

吴胜章：德高望重的老师傅，嘴上念念有词，然后烧香烧纸放（鞭）炮。

王小梅：拿什么东西祭呢，拿鱼、拿酒？有什么讲究没有？

吴胜章：猪头。

王小梅：是拿猪头？

吴胜章：对，如果祭长公，一定要猪头。

王小梅：一般是大年初几？

吴胜章：一般是十一到十五，看日期哪一天合（适）就选哪天。

王小梅：拿猪头祭了以后就唱侗戏？

吴胜章：对。

王小梅：侗戏的内容就是祖先叙事歌、祭堂歌，其他娱乐性的能唱不？

吴胜章：可以。

王小梅：都可以？

吴胜章：对。那个有神戏的！先祭祖，祭好祖了之后就吃早饭，如果有斗牛就斗牛、唱戏就唱戏，就这样。那个比赛每年都要实行，有时候一年比赛几次，不光是千山节那一天。有的黔、桂、湘的人都一起来这里。

王小梅：湖南、广西的都会来？

吴胜章：对。湘西、黔东南的都来。那时候人多，（就安排）绍兴一场，这里一场。

王小梅：那六月六怎么过的？

吴胜章： 六月六……如果要唱侗戏，一个寨子请一个寨子也可以。这两年外出打工的人居多了，六月六就简单过了。像我们寨上搞得轰轰烈烈的，达不到。我们六月六也是比赛嘛。

王小梅： 比赛什么？唱侗戏？

吴胜章： 唱侗戏，侗戏比赛。

王小梅： 唱歌？

吴胜章： 唱歌比赛。为什么选过年呢？过年人多。现在经济市场占领了文化阵地了，但是这个地方爱好。如果说不爱好，那些地方根本唱不起来，像周边别的（地方）哪个唱侗戏，唱不起。

王小梅： 晚上，这些徒弟会不会约着唱侗戏？

吴胜章： 唱歌，跳舞。

王小梅： 晚上他们会不会约在一起去？

吴胜章： 约在一起，哪里音乐响起就（在哪里）跳舞。

王小梅： 跳舞是跳广场舞？

吴胜章： 广场舞。

王小梅： 他们唱侗戏不？

吴胜章： 侗戏这两天可能没有唱了，还没到比赛的时候。

王小梅： 要到比赛的时候唱？

吴胜章： 还没有比赛的时候，他们在练，排练。

王小梅： 你觉得侗戏要怎么样传承？

吴胜章： 只有这样：创新，培养徒弟。因为侗戏又不像汉戏那样，汉戏吸引人多，这个侗戏唱不好没法吸引观众。只有侗族地方才晓得嘞，汉族地方、苗族地方嘞，唱得不好，人家要讲的。如果你搞得好，人家就晓得那个意思。像原先我们这个，那时候我还在村里面当编剧导演，让我们演传统戏，到黎平去、到茅贡去演，在黎平人家也爱看我们的戏，在茅贡人家也爱，在场上就说出来了。搞得好就吸引人，搞不好的话哪个感兴趣？编那个戏的内容，也要搞得好。戏要有生、丑、净、旦那些个角色，光是一个角色没有什么东西，要角色多。

王小梅： 你们穿传统的服装，还是穿一般服装表演？

吴胜章：以前是按照戏，如果是传统戏就按照当时他们穿哪样衣服就穿哪样。那时候我们买那些道具啊，那个贵多了！现在找不到那个了。

王小梅：以后你还会继续创作什么作品不？

吴胜章：以后创作，我想多编那些小品式的东西，因为小品式的东西吸引人们的爱好，对人的身心健康也有好处。我觉得要多编这样一些传统东西。那随着故事来讲，那改不了，人家都知道了，这个故事是这样子讲，改变了，人家不高兴。编的角色里面要着重，要搞突出点。

王小梅：平时你做什么？山上采一下草药？

吴胜章：山上采一点草药，到屋来编剧。

王小梅：你还是一直在编剧？

吴胜章：那是自然的。这个是我的兴趣爱好。

王小梅：徒弟一般什么时候会来找你呢？

吴胜章：随时。他需要就来找我；不需要，外出打工了，我就没有事。

王小梅：出去打工的多不多？

吴胜章：多。我的徒弟都是在近处打工，搞古建的，搞建筑的多。

王小梅：他们出去打工影响跟你学习不？离开这个村子以后会不会不学习也不能表演了？

吴胜章：这个地方就是这样的。如果你不出去打工，经济上赶不上人家。所以，他们哪样都搞。我这个崽建筑都会搞，一个古建、一个砖木结构，都会搞。今年不出去，我也在上面建了屋。

王小梅：你们家就这个房子，修新房子没有？

吴胜章：这里才建的，那是搞砖房。

王小梅：你小的时候在这里长大，你知道村子的人最早是从哪里搬来的？

吴胜章：浙江南部和江西。很久，从江西搬上来的。以前在越国。越国就是我们的祖宗，勾践就是我们的皇上，这个没有文字记载。

王小梅：但是老人都在说。

吴胜章：传承，一代传一代。

王小梅：你们有这种传说，去寻过祖没有呢？

吴胜章：江西回不去了。

王小梅：为什么呢？

吴胜章：江西太和县珠市巷。

王小梅：都说从那里来的？

吴胜章：嗯。在江西住了很久很久时间，（经历了）几个朝代。

王小梅：（此后）才从江西搬到这里来的？

吴胜章：嗯。搬到这里来，好像是在唐末宋初吧。

王小梅：那时候为什么搬到这里来呢？

吴胜章：逃战乱。我们搬到江西也是逃战乱，怕秦国，那时候秦国吞并六国，我们就逃了。以前经常发生战争，来到我们这个山旮旯里没有战争。我们祖宗到这里来，就在这里定下来。

王小梅：你们祖先，历史没有任何文字的记录？

吴胜章：没有，都是口口相传，传承下来。

王小梅：可能是老人传承，还有好多歌里面有？

吴胜章：有。

王小梅：这些歌有人收集整理成书没有？侗戏这些有书出版过没有？

吴胜章：那时候没有侗戏。

王小梅：侗戏是后面的。

吴胜章：对，侗戏在后面。那时候带来的歌都没记得，没有歌，麻江那边来的就有歌。祭祖的时候唱，以前我们（住）在麻江县的。

王小梅：麻江县那边，也有你们的祖先？

吴胜章：也有。

王小梅：这个寨子主要姓吴？

吴胜章：嗯。那个侗语里叫香柱山，麻江还有这个山嘞。

王小梅：凯里有个香炉山，那里有你们的人？

吴胜章：香炉山，是吧？那就是了。

王小梅：你觉得现在侗戏传承好不好？还有未来发展，你觉得应该怎么做才能让它传承得更好？

吴胜章：就是要多培养徒弟，多编出好的东西，编新的，不要守旧，这样才能传承下去。有了竞争思想：他编得那么好，我也要编得比他还好。只有这样的，用这个激将法，才能使侗戏不能消失。

王小梅：还是不想让它消失？

吴胜章：嗯。唱戏的时候，一个寨子的歌里面，把这些内容安（注：写）进去。

王小梅：你觉得怎样才能编出创新，编出好的戏呢，让大家都传唱？

吴胜章：要努力，靠自己努力，多看别人好的作品。你不去学人家的，光靠自己的脑筋和方式也没有多好。

王小梅：现在你觉得做得比较好的、写侗戏比较好的人有没有？

吴胜章：有。今年我徒弟们编的戏，我感觉每一出都可以，教育意义不同。

王小梅：你还是比较满意的？

吴胜章：满意。

王小梅：就觉得以后，只要有人不停地唱，就会一直传下去？

吴胜章：嗯。不停地编下去，不停地唱，精益求精。如果越搞越不好，就很快消失了。如果没培养徒弟，光是老人爱好，老人过世了，哪个来编？

王小梅：确实存在这个问题。

吴胜章：这两条我特别注重。

王小梅：一个是出新歌，一个是培养徒弟。

吴胜章：嗯。培养徒弟，编更新的、更好的侗戏。

王小梅：现在外面的人，除了找你唱侗戏，有没有外面人找你，或者采访你，来给你做访谈？找过你讲侗戏的人，多不多？

吴胜章：就是爱好者来找过，没有爱好的他也不想听。

王小梅：有记者采访过你没有？

吴胜章：有，那多得很。

王小梅：你的东西上过报纸没有？

吴胜章：那不晓得。采访的多得很。

王小梅：他们采访，都问你什么问题呢？比较感兴趣的是哪些方面？

吴胜章：一样的嘛，都是这个意思。

王小梅：所以你讲了很多遍了。张启高在侗戏方面主要是做什么？他是唱还是编？

吴胜章：他不会编，口头上讲会编，实际不会编。

王小梅：他会不会说呢？

吴胜章：他会说。我们是亲家。

王小梅：他了解不？

吴胜章：他就是没有文化。

王小梅：你姑娘嫁在他家？

吴胜章：不是。他的姑娘嫁在我上房的老弟家。

王小梅：他是省级传承人？

吴胜章：国家级。

王小梅：他是唱，是不是？

吴胜章：他是导演，唱《二度梅》《朱砂印》啦。

王小梅：一般导演怎么导？

吴胜章：按照剧本。原先那个剧本是那么写，你要想，上整本上不了，要节选，有多余的就要删去，那些讲不到的，就添进去。好像我们煮菜要下盐，还要下味精，还要下香料，那个（味道）才浓。导演（的作用）就是这样子。

王小梅：他会改剧本不？他把你的剧本改了没有？

吴胜章：光是老剧本，也不会改的。

王小梅：把你的剧本改得不像你的剧本，你会不会不高兴呢？

吴胜章：他是搞他的，主要有《二度梅》和《朱砂印》。

王小梅：就是老的传统？

吴胜章：老的传统。

王小梅：还是找一帮人来演老传统的？

吴胜章：对。

王小梅：侗戏里面的角色，谁在里面最重要？有编剧，有导演，有演员，是不是？

吴胜章：演出好没好，主要在于导演。如果导演是一般的，那戏也是一般，出来也是一般。导演的水平高，那个戏各是一样，都是那出戏，但有这个差别。

王小梅：你们这一代，最好的导演是谁？

吴胜章：我的徒弟也没有哪个太出色，但他们都比人家高出一点，其他导演搞不赢他们。他们也在竞争。

王小梅：如果我们去找张启高师傅，他能跟我们谈点什么导演的事情不？

吴胜章：可以的！他理论比我还高。

王小梅：不会写，但是会说。

吴胜章：他当过好多年的村支书。他理论也差不多，也可以。

王小梅：你听说过有人专门写过他的文章没有？

吴胜章：有。（采访人）到我这里来，也到他那里去。

后 记

2009年，我们对贵州非遗传承人的口述史工作就已经开始了，这个工作一直持续开展直至今天，对于口述史的关注源于我们对非遗传承人故事性文本的研究、观察和兴趣。

省非遗中心多年前就开始了非遗传承人口述史第一期项目的尝试与支持，组织一群兴趣爱好者开始着手国家级、省级非遗传承人的项目规划、田野调查、文本整理工作。在一年的时间里，项目小组走访贵州二十多个县市，采访非遗传承人三十多名，整理文本近三十万字，最后由省非遗中心交付重庆出版社出版。

第二期口述史项目是在贵州省非遗中心和贵州省人类学学会共同合作下完成的。在人类学学会的主导下以双方工作人员参与为主成立了口述史项目小组，规划采集四十几个传承人的信息。项目小组成员在一年时间里走访二十多个县市，采集近三十个传承人的口述史，其中因为部分传承人离世和采集者未完成田野调查，而未完成田野工作，并未收集到口述史文本，很是遗憾。最终形成的口述史文本分为整理文本和对话文本，均是根据采集对象的内容形式和完整表达，在文本整理中采取口述史文本整理和访谈式对话文本处理的不同方式。

通过两期的贵州省非遗传承人口述史采集工作，从对近一百名贵州非遗传承人口述史访谈案例中，我们发现，乡村发展结构的转变，传承人从温饱向现金收入的诉求的转变，已经改变了社会变迁的结构，加快了社区文化变迁的进程，以传统社区仪式、宗教性为主体传习的社区"公益性"文化活动，已经逐步转变为以追求生计为基础的传承模式。因此需要政府组织专家进行系统调研，改变过去以项目和传承人申报为主体，以传承人参与文化旅游推介活动为途径的传承保护模式，开发更多可持续的保护发展模式，更加多元有效地推进贵州非遗文化的保护传承和发展。

感谢省非遗中心的大力支持和配合，使得口述史项目得以持续开展两期，并对贵州省内几乎所有的国家级和省级非遗传承人进行了访问。感谢余未人、龙佑铭等

—— 后 记

顾问的支持，使得口述史文本呈现得更加完美！每一个字的采集都是一次辛苦的旅程，感谢口述史团队成员兰岚、张辉、李岚、白文浩、高旋、许江红、张新雨、朱艺嘉、杨波、韩德贵、袁斌、郭晴、葛春培的辛苦工作，使得田野工作得以顺利完成。在工作和学习之余，他们利用节假日深入乡村进行辛苦的田野工作，并进行细致的资料收集，形成一套相对完整的传承人口述文本。感谢一直以来关注、参与和支持传承人口述史工作的朋友们，是你们的认同让每一次艰苦跋涉的田野采集工作都顶上了精神的光环。这些看似普通的工作，开启了贵州非遗传承人口述的田野工作、记录和整理出版的历史，让更多媒介和文本分享贵州多元文化的形态，分享传承人的故事，恢复非遗文化记忆，让文化遗产从书本里走向明天、走向未来。

王小梅
2018年春于贵阳